生活因阅读而精彩

生活因阅读而精彩

唐太宗秘史

严晓慧 著

中国华侨出版社

图书在版编目(CIP)数据

唐太宗秘史 / 严晓慧著. —北京:中国华侨出版社,2014.6

("翰林书院"帝王史系列)

ISBN 978-7-5113-4692-6

Ⅰ.①唐… Ⅱ.①严… Ⅲ.①李世民(599~649)-传记

Ⅳ.①K827=421

中国版本图书馆 CIP 数据核字(2014)第113405 号

"翰林书院"帝王史系列:唐太宗秘史

著 者 /	严晓慧
责任编辑 /	文 喆
责任校对 /	王京燕
经 销 /	新华书店
开 本 /	787 毫米×1092 毫米 1/16 印张/20 字数/250 千字
印 刷 /	北京军迪印刷有限责任公司
版 次 /	2014 年 8 月第 1 版 2020 年 5 月第 2 次印刷
书 号 /	ISBN 978-7-5113-4692-6
定 价 /	68.00 元

中国华侨出版社 北京市朝阳区静安里 26 号通成达大厦 3 层 邮编:100028

法律顾问:陈鹰律师事务所

编辑部:(010)64443056 64443979

发行部:(010)64443051 传真:(010)64439708

网址:www.oveaschin.com

E-mail:oveaschin@sina.com

总序

滚滚长江东逝水，浪花淘尽英雄。是非成败转头空。青山依旧在，几度夕阳红。
白发渔樵江渚上，惯看秋月春风。一壶浊酒喜相逢。古今多少事，都付笑谈中。

这首词是明代杨慎《说秦汉》的开场词，深沉悲壮，意境高远。后来罗贯中将其收入《三国演义》，更被广为传诵。

虽为《说秦汉》的开场词，但作者的视野却没有局限在秦汉两代上，而是高屋建瓴地从历史事件和人物经历中，概括出一些始终能让人产生共鸣的思想感情，比如"空"。古来多少英雄是非成败，犹如大浪淘沙转眼成空。字里行间抒发了对历史变迁、英雄故去的感慨：无数英雄豪杰长眠地下之后，生前的所有是非得失、荣辱成败又有什么意义呢？在横亘古今的"青山"面前，"夕阳红"不过是人生短暂的美好时光而已。一个"空"字，无限感慨，几多惋惜，尽在其中。

本序言为何以这阕词为引子？是因为笔者认为这阕词可称为"史论"。它综观历代兴亡盛衰，以英雄豪杰的成败得失抒发感慨，体现了一种旷达超脱的人生观和历史观。在这种人生观和历史观指导下，我们认识和了解本套书的诸多帝王才更有宏观感和穿透力。

中国正统朝代的皇帝，加上一些农民起义建立的政权，皇帝总数不少于四百位！如何在这么多君王中选出十二个，实在不是简单的事。丛书撰写组最终在名气、正史、评价等综合因素考虑下，遴选出了如下十二位帝王，作为"帝王秘史"

的第一辑。这十二位帝王分别是：

统一六国，结束战国乱世的秦始皇嬴政；

起于亭长，击败西楚霸王项羽的汉高祖刘邦；

平定内乱，北击匈奴的汉武帝刘彻；

统一北方，奠定魏国基业的魏武帝曹操；

一统华夏，被西方称为"中国最伟大皇帝"的隋文帝杨坚；

文武双全，堪称帝王典范的唐太宗李世民；

毁誉参半的历史上唯一一位女皇帝武则天；

弯弓射雕，横扫欧亚的一代天骄成吉思汗；

乞丐出身，推翻元朝残暴统治的明太祖朱元璋；

开创明朝辉煌时代的明成祖朱棣；

南征北战，在位 61 年的康熙皇帝玄烨；

在位 60 年，有"十全老人"美称的乾隆皇帝弘历。

这十二位帝王，毫无疑问都开创或推动了一个时代的文明与繁盛。无论是时势造英雄，还是英雄改变时代，他们都是华夏星空中熠熠生辉的历史"明星"。本丛书的每一分册，都在有限而真实的史料基础上，以生动的语言和独特的视角，叙写他们百转千回、波澜壮阔的一生，展示了他们的成功与失败、高潮与低谷、坚定与疑惑、气魄与迷茫……

每位帝王都曾抒写过一段历史，或雄壮或悲戚，给后人无穷的想象和感叹。你可以击节，可以唏嘘，更可以和篇首那阕词中通晓古今、豁达潇洒的"白发渔樵"一样，把古今多少英雄的是非恩怨、成败荣辱都化作可助酒兴的谈资，纵论古今、品评人物，笑谈之中，人生不亦乐哉！

是为序。

目录
Contents

第二篇　天策上将

第一篇／王朝的雏形

第一章 / 志向与才能

打天下，守天下

自古打天下难，守天下更难，兼而能之者寥寥。成就大事者不仅仅需要超越前人的雄心，更需要治国兴邦的雄韬伟略，以及胸怀天下的睿智和气度。汉高祖刘邦开创了强大的汉王朝，实现了中国的大一统，然而，汉朝最繁荣、最强盛的时期却是由汉武帝刘彻开创。并不是历朝历代的帝王都能再创辉煌，守得住天下者也是寥寥无几。时光流转，历史来到隋朝，隋朝开国之君杨坚打下大好江山，然而，他所选的继承人却并未如汉武帝一样，缔造更辉煌的帝国。

隋朝的统一结束了西晋末年至南北朝时期两百余年的分裂割据局面，而开国之君隋文帝杨坚更是胸怀四海，一统天下，建立了一个强大的王朝。短短的几十年时间内，杨坚促使隋朝国势空前强盛、府库充实、仓廪丰实。元代史学家马端临在《文献通考》中称："古今称国计之富者，莫如隋。"

历史总是出奇地相似，隋朝犹如秦朝历史的重演，强大繁荣的帝国竟然在短短三十几年的时间后土崩瓦解。究其原因，杨坚在施政时不懂得安天下必先存百姓的道理，隋朝国力繁盛的背后隐藏着众多社会矛盾，杨坚晚年的一个决定更是将隋朝推向了深渊。杨广本不是皇帝的继承人，但是，隋开皇二十年（600），杨坚废黜了原太子杨勇，并改立杨广为东宫太子。四年后，杨广继承了王位，成为了隋朝的第二位也是最后一位皇帝，史称隋炀帝。杨广即位之后，立即实施了一系列暴政，致使社会矛盾空前尖锐。

在历代史学家的笔下，杨广被描绘成一个残暴无比、荒淫无度的暴君。他为了篡夺王位杀兄弑父；他大兴土木，横征暴敛，使百姓苦不堪言；他穷兵黩武，三征高句骊（即高句丽，公元前一世纪至公元七世纪，中国东北地区和朝鲜半岛的一个民族政权），给人民带来了无尽的灾难；他贪图享乐，好色好酒，生活极度奢侈；他偏信佞臣，残害忠良，使朝野上下陷入恐慌……总之，杨广犹如商纣王、秦二世一般，兼备了所有暴君、昏君的暴行。

人常说虎父无犬子，隋文帝杨坚可谓是有勇有谋的帝王，怎会将大好的江山交付给如此穷兵黩武的杨广呢？

其实，杨广在年轻时，可谓是英勇善战、年轻有为，并且拥有建功立业的雄心，为隋朝的创建立下了赫赫军功。隋开皇九年（589），年仅二十岁的杨广被封为隋朝兵马都讨大元帅，率兵南下讨伐南方的陈朝，完成隋朝的统一大业。陈朝位于长江以南，也被称作为南陈。当时，陈朝是南北朝时期最后一个王朝，虽已经走向了衰落，然而却独占了长江天堑的有利地势，易守难攻。杨广所率领的隋朝军队纪律严明，所向披靡，一举攻破长江天堑，结束了陈朝在南方的统治。随后，杨广南下平定了江南叛乱，促使南北方的民族融合，打破了南人对于隋朝的政治、文化隔阂；他北上抵御东突厥人的入侵，维护了中原地区的安定。《隋书》中称赞"杨广，南平吴会，北却匈奴，昆弟之中，独着声绩"。

不仅如此，杨广在即位之后，广革吏治，开科举，开通丝绸之路，尤其是大运河的开凿，更是促进了南北经济、文化的交流，为后世的繁荣奠定了坚实的基础。唐代文学家皮日休的一首《汴河怀古》更是道出了大运河的功与过，"尽道隋亡为此河，至今千里赖通波。若无水殿龙舟事，共禹论功不较多"。由此可见，后人还是肯定了杨广的突出功绩。

不可否认，杨广在历史上的功绩是不可磨灭的，然而，他却犯下了一个致命的错误，那就是急功近利。隋文帝是一位出色的开国帝王，创立了一个繁荣昌盛的王朝，如果杨广是一位甘于平庸，只图守住祖辈江山的帝王，也许隋朝可能会维持更久一些。可惜，杨广并非甘于平庸之辈，他雄心万丈，企图超越隋文帝，甚至成为超越秦皇、汉武的千古大帝。

胸怀大志的杨广刚刚登上皇帝宝座，便迫不及待地大规模征召民工，开始大刀阔斧地建功立业。杨广自然不甘心屈居于旧都大兴（今西安），于是，他决定为自己营造一座更加壮观雄伟的都城。《隋书·帝纪第三·炀帝上》记载：杨广于隋大业元年（605）三月，诏令尚书杨素、纳言杨达、将作大匠（古代官名，掌管宫室修建）宇文恺营建东京洛阳。洛阳城北倚邙山，东逾洛河，规模宏大，在较长的历史时期都是全国的经济文化中心。可是，如此恢宏的洛阳城却耗费了无数民工的心血，杨广大量调动民力，每月奴役的农夫竟达到两百万。繁重的劳役加上恶劣的环境，致使大批民工死去，严重时竟达到十有四五。

随后，杨广又下令动用大量的人力物力，开凿贯通涿郡（今河北涿州市）和余杭（今杭州）的千里大运河。其实，杨广并不是第一位修建此运河的帝王，早在春秋时期，吴王夫差就下令开通了长江和淮河之间的运河，那就是邗沟；后来，隋文帝杨坚开广通渠，引渭水到潼关。杨广自然不甘心落于人后，隋大业二年（606），杨广疏浚了由黄河进入汴水，再由汴水进入淮河的通济渠，同年，他疏导了春秋时期残留下来的古邗沟。三年以后，杨广又动用百万民工开挖洛阳黄河北岸到涿郡的永济渠。最后，到了隋大业七年（611），杨广再一次大兴土木，疏通江南运河，直抵余杭（杭州），至此，贯通南北两千余里的隋朝大运河全线贯通。大运河的开通耗时六年之久，如此浩大的工程动用了近五百余万民工，耗费的钱财物资无以计数。大运河开通时，杨广逼迫所有的民工日夜劳作，沉重的劳役致使人们苦不堪言，有的人为了逃避沉重的徭役，竟不惜残害自己的肢体。

我们不可否认，杨广在某些方面的功绩已经超越了隋文帝杨坚，但是，他同样忽略了最重要的问题，那就是民心。杨广为了满足自己建立丰功伟业之心，大兴土木，穷兵黩武，视百姓的生命为草芥，肆意蹂躏，使人民陷入水深火热之中。

大运河开通之后，杨广为了便于出游，竟在沿途修建了四十余座奢华的行宫。随后，杨广多次通过大运河到江南巡游，两百多尺的大龙舟犹如一座豪华的宫殿，嫔妃、王公大臣、僧尼道士随行的船只竟多达几千艘，浩浩荡荡的出游队伍绵延两百多里。杨广在龙舟上肆意地饮酒作乐，而沿途的百姓却遭受着无数的痛苦和折磨，沿途方圆五百里的百姓必须为杨广献食，无数人落得倾家荡产的下场。

然而，越来越膨胀的杨广根本没有意识到问题的严重性，他开始大规模地征调军队，企图征服远在辽东的高句丽。东征高句丽的军事行动，给人民带来了无尽的灾难，也促使隋朝开始走向灭亡的深渊。曾经雄心满满的杨广不仅没有创造更辉煌的功绩，反而葬送了大好江山。

东征，东征

古时帝王无不希望开疆扩土，创建丰功伟业，致使万国来朝，八方来贺。而东征高句丽则是杨广进一步急于建功立业、炫耀自身文治武功的表现。

说到杨广三征高句丽，就不得不先提到高句丽和隋朝的渊源。历史上的高句丽，位于中国东北部和朝鲜半岛，创建于公元前一世纪左右，并一直活跃于辽东地区。到了隋朝初期，高句丽已经发展为东北地区比较大的国家，并且占据了辽东大部分地区。当时，该地区并非只有高句丽一国，还存在着百济、新罗、靺鞨等众多政权，他们大多已臣服于隋朝。高句丽为了维护自己在东北地区的地位，也投靠于隋朝，然而，这不过是高句丽王的权宜之计，他们时刻不忘脱离隋朝的掌控。因此，隋文帝初期，高句丽与隋朝维持着和平而又紧张的关系，其国王受隋文帝册封为"高句丽王"。

然而，随着隋朝逐渐不断向外扩张疆土，高句丽也感到了隋朝对自身的威胁，于是便开始联合周边的国家频繁侵袭隋朝北部边境。隋开皇十六年（596），高句丽王高元表面上臣服于隋朝，暗中却与东突厥人达成联盟，连年侵袭隋朝北部边境。次年，高句丽更是联合粟末靺鞨攻击隋朝在冀州（河北冀州市）的军事驻地。隋开皇十八年（598），高句丽王高元率领万余骑兵进攻辽西。后来，不胜其扰的隋文帝派数十万大军，分水陆两路征讨高句丽，大军直逼高句丽腹地，高句丽王慑于隋朝大军之威，主动请罪求和。于是，在一段时期内，隋朝和高句丽之间维持着相对的和平共处的关系。

在古时历代帝王眼中，普天之下，莫非王土，率土之滨，莫非王臣。隋文帝认为高句丽、百济等国都是隋朝的属国，处于隋朝的统治范围。到了杨广登基后，黄门侍郎裴世矩对杨广说："高句丽在商朝时期本属于孤竹国（商边境小国，冀东和辽西一带），周代时为箕子（商朝遗臣，商灭后到朝鲜半岛建箕氏侯国）所封之地，汉世分为三郡，到晋代时统称为辽东。"因此，杨广更是理所当然地认为，高句丽本应是隋朝的土地。

隋大业三年（607），杨广率领军队巡查北方边境，并停留在东突厥启民可汗（也称突利可汗，于603年统一东突厥各部并臣服于隋朝）大营。此时，恰逢高句丽王高元派使者私下联合东突厥，企图反叛隋朝，但是，启民可汗不敢暗中与之结盟，便将此事全盘告知杨广。杨广听闻此事异常愤怒，通过高句丽使者警告高句丽王高元：如果高元速来朝见，便可既往不咎，否则，隋朝大军将挥军东征，征服高句丽国土。然而，高句丽王高元并没有朝见杨广，从而使杨广萌生了东征高句丽的念头。

据《北史·高句丽列传》记载：炀帝嗣位，天下全盛，高昌王（高昌国位于今吐鲁番境内）、东突厥启民可汗等周边诸国都奉旨朝见，于是杨广便征召高句丽王高元入朝觐见。然而，高句丽王高元却不敢亲自前往隋朝谢罪，久久未朝见。

隋大业七年（611）二月，杨广以高句丽王不尊臣礼为由，下令东征高句丽。随后，杨广开始大规模地招募军队，并且将山东东莱（今青岛、烟台境内部分区域）和河北涿郡作为征讨高句丽的军事基地。此时，山东、河北境内发生了严重水灾，灾民流离失所，而杨广却依然一意孤行，加紧征兵事宜的进行。因而，杨广的倒行逆施促使两地爆发了农民起义运动。

次年正月，杨广所招募的所有士兵都集中于涿郡，人数达一百多万，号称百万雄师。在多地农民起义运动风起云涌形势下，杨广发动了第一次东征高句丽的战争。隋朝百万大军分为左右十二路大军，浩浩荡荡地向辽东地区进发，各路大军首尾相接，绵延九百余里，可谓是"近古出师之盛，未有也"。

然而，东征之路异常遥远，军队经过长途跋涉的行军之后，将士们的士气明显低落。尤其是进入高句丽境内后，军队供给供应不上，将士们只能在饥饿的状态下行军打仗。缺少粮食的隋军更是无法适应辽东恶劣的气候环境，在高句丽军顽强抵抗下，节节败退，损失惨重。

据《隋书·帝纪第三·炀帝》记载：六月，杨广亲自到辽东城（今辽阳市境内）督导大军攻城，并命左翊卫大将军宇文述等率领九路大军共三十余万人攻打平壤城（即今朝鲜平壤市区），高句丽大将乙支文德采取诱敌深入的计策，诱使隋大军进至距平壤三十里处。此时，隋朝将士已经疲惫至极，且军中粮尽，在平壤城久攻不下情况下，被迫还师。然而，这时高句丽军队从四面包抄隋军，宇文述等且战且退，九路大军全面溃败，退至辽东城时，仅剩余两千余人。由此可见，隋朝大军在东征的过程中，经历了怎样惨烈的状况。

最后，杨广第一次东征高句丽的军事行动以大败而还告终。杨广百万大军损失惨重，仅有少部分将士回到家乡，数十万大军战死于遥远的辽东。

然而，杨广并不甘心东征的失败，于隋大业九年（613）和隋大业十年（614），先后两次东征高句丽。第二次东征因杨玄感兵变，无功而返。最后，第三次东征时，在平壤附近，杨广的水军击败了高句丽军队，而疲于战事的高句丽王被迫向杨广请降。

这一场声势浩大、影响深远的战争终于落下帷幕。然而，三征高句丽却使隋朝政局发生了巨大转变。

短短四年内，杨广发动了三次远征高句丽的战争，耗费了大量的财力人力，致使数十万人丧生战乱之中。东征，东征，连年的战争不仅给百姓带来了无尽的灾难，更促使隋朝由强盛走向衰落，在农民起义浪潮的冲击下，逐渐走向灭亡。

隋失其鹿

正所谓"隋失其鹿，天下共逐之"。一意孤行的杨广一心旨在平定边陲，开疆扩土，然而连年征战致使隋朝陷入了战争的泥潭，不仅耗费大量的物力、财力，更加重了人民的负担，民不聊生。沉重的兵役和徭役压得人民喘不过气，在隋末动荡的政局下，天下英豪纷纷揭竿而起，反抗隋朝的暴政。

隋大业七年（611），正值杨广下令招募士兵准备征讨高句丽之际，山东、河北发生了严重的水灾，三十余个郡县被洪水淹没，数以万计的农民失去了家园，被迫流离失所。杨广根本不顾灾民的死活，不仅不赈济灾民，反而加紧准备征讨高句丽。杨广征兵征粮，举国就役，而山东东莱、河北涿郡就是征讨高句丽的军事基地。原本已遭受了重大洪灾的百姓，还要忍受最繁重的兵役和徭役，苦不堪言的人民终于爆发了起义运动。

同年十二月，王薄率众占领了长白山（今山东邹平、章丘等县交界处），第一个举起了反抗隋朝暴政的大旗。王薄，邹平人（今山东邹平县东北），自称"知世郎"，无法忍受杨广的暴政愤然起义，并作了《无边辽东浪死歌》号召民众反对杨广征讨高句丽的战争，此歌中说：

长白山前知世郎，纯着红罗锦背裆，长矛侵天半，轮刀耀日光。上山吃獐鹿，下山吃牛羊。忽闻官军至，提刀向前荡，譬如辽东死，斩头何所伤。

至此，隋末第一次农民起义运动正式爆发，贫苦百姓为了逃避兵役纷纷加入王薄的队伍，起义军队伍迅速壮大起来。

正所谓，一石激起千层浪，在王薄起义的号召下，山东、河北地区先后涌现出多支起义军。平原（今山东平原县）人刘霸道，率领数万民众，占领了地势险要的豆子航（今山东惠民县境内）。刘霸道本是当地的豪绅，世代为仕宦，因在当地有很高的声望，起义军很快发展到十余万人，并号称为"阿舅军"；孙安祖，章南（今山东武城县东北）人，聚众数百人占领了高鸡泊（今山东平原县境内）；蓨县（今河北景县境内）人高士达，则率千余人在蓨县一带活动；张金称，清河（今河北清河县）人，也举起了反隋的大旗，在鄃县（今山东夏津县）率众起义。

隋大业八年（612）初，杨广御驾亲征，发动了第一次东征高句丽的战争，然而，东征行动以隋军的惨败告终。次年，杨广不顾民众的反抗情绪和不断爆发的起义运动，执意发动了第二次东征。此时，百姓再也无法忍受沉重的兵役和徭役，宁愿投靠起义军，也不愿远征高句丽。

隋大业九年（613），济阴（今山东曹县）人孟海公、北海（今山东益都县）人郭方预、河间人格谦、齐郡（今山东济南）人孟让、渤海（今山东信阳）人孙宣雅等英雄豪杰纷纷聚众起义，各起义军队伍发展迅速，少则数百人，多则数万人。至此，农民起义运动犹如星火燎原一般，各地农民起义运动掀起了第一次反隋运动的高潮。

在风起云涌的农民起义浪潮中，隋朝统治集团内部之间的矛盾也日益尖锐。正当杨广率领大军征讨高句丽之时，负责押运粮草的礼部尚书杨玄感在黎阳（今河南浚县东南）率部反叛。

杨玄感出身贵族，其父亲是隋朝权臣、越国公杨素。杨素出身北朝士族，北周时任车骑将军，跟随隋文帝杨坚创立了隋朝，战功赫赫，后进爵为越国公。杨广即位后，拜司徒，改封楚国公。然而，杨素却依仗功勋，倨骄傲慢，权倾朝野，甚至不把杨广放在眼中，杨广自然记恨在心，这就促使了杨素与杨广之间滋生了众多矛盾。杨素去世后，杨玄感虽然被委以重任，然而，仍与杨广存在着嫌隙。随着政局日益动乱，杨玄感深感隋朝江山大势已去，便萌发了反隋之心。

杨玄感提出了"为天下解倒悬之急，救黎元之命"的口号，号召民众解国家于危难之中。随后，杨玄感借故拖延粮草发送，暗中联合虎贲郎将杨玄纵、鹰扬郎将杨万石、虎贲郎将王仲伯、汲郡（河南省淇县东）郡丞赵怀义以及蒲山公李密等人，趁隋朝后方兵力空虚之际，杀三牲誓师，起兵反隋。杨玄感起兵得到了百姓的积极响应，每天投奔他旗下的百姓多达数千人。

在杨玄感兵变中，李密起到了至关重要的作用。李密，大兴城（今西安）人，出身贵族之家，其曾祖父李弼是西魏八大柱国大将军之一，祖父李曜为北周邢国公，父亲李宽为隋朝的上柱国，封蒲山郡公。后来，李密承袭了父亲爵位，不但文武兼备，志气雄远，并喜欢结交有志之士，更与杨玄感结下了刎颈之交。杨广即位之后，李密被封为亲卫大都督，然而，他却假称身染疾病而辞去官职。

杨玄感起兵黎阳之时，视李密为智囊并与他商议对策。李密向杨玄感献上上、中、下三策：上策是袭据涿郡，扼临榆关（今河北抚宁县中部），使隋军溃散关外；中策是攻占长安，占据关中和杨广对抗；下策是攻打洛阳。

然而，杨玄感却不顾李密的意见，执意选择下策，挥军南下，直取洛阳。事实证明，杨玄感进攻洛阳的决定是一次严重的失误，直接导致了其兵败。此时，洛阳易守难攻，防守力量雄厚，四面八方的援军可及时支援，如不能及时攻克，将陷入腹背受敌的困境。果然，洛阳守将唐祎固守城池，杨玄感久攻未破。

这时，杨广得知杨玄感兵变后，已率大军返回洛阳，杨玄感不得不放弃进攻洛阳的计划。随后，杨玄感听取李密的建议，率军西进，夺取关中地区。然而，此时杨玄感在隋朝军队的追击和堵截下，和隋朝军队展开了激烈的斗争，起义军陷入随军的重重包围，节节退败。

同年八月初，杨玄感在皇天原（即董杜原，在今河南灵宝市西北）与隋军决一死战，经历激烈的战斗后，起义军全面溃败。杨玄感自知大势已去，最后自杀而死，起兵遂宣告失败。

杨玄感起兵仅仅维持了三个月的时间，就被杨广平定，然而，却严重地动摇了隋朝统治的根基，激发了统治集团的矛盾，更加助燃了农民起义的火焰。如火如荼的农民起义运动从山东、河北蔓延到河南、江淮、山西、关中等地区，遍布华夏大地。

在各地起义军队伍和隋军不断斗争的过程中，逐渐形成了三支强大的武装力量，即河南翟让、李密领导的瓦岗军；以窦建德为首的河北起义军；江淮以杜伏威、辅公佑为首的起义军。

在农民起义军的强大冲击下，隋朝政局陷入了动乱之中，统治集团进一步分化，各地豪族和官员也纷纷反叛朝廷，割据力量相继出现，隋王朝覆灭的大局已定。

第二章 ／ 起兵

杨氏当灭，李氏将兴

隋末乱世，政局动荡，农民起义运动风起云涌，隋王朝统治集团内部也是暗潮汹涌，矛盾日益凸显。杨玄感的起义就是隋朝统治阶级内部分化的突出表现，尽管这次起义很快被隋王朝的强大军队平定，但是却对当时的政局形势产生了极大的影响，进一步加剧了隋朝统治集团内部的分裂。此后，各地起义频发，贵族反叛，使得杨广面临着四面楚歌的境地，也使他原本多疑、善变的性情变得更加暴戾，对所有的朝臣都产生了猜疑之心，进而肆意地诛杀朝中的大臣。

在社会动荡的时期，人们总是希望天降英雄拯救人们于水火之中，因此，民间就会出现一些预言性质的谶语。人们常说，一语成谶，尤其是在古代，人们对于谶语深信不疑。当然，历史上也有很多利用谶语起事的例子，比如，秦朝末年陈胜、吴广就是利用"鱼腹丹书"、"篝火狐鸣"的计谋，引导人们认为反抗暴秦就是顺应了天意。可以说，这些谶语实际上就是起事者经常利用的武器。因此，古代中国的历朝历代都对民间的谶语严加管制，唯恐造成严重的后果。

隋末正是处于政局动荡的时期，农民起义频频发生、统治阶级开始逐渐走向分化和决裂。这时，市井之中流传着这样的歌谣"桃李子，有天下"、"杨氏当灭，李氏将兴"。现在，人们已经无法考证这两句谶语到底是出自何人之口，也许是深受隋末暴政残害的人们再也无法忍受杨广，而希望有贤能之士取而代之；也许是有心之人故意为之，犹如陈胜、吴广那般。然而，不管这两句谶语出自何处，都在当时掀起了一阵血雨腥风。

很快，这些歌谣就传到了杨广的亲信耳中，有个名叫方伽陀的方士向杨广进谗言，李氏恐怕会取代隋朝，成为天下之主，如今最好的办法就是诛杀天下所有李姓之人，以绝后患。杨广对于方伽陀的谗言深信不疑，并且真的开始谋划铲除朝中的李姓贵族。

当时，隋王朝李姓贵族中最有势力和声望的要属关陇（陕西和甘肃一带）贵族，李敏、李浑则是其中的佼佼者。李敏的祖父名叫李远，是西魏十二大将军之一，隋朝文帝时期被追封为柱国大将军，李敏时任将作监（古时负责宫廷、宗庙、陵墓等建筑的机构，兼领百工）。而李浑则是李敏的堂叔，也是杨广身边位高权重的武将。曾经为隋王朝立下了汗马功劳的李敏和李浑，没有想到自己会因为一句谶语招来杀身之祸。在"杨氏当灭，李氏将兴"的谶语传得沸沸扬扬的时候，时任左卫大将军的宇文述一向和李敏不和，便向杨广进谗言："李浑和李敏正在谋划造反，取代杨家的天下。"就这样，杨广因为一句谶语和几句谗言诛杀了李敏、李浑以及其族人三十二口。

　　杨广诛杀李氏贵族的事件，不仅仅使李氏贵族陷入了恐慌，朝野上下更是人人自危。杨广对于所有的官员都不信任，尤其是那些具有名望的贵族和手握兵权的武将，在极端压抑的形势下，无论是身在京都的朝臣还是驻守边疆的将领，都整日小心翼翼地行事，唯恐为自己招致祸事。

　　古语说："祸兮福之所倚，福兮祸之所伏。"高贵的出身以及显赫的威望是所有人的福事，然而此时，所谓的福事却成为了招祸的缘由。此时，一位同样出身于关陇贵族集团的李氏贵族也日夜处在惶恐之中，他就是唐国公李渊。

　　说起李渊，虽然在当时他并不如李浑、李敏声名显赫、拥有极高的地位，但他同样也是关陇地区赫赫有名的贵族。李渊，字叔德，陇西成纪（今甘肃境内）人，自称是西汉大将军李广的后裔。李渊的祖父李虎曾经追随西魏时的军事霸主宇文泰，为西魏的创建立下了汗马功劳，官至太尉，为统兵的八柱国之一（西魏时受封的八位大将军）。北周建立之后，李虎虽已亡故多时，但是北周皇帝宇文觉仍念其立下的功勋，追封李虎为唐国公。李渊的父亲李昞官至北周安州总管、柱国大将军，袭唐国公爵。可以说，李渊的出身十分显赫，李氏家族在北周、隋朝都拥有很高声望，李渊七岁就承袭了唐国公的爵位。不仅如此，李渊和杨广还有着亲戚的关系，隋文帝杨坚的皇后独孤皇后和李昞之妻是亲姐妹，也就是说，李渊和杨广实际上是表兄弟。

　　说到这里，就不得不提独孤氏之父独孤信，他出身于鲜卑贵族，和李虎、李远齐名，也是西魏时期的八大柱国将军之一。然而独孤信令人称道的不仅仅是显著的功勋，更是其一门三皇后的传奇故事。独孤信长女为北周明帝宇文毓的皇后，谥号明敬的皇后；四女则嫁与李昞，李渊建立大唐之后，追封为元贞皇后；七女独孤伽罗为隋文帝杨坚的皇后，谥号文献皇后。

李渊的妻子窦氏也是出身于鲜卑贵族，京兆平陵西人，父亲窦毅则是北周时期的上国柱大将军。窦氏出身贵族，不仅是一位贤良淑德的妻子，亦是一位具有见识和智慧的女子。

李渊酷爱饲养名贵的宝马，并且收集了各地的名贵品种。杨广即位之后，窦氏曾经劝解李渊说："既然皇帝喜欢宝马，你应多多进贡才是。将这些马匹留在家中，不仅不是福事，反而会招来祸事。"当时，李渊并没有将窦氏的劝诫放在心上。果不其然，不久之后，杨广就训斥了李渊。后来，李渊曾多次向杨广进贡宝马良驹，杨广果然欢喜，并且很快就提拔他为将军。这时，李渊才想起了窦氏的嘱托，并且感叹地说："夫人的劝诫果然中肯，我本应早听劝告才是。"

窦氏为李渊生下了四男一女，长子李建成、次子李世民，三子李元霸、四子李元吉，以及一女，后封为平阳公主，嫁与将门之后柴绍。在李渊的众多子女中，李世民是最出色的，在李渊起兵反隋大业中起到了重要的作用。

在乱世之中，各种历史人物登上历史舞台有其客观因素的存在，但是个人的出身、经历以及素质却是不可缺少的因素。出身于勋贵之家的李渊，在隋朝初期深受皇族的信任和重用，仕途之路也走得比较平坦，这就是李渊能够登上历史舞台的客观原因。然而，就李渊本身而言，也是一位深谋远虑、勇猛善谋的出色统帅，其个人因素使得他有资质成为大唐帝国的开创者。

既然李氏家族自称是飞将军李广的后裔，在其家族传承的过程中，自然不会缺少尚武精神。更何况李渊的祖父李虎正是因武功超群、参与佐周伐魏而飞黄腾达，因此，李渊也像自己的祖辈一样，成为了一位武艺高强、神勇无比的将领，尤其是箭术更为突出。《旧唐书·高祖本纪》中，记载着李渊的英勇表现：李渊向鲜卑贵族窦氏提亲时，射中了画在门屏上的孔雀眼，因此，被窦氏选为乘龙快婿。后来，李渊任山西、河东抚慰大使，亲自领兵镇压龙门的农民起义，曾连发七十余箭，箭无虚发。

李渊的名望不下于李敏、李浑，虽然李氏家族和杨广有着亲戚关系，但是显赫的门楣以及兵权在握的形势，都使得李渊成为杨广提防、猜忌的对象。尤其是"桃李子，有天下"的谶语一出，李氏家族和杨广之间的矛盾逐渐显露出来，杨广开始越来越不信任李渊，而李渊也时刻谨慎小心，避免让杨广抓住把柄。

李渊在弘化郡（今甘肃庆阳、合水以及山西吴旗境内）做留守时，杨广出游路过李渊的驻地，李渊因为生病没有到行宫中觐见。此时，李渊的外甥女王氏是杨广身边的宠妃，杨广十分生气地对王氏说："你舅舅生病了，不知可死否?"很快，李渊从王氏处得知了这个消息。李渊深知杨广的性格，明白皇帝已经对自己起了疑心，心中感到深深的恐惧。

就在这一年，杨广因为猜疑，诛杀了李浑、李敏及族人。李渊和李浑、李敏的声望不相上下，李浑的悲惨遭遇让李渊更是整天提心吊胆，担心祸事降临在自己的头上。于是，李渊为了消除杨广的疑虑，开始整天酗酒、不务政事，沉迷于享乐之中，以示自己没有谋反的野心。也许是李渊韬光养晦的计策起到了一定的效果，杨广并没有对李渊采取进一步的措施，但是，多疑的杨广并不会完全信任任何人，尤其是兵权在握的李姓贵族。

隋大业十一年（615），李渊被任命为山西、河东抚慰史，受命镇压当地的农民起义。到达山西后，李渊率兵镇压各处的起义军，并且很快就击败了龙门和绛州的起义军。隋大业十二年（616），杨广命令李渊和马邑（今山西朔州）太守王仁恭共同抵御南下的东突厥部队。

王仁恭，天水上邽（今甘肃天水市）人，以军功闻名。因为质朴正直，刚毅谨慎，深得杨坚、杨广两任皇帝的信任和喜爱，后来，东突厥屡屡入侵北方边境，王仁恭被任命为马邑太守，驻守边防重镇马邑。

当时，东突厥部队兵强势盛，来势汹汹，而李渊和王仁恭的部队只有不到五千人马。在强大的敌人面前，李渊却胸有成竹，成功地阻挡了东突厥人的南下之路。

这时，天下已经大乱，各地风起云涌的武装斗争掀起了反隋的高潮。此时，李渊面临着两难的选择，是继续为杨广卖命，维持目前的高官厚禄，还是顺应时势，投入反隋的浪潮之中？虽然李渊暂时获得了杨广的重用，但是李浑、李敏家的惨案让其心有余悸。杨广横征暴敛，诛杀功臣，如果自己继续为杨广卖命恐怕也不会得到很好的结果。

李渊身边的副将夏侯端极力进言，劝说李渊及早做好准备，顺应时势起兵反隋。夏侯端详细地分析了当时的政局形势，并且指出了李渊所面临的险恶困境。李渊十分赞同夏侯端的见解，但是他却认为此时并不是起兵的最好时机。凡成就大事者，必占据着天时、地利、人和，此三者缺一不可。隋末暴政导致人们怨声载道，各地的起义军纷纷揭竿而起，起义军所到之处，人们纷纷加入，这就是天时和人和，然而，李渊却缺少一个主要的条件，那就是地利。当时，河北的窦建德、瓦岗寨的翟让、李密都占据了有利的根据地，虽然李渊时任山西、河东抚慰使，但是却缺少稳固的后方。

然而，不久之后，李渊便获得了最有利的地利，那就是太原。隋大业十三年（617），杨广因李渊镇压起义军和抵御东突厥有功，任命其为太原留守。

李渊就任太原留守，这在当时看似十分平常的任命却成为了改变李家命运、推动历史发展的巨大转机。太原是古代的军事重镇，历来都是兵家必争之地，在隋朝末年，起义军占据了黄河下游、江淮之间的大部分地区，北方最重要的军事据点除了大兴、洛阳之外，就是太原。此时，李渊担任太原军事主管，从某种意义上，已经控制了隋朝的心脏地带。

李渊将太原看成是自己反隋的根据地，也是自己招兵买马的大本营。李渊曾经对李世民说："太原就是举事起兵的根据地，现在我们到了这里，就是天意。"自此，李渊拥兵太原，开始酝酿和策划起兵反隋的大事。

踌躇

李渊就任太原留守后，政局发生了翻天覆地的变化，各地的农民起义军逐渐形成了几股强大的势力，其中翟让、李密领导的瓦岗军攻克了金堤关，兵锋直逼东都洛阳；河北的窦建德、江淮的杜伏威、辅公佑也形成了强大的军队，与瓦岗军遥相呼应。隋王朝的统治已经摇摇欲坠，危在旦夕。

此时的李渊已经占据了太原这个北方军事重镇，正是谋划起兵的最好时机。李渊和杨广已经到了貌合神离的境地，一方面表面上效忠杨广，暗中却积极准备反隋大业。李渊在太原上任的时候，将李建成和李元吉留在河东，结交有志之士，以扩充自己的实力；而李世民则跟随着李渊来到了太原，并且秘密召集山西境内的各种能人志士，为反隋大业积蓄力量。

正在此时，东突厥人的再次入侵更加激发了李氏家族和杨广之间的矛盾，让李渊更加坚定了反隋的决心，加快了筹备起事的步伐。东突厥入侵，身为太原留守的李渊和他的老搭档马邑太守王仁恭自然是首当其冲。但是，因为东突厥军队来势凶猛，李渊和王仁恭屡战不利。坐镇京都的杨广对此十分不满，于是就派出了使者要带李渊和王仁恭到江都治罪。积极提倡反隋的李世民看到杨广要将自己的父亲治罪，便劝说父亲早做打算，不能坐以待毙，而是应当效仿汉高祖刘邦，顺应时势的变化，揭竿而起。

李渊被杨广下诏问罪的时候，对李世民说："太原乃是王者龙兴之地，我正是因为此而被怀疑，并招来杀身之祸。"由此可见，李渊心中已经坚定了反隋的决心。

几天之后，杨广派使者发布诏令，赦免了李渊的罪过。从表面上看，李氏家族和杨广之间的矛盾得到了暂时的缓解，但是，此事却成为了李渊心中的一根芒刺。也许此前，李渊心中还有一丝顾虑和犹豫，而经历了生死之劫后，李渊起兵的决心更加坚定，只待时机成熟之际，就是反隋大业兴起之时。

很多史学家认为李世民才是促使李渊起兵反隋的主导，李渊只是处在被动的地位。在《旧唐书》、《资治通鉴》中，为了突出李世民的地位和功勋，史学家称太原起兵并不是李渊的本意，"皆秦王世民之谋"、"皆太宗之功"。其实，通过大量的史实记载，事实并非如此。其实，李渊早已有了反隋之心，皆因时机不成熟便未表露出来。李渊出身贵族，拥有多年的带兵经验，深谋远虑也是显而易见，而李世民在太原起兵之时，不过是年仅二十余岁的年轻人。

据《旧唐书·宇文士及传》载，隋大业七年（611）李渊与宇文士及"往在涿郡，尝夜中密论时事"，所谈的"时事"，即起兵反隋之事。

另据《大唐创业起居注》中记载，隋大业十三年（617）李渊兵败被杨广治罪之时，对李世民说："隋历将尽，只因你们兄弟未聚集在一起，才迟迟未动手。今我遭受囚禁之难，你们兄弟不能坐以待毙，家破身亡，为天下英雄耻笑。"何况，李渊来太原就任留守之前，就授命李建成、李元吉在河东"潜结英俊"。事实证明，具有稳固的政治基础和丰富的军事经验的李渊才是起兵的首谋。但是，不可否认，谨慎从事的李渊很少向李世民透露起兵的意图，并一直因政局不明朗而踌躇，而李世民则起到了推动李渊及早下定决心的关键作用。

此时的李世民正在积极地结交各地的能人，暗中为反隋储备力量，在李世民结交的众多能人之中，其中最为突出的就是晋阳令（今太原市晋源区境内）刘文静。刘文静字肇云，祖籍彭城（今江苏徐州），文武兼备，是一位具有才能和谋略的人才，在促使李氏父子起兵上，起到了十分重要的作用。

据说，刘文静曾经暗中观察李渊父子，称"有四方之志"，并且称李世民犹如汉高祖一样大度，北魏太祖一般神武，是不可多得的天纵之才。古语说良禽择木而栖，刘文静认为在乱世之中，李渊父子可谓是成就大事的英才，因此，便开始结交李渊、李世民父子，更是和李世民成为了莫逆之交。同时，鹰扬府司马许世绪、富商武士彟以及晋阳宫副监裴寂等人也开始慢慢地聚拢在李渊父子的周围，积极谋划起兵。

李世民本身就积极主张反隋，身边经常围绕着刘文静等人，众人更是在一起谈论时势，抨击暴政。但是，刘文静和瓦岗寨起义军的首领李密有姻亲关系，因而被连累入狱。李世民认为刘文静是可以共谋大事的人才，于是，便暗中到监狱中探望刘文静，商量起兵大计。刘文静见李世民在此危急时刻依然毫无保留地和自己图谋大事，便开始对当今形势侃侃而谈："现李密已经占据洛阳，数以万计的大小起义军形成了割据局面，但是仍缺少真正主导天下之人。现在大部分百姓皆来到太原避祸，令尊率领数万精兵，如若振臂高呼，谁敢不从？如此时乘虚入关，号令天下，不到半年，便可成就帝业。"随后，刘文静详细地分析了政局形势，目前各种割据力量的实力、隋王朝的暴政弊端，更是提出了详细的反隋方略。

此时的李世民，已经被刘文静的高谈阔论深深感染，感到起兵已经是迫在眉睫的事情，如若再拖延恐怕会失去了大好时机。当然，此时李世民并不知道李渊心中已存反隋决心，便极力劝说父亲及早起兵。

李世民深知自己的力量有限，于是便想通过裴寂的关系向父亲进言。裴寂早年就和李渊相熟，两人关系十分亲密，因此，李世民相信裴寂的劝说定会比自己更有说服力。随后，李世民和裴寂共同向李渊进言："太原兵强马壮，府库充裕，现在起兵，一定可立大功。现在群豪并起，愿公兴兵举事，共图大事。"

李渊深知李世民反隋的决心，但是，深谋远虑的李渊认为此时并不是起兵的最佳时机，同时，他更加担心李世民如此轻言，会为李家招来祸事，便假意斥责李世民。然而，李世民对起兵之事已下定决心，并多次劝说父亲，"现在农民起义运动已经日益频繁，遍布全天下。世人都在传李氏将要取代杨家的天下。而父亲功勋显赫，恐怕早晚会招来祸端。只有起兵反隋才是万全之策！"李世民随即将刘文静之言论转述于李渊，起兵已经是迫在眉睫，如不及早行动恐错失最好时机。

此时，李渊纵观天下的形势，天下群雄逐鹿，隋王朝已如危楼般摇摇欲坠，而李家已经在太原稳住阵脚，拥有数万精兵，已经具备了起兵的条件。在李渊看来，正是应当机立断之时，如再踌躇只会错失良机。随后，李渊便令李世民秘密释放狱中的刘文静，商议起兵事宜，积极扩充军备。自此，李渊父子在太原加快了起兵的步伐。

何患无辞

隋大业十三年（617）的某一天，太原城内张贴出一张杨广的诏书："征召太原、西河、雁门、马邑男子为兵，二十至五十岁皆须参军，岁末之时全部集结到涿郡（今北京西南）以讨伐高句丽。"杨广已经三征高句丽，数以万计的士兵战死辽东，其惨烈状况仍让人恐惧。此消息一经传出之后，人们议论纷纷，人心惶惶，不仅对杨广再次征伐高句丽感到深恶痛绝，更是对如此严苛的征兵令愤怒无比。

历史上从未有任何一个王朝出现过如此严苛的征兵令，竟要求二十至五十岁男子全员参军。一般情况下，招募士兵多采用"逢二抽一"或是"逢三抽一"的形式，最严厉也只是到"逢五抽三"。

然而，让所有人都始料不及的是，此征兵令并不是出自杨广之手，它只是李渊扩充兵力的一个计谋。其实，李渊的目的是以万民皆憎恨的"征高句丽"鼓动人心，为自己集结队伍造势。李渊起义已迫在眉睫，然而想要牢固控制太原城和整个山西地区，单凭其手下的兵力还远远不够。当务之急就是招兵买马，扩充兵力。为此，李渊令李世民和刘文静商议对策，结果，刘文静就想出了伪造杨广征兵诏书的妙计。如此一来，李渊不仅为自己创造了反隋起义的有利条件，还可以趁机广结贤士，壮大队伍，真可谓是一箭双雕。

此时，人们宁愿投靠起义军也不愿远征高句丽，各地的官绅、富商为逃避征兵和农民起义军的浪潮，纷纷涌入了太原城。这样的结果是李渊乐于见到的，李渊父子更是积极结交贤士，以获得他们的支持。刘弘基、长孙顺德、窦琮等人相继投靠在李渊帐下，并受到李渊父子的重用。

刘弘基本是一布衣贫民，杨广发兵征讨高句丽时被征召入伍，因没钱自备戎装不得不逃走，后到处流浪寻找生计。刘弘基到太原之时，正是李渊招兵买马之际，于是他投到李渊门下。而长孙顺德则出身于鲜卑贵族，曾担任隋朝右勋卫，也不愿跟随杨广出征高句丽，便逃离了军队，后来到太原投奔李渊。窦琮虽不是为了逃避兵役，但却也触犯了隋王朝的法律。可以说，三人皆是触犯隋朝法律的逃犯，李渊不仅不予治罪，反而将他们召集到门下，委以重任。

然而，李渊和李世民招募士兵的计划必须在暗中进行，更要避过一些人的监视，那就是副留守王威和高君雅。王威和高君雅均是杨广身边的亲信，当初，杨广任命李渊为太原留守的时候，便任命他们为副留守，名义上是协助李渊管理政务，实则暗中监视李渊的一举一动。如何绕过王威、高君雅以及其耳目，就成为了李渊募兵的最大问题。

恰在此时，刘武周发动叛乱，杀死马邑太守王仁恭，据郡起兵，并广开粮仓号召各郡县人们反抗隋朝。刘武周起义可谓是为李渊公开招兵创造了良好的机遇，李渊借故同王威、高君雅商议对策，并对二人晓以利害：刘武周已占领汾阳宫，我等若不能及早翦除叛军，都犯有失职之罪，若皇帝怪罪，恐怕会株连九族。现太原离江都远隔千里，又有各起义军割据势力阻挡，即使调兵，远水解不了近渴。此时形势危急，只有就地征兵才不会贻误战机。王威、高君雅二人深知其中的利害关系，便不再反对，但是，二人也提醒李渊，征兵只能用来讨伐刘武周，决不能另有图谋。

就这样，李渊父子开始名正言顺地公开招募军队，积极扩张自己的势力。刘文静、刘弘基、长孙顺德以及窦琮四人则均被委以重任，四处招募士兵。此时，太原、马邑等地人民纷纷投军，不到半月就募兵近万人。同时，李渊秘密召李建成、李元吉以及女婿柴绍迅速来到太原。

随后，李渊开始调整军政部署，逐渐削弱王威和高君雅的权力，令二人担任虚职，更不能过问军中重要事务。而李渊和李世民则掌管招募士兵、战事战机等军事大权。李渊父子的行为自然引起了王威、高君雅的不满和怀疑，尤其是他们对刘弘基等人的重用，其用心不言而喻。王威和高君雅曾向武士彟表示自己的怀疑："刘弘基等人都是逃避征辽的罪犯，怎能统帅士兵！"然而他们并不知道，武士彟早已和李渊相交甚密，并且深知李渊起兵的意图。在武士彟的极力袒护和掩饰下，王威、高君雅也暂时打消了责问李渊的念头。

然而，李渊势力日益剧增，大量兵力聚集太原，其反隋起义的真正意图也日益暴露。手中已无任何实权的王威、高君雅感到事态严重，便开始积极商议对策。于是，王威和高君雅拉拢乡长刘世龙等人一起密谋，企图利用李渊去晋祠求雨的机会一举杀死李渊父子。刘世龙之前与王威、高君雅交好，后因裴寂的关系和李渊相识，并深受李渊礼遇，便将王威等人的计划告诉了渊。

此时，李渊认为这正是铲除王威等人的最好时机，便与李世民、长孙顺德等人定下了计谋，以除后患。正所谓"欲加之罪，何患无辞"，如果一个人想要排除异己，何愁想不出更好的办法。

隋大业十三年（617）五月某夜，李渊命李世民率兵埋伏在晋阳宫城外。第二天，不知危险已逼近的王威、高君雅如往日一样，同李渊一起处理政务。此时，鹰扬府司马刘政会被刘文静引到大厅中，并声称："有密状，有人欲谋反。"李渊审视庭中众人，并让王威查看密状。然而，刘政会却说道："密状中状告谋反之人就是副留守，只有唐公才能查看。"李渊佯装十分惊讶，"怎么有这样的事情！"于是，他急忙接过密状查看，随后痛斥王威、高君雅私通东突厥人，引东突厥南下反隋。高君雅这才知道陷入了李渊精心布置的预谋，十分震惊地大呼："这是谋反的人陷害。"这时，埋伏已久的李世民一跃而出，将二人抓获投进监狱。

巧合的是，恰逢东突厥数万骑兵突然入侵太原，李渊命裴寂等人率兵防备，并利用空城计击退了敌军。东突厥的突然入侵也恰好坐实了王威和高君雅的罪名。就这样，李渊"名正言顺"地杀死王威、高君雅以及党羽，铲除了起义最大的障碍。

李渊父子处死王威、高君雅二人，标志着李氏父子彻底和隋王朝决裂，从此树起了反隋的大旗。

刘文静的功绩

起义之事犹如箭在弦上，李渊父子铲除了王威、高君雅等障碍，然而东突厥人的突然入侵再次提醒了李渊父子，他们背后还存在一个更大的威胁，那就是东突厥人。此时，强大的东突厥势力是李渊争夺天下的最大隐患，如不解决此后顾之忧，一旦起兵就会腹背受敌。

此时的东突厥已经不是隋文帝时期臣服于隋朝的弱小部落。经过长时间地发展，东突厥人逐渐强大起来。隋朝末年，臣服于隋朝的启民可汗去世，其子始毕可汗继承汗位。隋大业十一年（615），始毕可汗反叛隋朝，更是趁中原战乱之时频繁骚扰隋朝边境，肆意插手地区事务。是时天下大乱，隋王朝根本无暇顾及北方地区的安定，同时，北方地区的居民为躲避战乱，纷纷迁入东突厥境内，东突厥势力得到突飞猛进的发展。而各起义军力量为了扩充自己的势力，纷纷向东突厥寻求支持，河北窦建德、马邑刘武周等北方割据力量皆向东突厥俯首称臣。

然而更令李渊担忧的是，马邑刘武周已经获得了东突厥的支持，势力越来越强盛，已经占据了太原以北的大部分地区，并且随时都有进攻太原的可能。此时，李渊陷入两难的境地。

这时，刘文静率先提出了解决问题的办法，他亦知晓太原目前面临的困境，于是向李渊提议，联合东突厥以增强实力。刘文静向李渊分析其利害关系：如获得东突厥的支持，不仅可以增强军队的威力，更可以保障太原后方安全；如不能获得东突厥支持，太原将腹背受敌，进退维谷。

李渊是一位具有雄才伟略的政治家，他的眼光不仅仅是据守太原，而是直取关中，进而完成统一大业。历史上凡是成就大事者必须能屈能伸，李渊亦是如今此，因此，经过反复权衡利弊，李渊不得不效法其他割据力量，暂时向东突厥称臣。据《大唐创业起居注》记载：李渊认为，如果和东突厥不和，无以兴邦济世。遂向东突厥"屈节连和"。

于是，李渊立即向东突厥始毕可汗修书一封，并派刘文静前往东突厥谈判。据《资治通鉴》记载，李渊称"卑辞厚礼"，并坚持用"李渊启"字样。在古代，"启"这个词就是一种由下而上的表达方式，而"书"则是一种平等的表达方式。李渊用一种谦卑的文字向始毕可汗进言，其寓意就是愿意俯首称臣。在信中，李渊表示恢复隋文帝时期的和亲政策，并许诺攻入大兴城后所得财帛金银全部归东突厥。但是，李渊也言明，东突厥不得深入中原，坐享其成即可。

就当时的形势而言，李渊向东突厥称臣乃是上策，然而，这只是一个暂时的战略问题，李渊深知东突厥人不可完全信赖，如若借助过多东突厥军队，只能是引狼入室。所以，在刘文静出发之前，李渊告诫道："东突厥骑兵进入中原，就是百姓的祸害。我之所以借助东突厥军队，只是担心刘武周勾结他们威胁后方。东突厥骑兵只是壮大声势而已，几百人即可。"

很快，刘文静到达了东突厥境内，并且受到了始毕可汗的接见。始毕可汗见到刘文静便问道："唐公起事，现在想要如何做呢？"

刘文静秉承着李渊的意图，有礼有节地对始毕可汗说："隋文帝废黜了太子，传位给杨广，现在天下大乱，隋朝江山恐走到了尽头。唐公不忍见大好江山衰败，所以才揭竿而起，罢黜不当立者。现在希望可汗能够支持唐公，等到唐公攻入京师，财帛金银皆归东突厥所有，但是中原土地人众则须归唐公。同时，唐公将效仿隋文帝，恢复与东突厥之间的和亲政策。"

东突厥人频繁南下入侵隋朝边境，最大的目的就是抢夺财宝，现在东突厥始毕可汗自然乐于见到这样的情景，坐享其成，何乐而不为呢？于是，便派出使者回复李渊，表示愿意支持李渊起兵。果然，刘文静不负众望，达到了出使东突厥的目的，李渊成功地确立了和东突厥的联盟关系。当刘文静回到太原时，李渊不禁称赞道："多亏你善于辞令，才能如此顺利地与东突厥结盟。"

李渊获得了始毕可汗的全力支持，打进关中占领大兴便有了希望。隋大业十三年（617）六月，始毕可汗派使者运送骑兵五百、战马两千来到太原，并许诺可以派兵相助。李渊得知消息后，异常高兴，不禁感叹："先生就是上天派来助我完成大业的人啊！"

与东突厥达成联盟之后，李渊终于解除了后顾之忧，正式走上了反隋的道路。

第三章 ／ 长安乱

誓师出征

李渊父子据守太原，纵观当时的形势，举国之内，具备帝王之气的城池只有三个：洛阳、大兴、江都。江都为杨广占据，此时已是孤城一座；洛阳地势险要，然而李密、隋军等各路力量都对它虎视眈眈，李密多次猛攻洛阳，击败守军，而杨广也不甘心放弃洛阳，从全国各地调兵遣将增援洛阳，其中就包括江都通守王世充率领的江淮劲旅。

而大兴是隋朝的都城，地处关中腹地，地势险要，自秦汉时期即被多个朝代定为都城，如占领大兴城便可以控制整个关中地区。不仅如此，此时的大兴城相对洛阳而言，兵力空虚，防守薄弱，只有代王杨侑（杨广之孙）镇守，周边也没有强大的势力。于是李渊父子便同刘文静、裴寂等人制定了"趁虚入关，夺取大兴，号令天下，建立新王朝"的战略目标。

既然已经制订了夺取大兴的计划，李渊便开始着手准备西征事宜，然而，太原西南西河郡（今山西汾阳市一带）郡丞高德儒得知消息后，坚决抵抗，企图阻断李渊西进之路。高德儒是杨广的亲信，因阿谀奉承深得重川，平时更是仗势欺人，压榨百姓，欺压下级官员。

而西河与太原近在咫尺，是李渊父子出兵南下与西进的必经之地，因此，扫除这个障碍，势在必行。攻打西河是太原起兵后第一次战役，所以，李渊对西河势在必得。李渊曾对太原令温大有说："事之成败，在此一举，若能攻克西河，便可成就帝业。"

隋大业十三年（617）六月，李渊派长子李建成、次子李世民进攻西河，同时，任命温大有为参谋，辅助两人攻城。

此时，李建成和李世民率领的军队，都是新近招募的士兵，没有接受过严格的军事训练，更没有实战经验。同时，军队的各级文武官吏也是临时配备，参差不齐。面对如此状况，李建成和李世民认为目前最首要的任务，就是拟定军法，严肃军纪，提高军队的战斗力和凝聚力。

在隋末动乱年代，起义军迭起，割据混战日益严重，百姓饱受战争之苦。因为起义军队伍良莠不齐，经常会出现强抢百姓钱财的事情。隋朝军队，更是欺压百姓，肆意霸占百姓财物。而李建成和李世民所率领的军队则军纪严明、秋毫无犯，在行军过程中，凡是抢夺百姓财物的士兵，均受到军法处置，因此，这支军队深受百姓的拥护。与此同时，李建成和李世民身为军队统帅，以身作则，身先士卒，与将士们同甘共苦，深受将士们的爱戴。在很短的时间内，这支新组建的军队便上下一心，士气高昂。

大军到达西河城下时，李建成、李世民更是下令将士不许骚扰、伤害城内外百姓，百姓生活犹如往常，也可自由出入西河城。因此，西河当地的百姓将这支军队视为正义之师。

西河城兵微将寡，无力与李建成、李世民军队抗衡，因此，高德儒采取了闭门守城的策略。然而，高德儒平日欺压百姓，作威作福，早已失去民心。西河司法书佐（古官名，掌管司法、律令的官员）带领城中百姓，引李建成和李世民进城，城中驻守的士兵也临阵倒戈。西河城很快被攻克。

随后，李建成和李世民将高德儒抓住并斩首示众，命令军队在西河城中不犯百姓秋毫，并安抚城中百姓，恢复城中正常秩序。李建成和李世民兵不血刃地攻克了西河，从出师到凯旋仅仅九天，李渊见两人凯旋，兴奋地说道："如果像这样用兵神速，夺取天下指日可待啊！"

西河首捷后，李渊开始设置大将军府，自封为大将军。大将军府下管辖三军：李建成为陇西公、左领军大都督，统领左三军；李世民为敦煌公、右领军大都督，统领右三军；李元吉为太原郡守，留守晋阳宫。裴寂为长史（掌文书），刘文静为军司马（掌军务），唐俭（太原人，其父唐鉴，素来与李渊交好）、温大雅（温大有兄长，今山西祁县人，兄弟均以文学知名）为记室，温大雅与温大有共同掌管机密，武士彟为铠曹，刘政会、张道源（太原祁县人）等为户曹，长孙顺德、刘弘基、窦琮、王长谐等为左右统军、副统军。至此，李渊建立起自己的政治军事机构。

李渊效法李密收买民心，在太原开仓放粮，赈济贫苦百姓。隋朝末年，杨广在灾荒之年仍闭仓拒赈，导致民愤四起，怨声载道。因此，开仓赈粮最容易赢得百姓的拥护。李密在夺得洛口、黎阳等粮仓之后，便多次赈济百姓，因此，贫民纷纷投靠瓦岗寨。李渊也深谙其中道理，效仿李密，果然，周边的百姓纷纷聚集太原，加入李渊父子的队伍。短短半月，即招募士兵数万人，为西进的军事行动提供了丰富兵源。

此时正是李渊父子挥军西进的最好时机，然而，李渊发兵之前，必须消除前方的一个巨大威胁，才能无后顾之忧，那就是据守瓦岗寨的李密。李渊在西进途中必然要途径左侧的瓦岗寨，如果遭到李密的追击，李渊所拥有的军队根本无法和瓦岗大军抗衡。此时，李密已经杀死了翟让，成为了瓦岗寨的唯一首领，拥有数十万军队。李密也不甘心只据守瓦岗寨，一心想成为中原的霸主，并屡次攻打东都洛阳。如果李密得知李渊想要入主关中、攻打大兴，势必会阻扰李渊西进。

基于这种形势，李渊决定采用缓兵之策暂时稳住李密。李渊发兵西进前曾向李密提出结盟的要求，然而李密却自恃兵强马壮，想成为盟主，更是邀请李渊到河内（今河南境内）缔结盟约。

李渊利用李密狂妄自大的缺点，设法解除了瓦岗军和隋军的攻击，李渊见到李密的回信曾说道："现在我军正是攻取关中之际，如果拒绝李密，恐怕更生一强敌。李密骄傲自大，不如推举李密为霸主，助我抵挡洛阳隋军的进攻。我军方可专意西进，等到平定关中之时，以观鹬蚌相争，坐收渔翁之利。"

于是，李渊命令温大雅代笔向李密修书一封，声称："当今可称霸中原者，非公莫属。老夫现已经到了知命之年，根本无力争夺天下。"而李密竟信以为真，更是异常得意，对属下说："唐公李渊不足以夺取天下啊！"就这样，李渊再次采用"卑辞推奖"的计策解除了西进大兴的后顾之忧。

隋大业十三年（617）七月，李渊誓师于太原，亲自率领李建成、李世民共三万大军出征，留三子李元吉留守太原。在誓师大会上，李渊采用裴寂的建议，提出了"尊隋"的口号。据《资治通鉴》记载：李渊在太原誓师，历陈杨广的种种暴行，打起了"废庸立明，以立隋室"的旗号。

当然，李渊"尊隋"只是权宜之计，当时，"君为臣纲"的思想依然占据统治地位，杨广虽然荒淫残暴，但是，在绝大部分贵族士大夫心中仍存在着"忠君"思想。李渊正是迎合了贵族士大夫阶层的心理，效仿曹操的"挟天子以令诸侯"。李渊所依靠的对象主要是新兴的贵族、豪绅以及官僚，打出"尊隋"旗号，既为自己夺取天下找到了名正言顺的理由，又得到了各阶层的拥护和支持。这就是李渊父子和其他农民起义军队伍的不同之处，也是李渊父子迅速壮大的主要原因。

随后，李渊广发檄文自称义军，并改隋朝赤色旗帜为绛白旗，浩浩荡荡的义军从太原出发，直逼大兴。

退？进！

李渊西进的路线是沿着汾河东岸一路南下，直取潼关（处于今陕西渭南潼关县）。潼关是中国古代最著名的关口之一，地处关中平原东部，雄踞大兴、太原、洛阳三地要冲之地，是进出三秦之锁钥。所以，自汉末以来，潼关成为了东入中原、西出关中的关防要隘，历来为兵家必争之地，素有"畿内首险"、"四镇咽喉"、"百二重关"之誉。因此，李渊父子想要夺取大兴，必然要先拿下潼关。

李渊兵指大兴的消息很快就传到了大兴城，代王杨侑立即命虎牙郎将宋老生率精兵两万驻守霍邑（今陕西霍县），左武侯大将军屈突通镇守军事要地河东，阻截李渊的西进。霍邑地形险要，更有河东屈突通遥相呼应，成为了李渊西进途中第一道障碍。

李渊出兵之时正逢秋雨连绵之际，当李渊率军行至霍邑西北五十公里处的贾胡堡时，持续几天的大雨致使道路泥泞不堪，军队行军异常艰难。李渊不得不就地扎营，暂时驻扎于贾胡堡。由于秋雨久下不停，军队的粮草又所剩无几，李渊只得派出部队返回太原增运粮草。然而，屋漏偏逢连夜雨，李渊遇到的麻烦不仅如此，此时，军中又开始谣传刘武周联合东突厥南下的消息。

难题接二连三袭来，面临如此状况，李渊陷入了进退两难的困境。进，困难重重，秋雨不停、粮草缺失，如刘武周南下传闻属实，太原恐怕不保；退，亦于己不利，首战出师未捷，中途撤军，恐怕影响士气，以后再寻机会难上加难。难以决策的李渊，于是决定召集将领共商对策。

这时，关于大军是退是进的问题引起了激烈的争论。李渊、裴寂等人主张立刻北还，据守太原。他们认为，宋老生、屈突通联合据险而守，不易攻下，再加上隋朝军事实力还很强大，不可轻易冒险；同时，李密虽然已答应联合，却奸险难测，如果从侧翼突袭，后果不堪设想，刘武周、东突厥人更是唯利是图，出尔反尔。太原本是义军的根据地，况且义军的亲眷都在那里，如果太原失守，义军将失去根本。所以，裴寂等人主张："先救自己的大本营，稳住根本之后，等到他日局势有利时，再谋划南下之策。"

然而，李建成、李世民等人却坚决反对撤回太原，李世民说道："刘武周骄傲自满，东突厥人贪图利益，虽然表面上相互依赖，实际上却相互猜忌。刘武周虽然窥伺太原，但仍不敢舍弃马邑。李密占领洛口后也舍不得如此巨大的粮仓，顾不上图谋远方。宋老生为人轻狂浮躁，一战就可以擒住。父亲兴创大业，有志救百姓于水火，应当先行进入大兴，号令天下。现在遇到小敌就立刻退缩，恐怕令跟随之人心灰意冷。如果我们屈居太原一城之池，恐怕会沦为贼寇，天下之人群起诛之。到那时我军自身难保，何谈建立大业。"

然而，李渊虽然认为李世民所讲不无道理，然而出于稳妥，仍是下令义军返回太原。李世民见李渊并未采纳自己的意见，便同李建成一起再次向父亲进谏。李世民更是失声痛哭："现在大军已经出征，有进无退，进军就能取胜，后退就会溃散；到那时，我军锐气全无，犹如散兵游勇，敌人乘胜追击，军队顷刻土崩瓦解。这岂不是束手待毙！"

此时，李渊也顿时醒悟，甚是后悔，不禁叹息道："左军已经出发，该如何是好？"

李世民忙说道："左军刚刚出发，恐怕还未走远，请让我及时追回。"

于是，李建成和李世民连夜快马加鞭追回左路大军。至此，一场关于西进出征是进是退的争论，以李建成和李世民力主前进而结束。此次关于进退的分歧，事关李渊父子西取大兴、夺取天下的大局。事实证明，李建成和李世民主张前进的策略是正确的，使得李渊在西进关中的重大决策中避免了一次重大失误。

八月初，连绵秋雨终于停歇，天气放晴。李渊命令晾晒器械，整理行装，向霍邑宋老生展开攻势。李渊率领大军避开泥泞，绕行山麓，一路向东南直抵霍邑。然而，宋老生却采取了坚守城池，拒不出击的战略。这正是李渊最担心的事情，如果霍邑久攻不下，军队士气受挫，更会延误战机。

此时，李建成和李世民想出了激将法和反间计的谋略，诱使宋老生出城迎战。两人认为："宋老生有勇无谋，可用轻骑挑衅，他定会出战；如果他固守不出，我们便散布他畏惧出战，想要投降的消息。这样一来，宋老生不得不出城迎战。"

于是，李渊便令李建成、李世民率领几百骑兵到霍邑城下挑战，做出包围城池的样子，并不断辱骂宋老生贪生怕死，不敢出战。果然，宋老生中了激将法，恼羞成怒，率领三万精兵从东门、南门出城迎战。此时，李渊已经亲自率领大军在霍邑城东五六里处布阵，李世民布阵于城南。在李渊、李建成同宋老生交战时，李世民直冲敌军阵营，与隋军展开了激烈的厮杀。李世民趁双方混战之时，命令军士高呼"宋老生已被擒住"。正所谓"擒贼先擒王"，隋军听闻宋老生已经被擒，顿时大乱，仓皇向城中逃窜。此时，李建成、李世民已经把住东门和南门，宋老生见城门紧闭，不得已退至城脚，最后，被义军斩于城下。

最后，经过激烈的战斗，李渊终于攻克了霍邑城，打开了通往关中的第一道门户。李渊父子又向成就大业迈进了一步，并积极准备攻取河东，入主关中。

破大兴，建大唐

霍邑大捷后，李渊乘胜南下，并顺利进入临汾郡（今山西临汾），攻克绛郡（今山西新绛）。在此过程中，临汾、绛郡两地的官吏纷纷投靠李渊；关中起义军孙华也带领队伍归顺义军。

随后，李渊率领义军围攻河东郡，然河东郡城墙高峻，守将屈突通坚守城池，攻之不克。之前，汾阳人薛大鼎曾向李渊献计：无须攻打河东郡，大军自龙门西渡黄河，攻取永丰粮仓（今陕西大荔县境内）。永丰仓位于渭水黄河入口，临近广通渠，是当时著名的粮仓之一。随后，义军便可昭告天下，据关中要地扩充军队，对大兴形成俯背扼喉之势，关中地区乃至大兴便可以坐而取之。

薛大鼎的计谋可谓是良策，深得李渊的赏识，然而，义军众将领却认为东河郡是关中门户，战略要地，须先攻取东河郡。于是，李渊便令孙华返回黄河以西，右统军刘弘基、王长谐等将领率兵驻兵河西。李渊此番布兵排阵，目的是为了形成对河东的夹击之势，阻断屈突通的西归之路。虽然王长谐率领的军队受到了屈突通的袭击，首站不利，但是孙华采用骑兵袭击的战术，成功使屈突通军队退回了河东郡城中。尽管如此，李渊却并未占据有利的形势，河东郡一时难以攻下。李渊再次陷入犹豫不决的处境，既想采用薛大鼎的建议直取大兴，又不甘心放弃河东这一战略要地。

此时，李渊军中再次发生了军事策略上的分歧，其主要争论的双方仍是以稳重为主的裴寂和激进为主的李世民。

裴寂认为，屈突通拥有大批军队，凭借坚固的城池，是我军最强大的敌人。依当前形势而言，应当全力攻打河东，如果现在我们舍弃河东转而攻打大兴，如不能攻破，将会遭到河东方面的追击，腹背受敌。屈突通就是大兴的后援，如果占领河东，大兴将不攻自破。

然而，李世民却认为，兵贵神速。现在义军屡战屡胜，士气正高昂，我军大张旗鼓地西进，安抚归顺百姓，大兴城守军根本来不及谋划决断，我军攻取大兴之势势如破竹。如果此时与屈突通纠缠，反而会给大兴时间加强防御，到时，我军军心涣散，前功尽弃。况且关中拥兵将领均分散各地，屈突通根本不足为惧。

相对于裴寂的稳中求胜而言，李世民的提议虽略显激进，却切中要害，然两人的提议各有千秋。身经百战的李渊决定综合两人的意见，兵分两路，留部分兵力牵制屈突通的兵力，自己则亲率大军继续西进，攻取大兴。

随后，李渊命李建成、刘文静、王长谐等人率领数万军队驻守永丰仓和潼关，防备来自东方的敌军；李世民、长孙顺德、刘弘基等人率领大军沿着渭水北岸一路西进，而抚慰史殷开山（今陕西户县人，在当地很有名气，凌烟阁二十四功臣之一）归李世民节度。

此时，渭北地区各县纷纷主动归顺，义军所到之处百姓举家拥护。隰城尉房玄龄主动归附李世民，成为李世民帐中记室参军。

屈突通得知李渊西进的消息，便率领数万精兵支援大兴，却被刘文静击退。屈突通想依附潼关的隋军，然而此时潼关已经被义军攻占，隋军守将刘纲也被王长谐斩杀。屈突通进退维谷，不得已只好退回河东城中。

义军进入关中之时，李渊之女平阳公主与李渊从弟李神通在鄠县率众起义，李渊女婿段伦（李渊第四女的夫婿）在蓝田县（今西安境内辖县）率领数万人响应义军。

据《新唐书》记载：平阳公主是李渊第三女，可谓是一位真正的巾帼英雄，其才识胆略毫不逊色于她的兄弟们。李渊起兵后，柴绍前往太原与李渊会和，平阳公主便辗转来到鄠县的李氏庄园。平阳公主女扮男装，自称李公子，变卖当地的家产，赈济灾民，到处召集反隋起义军。

短短三个月内，平阳公主凭借其超人的才识和胆略，召集了数万人的起义军，将当地几支起义军队伍纳入自己帐下。平阳公主所领导的起义军军纪严明，得到当地百姓的广泛拥护，称平阳公主为"李娘子"，并称这支队伍为"娘子军"。娘子军在关中一代威名远扬，攻占了周至、武功、始平等大片土地，为李渊义军进入关中扫平了众多障碍。

随后，李世民一路所向无敌，陆续攻克泾阳（今陕西泾阳）、云阳（今陕西境内）、武功（今陕西武功县西北）等地。此时，李世民所率领的军队迅速发展壮大，人数已经达到了九万余人，平阳公主率领一万精兵与李世民会师于渭水北岸，共同向大兴进发。

同时，李渊命令刘弘基、殷开山等人率领军队占领京畿要地扶风，南渡渭水，并且驻扎在大兴故城。李世民则一路收抚了李仲文、何潘仁、向善志等人率领的武装力量，并驻扎于原秦时阿房宫旧址。

十月，李渊各路大军云集大兴城外，此时，义军人数已经达到二十万，浩浩荡荡的大军将大兴城团团围住。李渊在攻占大兴城时，下令各军将士不得进入村落侵害百姓，更不得侵犯隋朝的祖庙、代王杨侑以及隋朝皇室宗室。破城之后，李渊下令处斩闭门抵抗的隋军将领阴世师等人，马邑郡丞李靖也在其列。

　　李靖，雍州三原（今陕西三原县东北）人，出身官宦之家，善于用兵和谋略，早年与李渊有嫌隙，然而李世民却深知李靖是不可多得的人才，便坚持向李渊求情。李渊也赏识李靖的才华，放弃了过去的恩怨，因此，李靖免于一死，被李世民纳入府中。由此看来李渊也是惜才爱才之人，他不仅宽恕和自己有过节的李靖，更是招降令自己受挫的河东守将屈突通，并予以重用。

　　同年十一月，大兴城被攻克后，李渊入大兴城，迎代王杨侑于东宫，即位于大兴殿，改大业十三年为义宁元年（617），并遥尊杨广为太上皇。杨侑是杨广的孙子，元德太子杨昭之子，自幼聪明，气度非凡，后被封为代王，食邑万户。杨广亲征辽东之时，奉命镇守京城大兴。本来，杨侑并无成为皇帝之命，得到李渊的拥立，实际上却是一位有名无实的傀儡。

　　随后，李渊入住长乐宫，进封唐王，不久，更是进位相国，加九锡。李渊名义上拥立杨侑为皇帝，实际上是一步步地掌握军政大权，"挟天子以令诸侯"，等到时机成熟的时候，再取而代之。仅仅一天的时间，李渊就成为了大兴城实际上的主人。

　　大权在握的李渊为了稳固自己的势力，以武德殿为丞相府，独揽军国要务，并以李建成为世子，李世民为京兆尹（掌管京畿地区的官员）、秦公，李元吉为齐公。自此，李渊独揽了朝廷的军政大权，实现了其入主关中、号令天下的愿望，而杨侑只不过是李渊手中的傀儡，更是他自立为王的垫脚石。

然而，就在此时，一则震动天下的消息从江都传来，"杨广被宇文化及杀死了"。对于李渊来讲，杨广被杀绝对是一个好消息，正是其取隋朝天下而代之的大好时机。

两个月之后，杨侑被迫禅位，李渊即皇帝位于太极殿，定国号为唐，改年号为武德，改大兴为长安，定都长安。随后，李渊开始对跟随自己的将领进行分封，命李世民为尚书令，裴寂为右仆射、知政事，刘文静为纳言。不久后，李渊立世子李建成为太子、李世民为秦王、李元吉为齐王。

李渊父子从太原起兵到正式建立大唐，仅仅经历了一年的时间，自此，隋朝灭亡，唐王朝正式建立，一个强大而繁盛的时代正式开启。

杨广之死

李渊父子攻占隋朝都城大兴，拥立杨侑为帝，尊称杨广为太上皇。此时的杨广怎么也没有想到，自己会被随从的亲信所杀。那么，杨广究竟是怎样被宇文化及等人杀死的呢？

当时，杨广正身处南方的江都，这位雄心勃勃的皇帝早已经没有了当年的意气风发。起义军已经遍布全国各地，割据力量遍布林立，隋朝的战略要地仅剩下洛阳和江都。

早在大运河开通之后，杨广便先后多次带领浩浩荡荡的队伍南下江都游玩，一路上肆意搜刮百姓财物，大肆建造宫殿，南方的百姓也是怨声载道。

隋大业十二年（616），杨广率领众亲信再次南下江都，然而，这次并不是为了游玩，而是躲避北方的战乱。

杨广置隋朝的政治中心大兴、洛阳而不顾，流连于偏远的南方小城，不仅将北方大部分土地拱手让给起义军势力，更使得隋朝统治阶层无力控制幅员辽阔的帝国。然而，杨广选择下江都似乎有着自己的理由：杨广在隋开皇八年（588）时，曾经就任行军元帅，统辖九十路总管，率领数十万大军灭掉陈国，统一全国。之后，为了巩固对江南的统治，杨广曾经被任命为扬州总管，镇守江都。因此，实际上，江都才是杨广的根据地，而此时，北方中原大乱，群雄并起，杨广已经无回天之力。相比之下，南方虽然有萧铣、杜伏威两大割据势力，大部分疆域仍在隋朝的统治之下。

但是，一心只想偏安江都的杨广却忽视了一个重要的问题：江都固然是自己的老巢，不仅可以躲避关中地区实力强大的贵族，远离起义军的混战，但是，同样，他也是失去了对北部地区的控制。正所谓"得关中者得天下"，秦汉以来，凡是想要夺取天下者莫不如此，正当李渊等人都在觊觎这块肥肉时，杨广却舍弃了自己的根本，最终杨广必定会和隋朝一起走向灭亡。

于是，杨广便带领数万被称作骁果武士的关中精兵和司马德戡、裴虔通、宇文化及等亲信南下江都。然而，瓦岗军首领李密却带领大军攻占了洛口，截断了杨广西归之路，使杨广不得不滞留在南方。

其实，杨广刚到江都的时候，并没有一味地回避北方的战乱问题，先后派幽州薛世雄和洛阳王世充多次支援洛阳，攻打李密的瓦岗军。但是，隋军并没有解除洛阳的危机，薛世雄反而被河北窦建德所杀，洛阳也被李密大军团团围住。关中地区的不利形势让杨广彻底失去了返回北方的信心。

此时，心灰意冷的杨广已经无心返回北方，打算偏安江都一隅。隋义宁二年（618）三月，杨广下令迁都丹阳。就这样，丹阳成为了隋朝的另一座都城，杨广此举却引起了随从将士们的不满和惶恐。

跟随杨广下江都的将士大多是关中人士，久居在外，常年忍受战乱之苦，更加思念家乡和远在家乡的亲人。因此，隋军大量将士开始企图逃回关东，禁军将领窦贤率领部分部属逃亡，但是，却被杨广抓回。杨广为了杀一儆百，将窦贤以及逃亡的将士全部斩首。但是，这样的行为似乎并没有起到震慑的作用，越来越多的人出逃，整个隋军人心涣散，人人思归。

此时，武贲郎将司马德戡统领万余骁果军（隋朝的御林军）驻扎在江都城内，负责杨广的安危。他获知了部分骁果军士密谋叛逃的消息，不仅没有将这些人告发，反而加入密谋之中。司马德戡暗中联络裴虔通等人，打算借着士兵归心似箭的心理举事叛乱。开始，这些人并没有弑帝叛逆的野心，只是想掠些财物，逃回关中。

而一个人的出现则使这些人改变了主意，更彻底改变了杨广的命运。这个人就是宇文智及，平时多做违法之事。宇文家族在隋朝的势力十分大，其家族本姓破野头，曾在鲜卑当仆人，鲜卑族汉化后跟随主人改为宇文氏。宇文化及的祖父宇文盛在北周时期因战功被封为上柱国，父亲宇文述在北周时期就受到重用，封为濮阳郡公。杨坚建立隋朝的时候，屡立战功被封为上柱国，晋爵褒国公，直到杨广执政后，权倾朝野。

宇文智及的野心十分大，他得知司马德戡等人密谋西归的消息后，觉得这是一个千载难逢的好机会，于是，便怂恿众人趁天下大乱、群起反隋之际，利用手中统领的精锐禁军，干出一番轰轰烈烈的大事。然而，起义需要一个具有号召力的首领，宇文智及手中没有兵权，职位也不高，并不能服众，于是，众人便找到了宇文智及的哥哥宇文化及。宇文化及时任右屯卫将军，大家都推举他为叛军首领，可是，宇文化及却是怯懦无能之人，听闻起兵叛乱的消息大惊失色，最后，在众人的怂恿下，才答应担当叛军首领。

隋大业十四年（618）三月十日深夜，司马德戡自玄武门引骁果军进入宫中，裴虔通等人到宫中搜捕杨广。杨广听闻众人谋反的消息，大惊失色，急忙藏身于永巷。第二天，杨广被叛军俘获，押至寝殿中，宇文化及令校尉令狐行达将杨广缢杀。

就这样，曾经不可一世的杨广落得如此悲惨的下场，本来当时隋朝国富兵强，正是蒸蒸日上的好时代，杨广却为了建功立业和狂妄自大而不停地大兴土木，不顾民怨沸腾仍发动三征高句丽的战争。最终，天下大乱，大隋王朝轰然倒塌，满门被诛，自己也最终惨死在自己的护卫军手中。

杨广生前生活极尽奢华，然而在死后却没有一个像样的棺材。萧后和宫人们只有将床板拆掉，为杨广做了一个小棺材，随后将其偷偷地葬在江都宫的流珠堂下。后来，庐江襄安人陈棱集众缟素，为炀帝发丧，将杨广改葬于吴公台（今扬州市邗江区）下。后来，唐朝平定江南之后，李世民于唐贞观五年（631），以帝礼将杨广改葬于雷塘（今江苏扬州市北雷塘南平冈上）。

杨广被杀之后，隋朝所有皇族不分男女老幼，全部被宇文化及处死。只有杨广的侄儿秦王杨浩因和宇文智及私交甚密才得以逃脱。

随后，宇文化及自称大丞相，宇文智及封为左仆射，并且拥立杨浩为帝，准备北归争夺天下。很快，杨广被杀的消息传到了全国各地。李渊在长安拥立杨侑为帝，王世充则占据洛阳城拥立越王杨侗为皇帝，定年号为皇泰。王世充被杨侗封为郑国公，与段达（今甘肃武威人）、元文等其他六人共同辅政，时人称为"七贵"。

然而，不管是杨浩，还是杨侑、杨侗，名为隋朝皇帝，实际上就是众人争夺天下的棋子。随着杨广死亡，隋朝已经彻底灭亡。

不久之后，宇文化及率领十几万大军踏上北归之路。

第二篇／天策上将

第四章 / 第一次失败

李家的对手

李渊长安称帝建立大唐，然而想要统一天下，还有很长的一段路要走。纵观当时天下的形势，全国各地大大小小的起义军数不胜数，称王称帝的割据政权林立。虽然李渊已经初步在关中站稳了脚，然而，所面临的形势依然十分严峻。

且不说远在江淮的杜伏威、萧铣（兰陵人，西凉皇室后人）和河北的窦建德，仅仅是关中地区便是强敌遍布：薛举父子占有陇西称帝，不时向关中用兵；李轨（甘肃武威人）在武威称"河西大凉王"，也对关中虎视眈眈；刘武周以马邑为中心，勾结东突厥人，一再南下威胁太原；梁师都占据夏州朔方（今陕西衡山县），北连东突厥，也是唐朝北面的一大威胁。这些强大的割据势力，都是李家夺取天下最强有力的对手。

当然，李渊深知统一天下并非一朝一夕，众多割据势力也不能一举歼灭。于是，在关中地区四周尚有强敌的形势下，巩固关中，翦除强敌，就成为了唐王朝的当务之急。只有保证自身的安全，才是扫除天下群雄、统一天下的先决条件。

因此，李渊制定了远交近攻的策略，及时铲除眼前的威胁，而对于那些暂时不具威胁的割据势力，能拉拢便拉拢，不能拉拢者最好是互不侵犯。正是因为李渊采用了这样的策略，才能够为自己赢得更有利的时间和机遇，逐一击破，平定群雄。

首先李渊需要严加防范的是近在咫尺的刘武周、李密和王世充等人。刘武周虽然有心怀南下争霸之图谋，但此时唐朝和东突厥尚保持友好的关系，暂时还不是最大的威胁。况且，太原尚有李元吉率领几万精兵驻守，李渊只需做好防备即可。

这时，洛阳附近的李密和王世充此时正在与北上的宇文化及处在混战之中，根本无法顾及长安的李渊。其实，唐武德元年（618）之时，李渊为了争夺洛阳，曾想要攻打王世充，然而在司农卿韦云起的劝谏下放弃。随后宇文化及率隋军主力十余万人北上，想要夺回长安政权，而洛阳杨侗设法用高官厚禄拉拢李密，令他挡住宇文化及。一向骄傲自大的李密果然中计，率瓦岗军同宇文化及展开激战，将宇文化及赶到了河北境内。然而，瓦岗军的实力也大大削弱，此时，王世充率精兵趁火打劫，连番追击李密，瓦岗军溃不成军，面临着土崩瓦解的危险。不久之后，李密率魏征、徐世勣等瓦岗寨将领便投靠了"素有交情"的李渊。就这样，轰轰烈烈的瓦岗大军彻底灭亡，王世充也间接为李渊消灭了李密和宇文化及两大威胁。

对于大凉王李轨，李渊则采用交好的策略。李轨是河西名门望族，为人足智多谋，能言善辩，又能赈济贫民，因此在乡里有很好的名声。隋朝末年被任命为武威郡鹰扬府司马，隋大业十三年（617），李轨召集本郡知名人士曹珍、梁硕共谋反隋大业，并被推举为起义军首领。

随后，李轨率兵攻进了内苑城，俘获隋朝官吏谢统师等人，占领了凉州，不久李轨自称河西大凉王，建元安乐。李轨先后攻克了张掖、敦煌、西平、枹罕（今甘肃临夏东）等地，势力范围遍布河西五郡。

李渊为了稳住政局，便派使者与李轨交好，并称李轨为"从弟"。而李轨为了取得李渊的信任，派弟弟李懋到长安进贡谢恩。随后，李渊为了表示对李轨的信任，封李懋为大将军，遣还凉州。李渊又派使者封李轨为凉州总管，封凉王。然而，李轨只是表面上归附唐朝，并不愿意接受大唐的封号，并且暗中不断扩张自己的势力。

当唐朝使者到达凉州时，李轨已经正式称帝，立儿子伯玉为太子，设置百官，史称大凉政权。左仆射曹珍向李轨进言道："隋失天下，天下英雄共逐之，各路割据力量纷纷称王号帝，形成了多足鼎立的局势。现在唐朝在关中称帝，而大凉自处河右，既为天子，为什么还要受人牵制？如果大王想以小事大，应当效仿西梁宣帝萧察，自称梁帝而称臣于周。"因此，为了麻痹李渊，李轨便听从了曹珍的意见，效法古代向上国称臣而不取消帝号的做法，在向李渊上书时仅称"皇从弟大凉皇帝臣轨"。李轨的做法引起了李渊的强烈不满，于是先将李轨的信使扣押，并且命令吐谷浑出兵大凉。

然而，正当大凉政权局势不稳的情况下，李轨却听信谗言谋害功臣，害死吏部尚书梁硕，导致朝野上下人心叛离。这一年，大凉境内遭遇严重灾荒，饿殍遍野，李轨倾尽家产赈济，也不能顾及全部灾民。于是，李轨召集众臣商议对策，此时，曹珍进言道："国以人为本，如果失去国之根本，国家就会倾覆。怎么能因为珍惜粮食而坐观百姓饿死？"众大臣都同意曹珍的建议，开仓赈济灾民。然而，归附李轨的隋朝旧官谢统师等人，却向李轨进谗言："受到饥饿的灾民都是弱者，强壮的勇士自然不会受困。国家仓储的粮食有限，怎么可以供给弱小者。"李轨竟然听从了谢统师的意见，封仓停赈，致使朝廷上下滋生怨愤之情，人心背离。然而，正当灾情如此严重之时，李轨又听信巫女的胡言乱语，大兴土木建造玉女台，耗费大量的人力财力。

大凉的开国功臣安修仁有一亲弟弟安兴贵在李渊手下为官，且往来密切。因此，安兴贵对大凉政权的局势了如指掌，安兴贵主动向李渊请求出使凉州说服李轨归顺大唐。随后，安兴贵到达凉州后，李轨封赐为左右卫大将军，并问其保全凉州之策，安兴贵趁机进言："凉州地处偏远，人烟稀少、物资匮乏，虽然拥有强兵数十万，然而开疆拓土不过千里。凉州无险可守，又接壤东突厥、吐谷浑等异族，这些异族犹如豺狼虎豹，归附他们不是长久之计。大唐据守长安，平定中原，攻必取、战必胜，势必成就大业。如果大凉举河西之地归附，必定可享受荣华。"

然而，李轨却不接受安兴贵的建议，反而怀疑他是李渊的说客，安兴贵十分畏惧，便假意感谢李轨的恩赐："臣素问富贵不回乡，犹如锦衣夜行。现在我阖家子弟皆受到大王的信任，怎敢心怀他志？"

安兴贵见不能说服李轨，便与安修仁密谋兴兵，因为安氏兄弟在凉州颇有声望，得到了多数人的支持和拥护。随后，安氏兄弟率领兵马将凉州城包围，李轨率领千余骑兵出城迎战却战败，不得已退入城中。安兴贵在城外大声喊道："大唐派我来擒李轨，不从者诛三族！"城中百姓官员纷纷出城投降安兴贵，李轨见大势已去，便携带妻子登上玉女台想要自尽，安兴贵获知消息后，及时赶到玉女台，将李轨擒获。随后，安兴贵将李轨便押送到长安，被李渊斩首。安兴贵被李渊封为右武侯大将军、上柱国，封凉国公，而安修仁拜左武侯大将军，封申国公。

李轨自兴兵到被斩首仅仅三年的时间，本来大凉政权蒸蒸日上，然李轨却缺乏治国之才，不能审时度势，又不能明白是非、听信谗言，因此才导致大凉政权急转直下，更招致杀身之祸。自此，李渊不费吹灰之力平定了河西中州郡，消除了北方地区的威胁。

而对于北部勾结东突厥的梁师都，李渊也是派兵暂时进行阻击。梁师都是夏州朔方（今陕西横山县）人，本是当地的豪族，后来担任隋朝的鹰扬郎将，隋大业十三年（617），梁师都聚众起兵反隋，并且自称大丞相。梁师都归附东突厥人，并且联合东突厥攻占雕阴（今陕西绥德县）、弘化（今甘肃庆阳市）、延安（今陕西延安市）等郡，随后，梁师都自称皇帝，建国号梁，建元永隆。东突厥始毕可汗，封梁师都为大度毗伽可汗，赐予狼头纛（读 dào，用狼头做标志的大旗）。

唐武德二年（619），梁师都进攻河南，被唐朝延州总管段德操击败。此后，刘武周被李世民击败，北方的割据势力仅剩梁师都一人，而梁师都手下的大将张举等人归顺唐朝。梁师都见形势不妙，便派使者说服处罗可汗发兵南侵，然而，正当东突厥大军准备发兵前，处罗可汗意外猝死，发兵南下之事只好搁浅。

正在这时，李渊又派段德操进攻梁师都，梁师都只好归附东突厥颉利可汗，从此之后，长期依附颉利可汗，为其出谋划策。

全国境内群雄并起，那么，究竟谁才是李家的第一个对手呢？

当时，李渊刚刚攻入长安时，薛举父子便经常进犯关中，因此，薛举父子便成为了唐王朝统一天下的第一个目标。

薛举父子

薛举是河东汾阴（今山西万荣西）人，跟随其父薛汪徙居兰州金城郡（今甘肃兰州）。薛举身材魁梧强壮，骁勇善战，擅长射箭，骁武绝伦，曾担任隋朝金城府校尉。不仅如此，薛举是当地远近闻名的大富豪，家产无数，喜结交江湖上的豪杰，因此称雄于陇西。

隋朝大业末年，陇西地区农民起义风起云涌，金城令郝瑗招募数千士兵，并派薛举带领军队镇压起义运动。然而，隋义宁元年（617），薛举在讨伐起义军的宴会上，反戈相向，与儿子薛仁杲以及党羽劫持郝瑗并逼迫其起兵，诈称搜捕反叛朝廷的盗贼，抓捕并囚禁了所有郡县官吏。随后，薛举父子开粮仓赈济贫民，起兵反隋，并自称"西秦霸王"，建年号为"秦兴"，封长子薛仁杲为齐公，次子薛仁越为晋公。

薛仁杲果敢有力，骁勇善战，善骑射，有其父之风范，因此在军中号称"万人敌"。然而，薛仁杲却生性贪婪、残忍，嗜杀成性。历史上，关于薛仁杲凶残成性的记载很多，最典型的事例就是，他曾经俘获庾信（北周时期人，曾任北周骠骑大将军，以文学成就最著名）之子庾立。因庾立拒绝投降，薛仁杲竟凌割其肉放在火上炙烤，让将士们分食，可见其凶残成性。

随后，薛举开始招兵买马，队伍很快就壮大了起来，并且陆续攻占了附近几座城池。不久，附近反隋武装首领宗罗睺率众归顺薛举，并被封为义兴公。此时，隋朝将领皇甫绾率领万余精兵驻扎在枹罕（今甘肃临夏东），得知薛举反叛的消息，皇甫绾率精兵两千袭击薛举，却遭遇大败。是时，岷山（自甘肃南部延伸至四川省西北部的褶皱山脉）羌族首领钟利俗率领两万精兵归顺，薛举一时声威大振，兵众发展到十三万人。

同年七月，羽翼丰满的薛举去"西秦霸王"而称"秦帝"，立薛仁杲为太子，授东道行军元帅；薛仁越为晋王，兼河州刺史；宗罗睺为义兴王。随后，薛仁杲攻占秦州（今甘肃天水市），薛举便迁都于此。

不久，薛举派薛仁杲率领大军进攻扶风（今陕西境内），当时，扶风为唐弼所领导的起义军占领，并拥立李弘芝为皇帝，唐弼自称唐王，起义军人数达到十万之众。薛仁杲的进攻遭到了唐弼的顽强抵抗，久攻无果。于是，薛仁杲便改变了策略，派使者说服唐弼归顺，并挑拨唐弼和李弘芝之间的关系。唐弼果然为其言所动，杀死李弘芝投靠薛仁杲。然而，薛仁杲却背信弃义，趁机出兵发动突然袭击，猝不及防的唐弼只率数百骑兵遁逃。而薛仁杲则收编了唐弼手下的十余万军队，薛举父子的势力更加强盛，号称三十万大军，更企图攻占长安。

然而，此时李渊已经抢先一步攻下长安，薛举父子的想法和李渊相同，即攻占长安，入主关中。况且，关中本是薛举的地盘，却被李渊抢先一步，薛举父子岂可善罢甘休。于是，薛举父子率领十万大军向长安城进发，并且将扶风郡重重包围。

自汉代起，扶风便是京畿重地，更有"左冯翊、右扶风"的说法，可见扶风地区的重要性。此次，薛举父子包围扶风，对长安造成了巨大的威胁。因此，李渊派李世民率军征讨薛举，并派刘弘基、殷开山辅助李世民，此二人先前攻占过扶风，对此地已经十分熟悉，因此，李世民未出战已经占尽了先机。再加上唐军士气正盛，李世民果然大败薛举，并将敌军追至陇坻（陇山的关隘）。

首战即大败的薛举异常惊慌，担心李世民会越过陇山继续追击，便问黄门侍郎褚亮道："自古有天子投降的事情吗？"褚亮回答道："南越王赵佗归顺汉朝，蜀汉后主刘禅投靠晋室，而西梁后主萧琮归顺隋朝后，至今地位显赫。这种事情自古不占少数。"然而，郝瑗却坚决反对投降，反驳道："褚亮的话真是荒谬之极，陛下怎能有这样的想法呢？汉高祖刘邦和蜀汉刘备无不是经历了无数失败和磨难才成就大业，陛下岂能因一次失败就想要投降呢？"此时，薛举也觉得郝瑗所说有道理，后悔自己一时失言。事后，薛举认为郝瑗是可用之才，便予以厚赏重用，视为重要谋士。

这时，郝瑗向薛举父子献计，联合朔州起义军首领梁师都，并且用重金贿赂东突厥人，趁机攻取长安。然而，薛举的计谋被正在出使东突厥的唐朝都水监（掌河渠、津梁、堤堰等事务的官员）宇文歆获悉，并及时密报给李渊。李渊深知东突厥人性情，以其人之道还治其人之身，同样花费重金收买东突厥人，极力劝止东突厥人出兵。当然，东突厥人权衡利弊之后，决定选择站在李渊这边，况且李渊与东突厥人本就保持着相对友好的关系，因此，薛举企图联合东突厥人进攻长安的如意算盘算是白打了。

李渊不仅获得了讨伐薛举父子首战的胜利，更阻止了薛举企图进攻长安的计划。这对于唐朝来讲，具有十分重大的意义，它不仅鼓舞了军队将士的士气，更使他们在关中站稳了脚。随后，平凉（今甘肃平凉市）留守、河池（今陕西境内）太守萧瑀以及扶风、汉阳等郡县的守将相继前来归顺。唐初的势力逐渐延伸到陇右一带，进而稳定了关中的局势。

浅水原之胜败

虽然薛举父子联合东突厥进攻长安的计划破产，然而他们却并不甘心，长安城的诱惑足以刺激他们再次进攻中原的野心。

不久后，即唐武德元年（618）六月，薛举父子再次卷土重来，率领部队进攻泾州（今甘肃省平凉市泾川县），驻扎于高墌（今陕西长武西北），并纵兵一路肆意掠夺百姓财物，很快就入侵豳州（今陕西彬县）、岐州（即扶风郡，唐初改为岐州，今陕西凤翔）一带。

薛举父子来势汹汹，然而李渊并不担忧，鉴于李世民曾力克薛举父子，李世民当仁不让地成为了征讨的主帅。此时，李世民已经逐渐成为一位成熟的军事统帅，日益凸显出卓越的军事才能，并在多次的战斗中克敌制胜。同时，大唐建国后，李渊便身居京师处理军国大事，身为太子的李建成也开始协助李渊处理军政事务，因此，统帅大军平定各路群雄的重担便落在李世民的肩上。于是，李渊便封李世民为西讨大元帅，率刘文静、刘弘基、殷开山等人继续讨伐薛举。

七月，李世民率兵来到高墌城，摆开阵势，准备与薛举父子展开激战。尽管李世民曾在陇坻大败敌军，然而，他并没有因此而怠慢。经过深思熟虑的考量，李世民认为薛举父子来势汹汹，意在速战速决，必定粮草不足，因此，李世民决定暂不出战，做好防御。于是，李世民下令加深壕沟、筑高壁垒，只做好防御，拖延战事，使敌军不战而败。

然而，天有不测风云，正当大战前夕，李世民竟因得了疟疾卧床不起。李世民只得将军事指挥大权暂时交付刘文静、殷开山，让他们全权负责相关事宜。李世民同时告诫二人："薛举父子孤军深入，粮草必然缺乏，千万不可轻易出兵，做好防备工作即可。等我病愈之后，再商议破军之计。"

然而，刘文静和殷开山并没有听从李世民的告诫，殷开山对刘文静说道："秦王只是担忧我们不能破敌，现秦王身染重病，敌军必定轻视我们。如果此时能够威慑到敌军，必定会大获全胜。"

于是，刘文静、殷开山二人在高墌西南的浅水原列阵迎敌，并自恃兵强马壮不加防备。当李世民得知刘、殷二人出战迎敌之时，派人阻止为时已晚，双方的战斗已经展开。结果薛举率领骑兵趁机绕到唐军背后突袭，猝不及防的唐军全面溃败，死伤者十有五六，损失惨重。李世民帐下慕容罗睺、李安远、刘弘基等大将也被薛举俘虏，高墌城被薛举父子占领，李世民只得率领残兵败将退回长安。刘文静、殷开山也因轻敌出兵被罢官。

此次浅水原之战是李世民自太原起兵以来经历的第一次失败，而且是惨败。虽然浅水原之败刘文静、殷开山私自出兵的因素占绝大部分，但是和李世民轻敌的思想也不无关系。这次失败，使年轻气盛的李世民变得更加成熟，重新审视与薛举父子之间的战争。同时这次失败也给心高气傲的唐军将领一个沉重的教训，告诫他们在行军打仗时切忌心浮气躁，不可轻敌。随后，李世民便上书李渊，挑选精兵强将，加紧军队训练，准备再次讨伐薛举父子。

此时，大获全胜的薛举正是信心满满的时候，尤其是郝瑗更是建议薛举乘胜追击，直取长安。但是，就在大军出兵东征前夕，薛举暴病而死。之后，薛仁杲继承薛举帝位，为秦帝，并进驻折墌城（今甘肃泾川东北）。然而，因为薛仁杲生性残暴，和军中将领多有嫌隙，西秦内部开始出现猜忌、分裂。另外，西秦谋士郝瑗竟因薛举暴毙伤心过度而卧床不起，薛仁杲又失去一得力助手。遭遇如此巨大变故，西秦大军不得不延缓攻打长安的步伐，这就为李世民备战提供了良好的机会。

随后，李渊趁机派李世民再次率领大军攻打薛仁杲，这次李世民吸取了失败的教训，等到大军逼近高墌城时，令军队坚壁不出。此时，唐军将领频频请令出兵，均遭到李世民的拒绝，并告诫道："我军刚刚遭遇失败，士气受挫。相反敌军因取胜而自骄，必定轻敌好斗，现在我军避而不出，折杀敌军锐气，等到对方气衰之时奋起追击，必定一战而胜。"同时，李世民更是传下军令：如再有敢言出战者斩。

就这样，李世民和薛仁杲足足对峙了六十多天，西秦军队粮草殆尽，军心浮动，众多将士相继归顺李世民，其中就包括西秦内史令翟长孙、梁胡郎以及薛仁杲的妹夫钟俱仇。此时，李世民看到薛仁杲手中将领已经有了离异之心，认为时机已经成熟，便开始部署将领准备出击。

李世民令行军总管梁实率一小部分部队驻扎于浅水原，引诱薛仁杲前来进攻。果然，有勇无谋的薛仁杲很快中计，派大将宗罗睺倾巢出动，猛攻浅水原。而梁实却据险而守，拒不出兵，宗罗睺久攻不下，士气严重受挫。李世民则乘机派右武侯大将军庞玉率军逼近浅水原，宗罗睺只得调转部队抵御庞玉的攻击，正当双方展开激战的时候，李世民亲自率领骑兵从北面突袭，顿时西秦大军陷入唐军的重重包围之中，连连溃败。宗罗睺带领残兵不断向折墌城撤退，李世民率轻骑兵乘胜追击。

这时，大将窦轨（岐州人，李渊起兵时，窦轨招募千人归附）劝谏道："薛仁杲据险而守，虽然我军大破宗罗睺，但不可轻易追击，应按兵观察伺机而动。"李世民则认为,现在正是破敌最好时机,不可错失,便一直追击到折墌城。等到李世民到达折墌城时,薛仁杲已经在城下布好阵势,李世民则守住泾水南岸,切断宗罗睺的退路,孤立无援的薛仁杲只得退入城中据守。

不久,唐军各路大军陆续赶到,对折墌城形成合围之势,西秦军中的将领见薛仁杲大势已去,纷纷出城投靠李世民。薛仁杲已经是众叛亲离、走投无路,不得已向李世民投降。薛仁杲部下精兵一万,民众五万皆被李渊收抚,而宗罗睺等将领尽归于李世民帐下。李世民将西秦投降的士兵全部交给薛仁杲兄弟、宗罗睺、翟长孙等将领统领,对降将也是一视同仁,因此,众人心悦诚服、以死效忠。

浅水原之战,李世民先是遭遇惨败,然而,在短时间内便重整旗鼓,大获全胜,彻底击败了薛仁杲西秦大军。这不得不归功于李世民过人的军事才能,也证明了李世民在战斗中的成长和成熟。折墌城攻破之后,众将领曾向李世民请教战胜强敌的原因:"秦王一战而胜,骤然舍弃步兵,仅以轻骑追至城下,秦王无攻城战具,众人都认为不能攻克。而现城池很快攻克,究竟是什么原因?"

李世民答道:"宗罗睺的部下都是陇西人,将士和士兵都骁勇善战,我军出其不意大获全胜,但是,斩杀俘获的将士却甚少。如果不迅速追击,待他们回到城中为薛仁杲所用,折墌城则很难攻破。我军迅速追击,溃败的敌军散布在陇西,而折墌城得不到增援,薛仁杲根本来不及谋划,只能投降。这就是敌军被迅速攻克的原因。"众将士听了李世民的分析,不禁心悦诚服。

随后,李世民带领大军凯旋返回长安,并将薛仁杲斩首于市。自此,李世民凭借杰出的军事指挥能力,扫荡西秦,解除了唐朝来自陇西地区的威胁,消灭了关中周边第一个强劲的对手。李世民受封为太尉、使持节、陕东道大行台，蒲州以及黄河以北各府的兵马皆归李世民指挥。

唐武德二年（619），李轨的大凉政权内部矛盾重重，李轨听信谗言杀害礼部尚书梁硕，后又大兴土木，拒绝赈济灾民，导致大凉百姓怨声载道，朝廷官吏人心叛离。后大凉户部尚书安修仁和在唐朝为官的安修贵发动兵变，擒获李轨，并押至长安。不久之后，李轨被处死，李渊又平定了河西五郡地区。

至此，唐王朝平定了陇西薛举、薛仁杲父子，以及河西李轨，关中地区的几大强敌已经消灭了两个。于是，平定刘武周就成为了唐朝统一天下、巩固政权的下一个目标。

第五章 ／ 北顾之忧

刘武周雄踞北方

正当关中地区日益稳定之时，李唐的根据地太原却陷入了危机之中。不错，太原最大的威胁就是马邑刘武周。

刘武周祖籍是瀛州景城（今河北泊头东北）人，后来跟随父亲刘匡举家迁徙到马邑。刘武周年轻时骁勇善战，喜欢结交江湖上的侠义之士。刘武周的哥哥曾经告诫他说："你不择友而交，终有一天会毁灭整个家族。"然而，刘武周并未有所收敛，反而离家出走。

刘武周到了洛阳，成为了太仆杨义臣（本姓尉迟，后赐姓杨，杨广手下得力的将领）帐下一员得力战将。杨广第一次东征高句丽之时，刘武周跟随隋军出征辽东，因为作战英勇，屡立战功，而被提升为建节校尉。征高句丽返回之后，刘武周返归马邑，担任鹰扬府校尉。马邑太守王仁恭十分赏识刘武周，便将其收为帐下亲兵，不离左右。

隋大业十三年（617），全国范围内都出现饥荒，马邑郡内灾情更是严重，百姓饥饿不堪，再加上东突厥人经常南下掠夺，人民生活贫苦不堪。然而，王仁恭一改当年清正廉洁的良好作风，开始收受贿赂、搜刮百姓。在灾情严重的情况下，王仁恭不肯开仓赈济百姓，因此，引起了官吏和百姓的强烈不满。

这时，深受王仁恭信任的刘武周却与其侍婢私通，他担心东窗事发招来杀身之祸，又见天下大乱，便心生谋反之心。随后，刘武周勾结一些反对势力，煽动官吏造反，同时在马邑境内制造舆论：如今百姓饥饿，饿死的人遍布田野，太守却不肯开仓赈济，难道朝廷就是这样以百姓之忧为忧的吗？

刘武周的言论很快就激怒了众人，群情激昂，随后，刘武周便联合同郡的张万岁、杨伏念、苑君璋等人暗中准备刺杀王仁恭。一天，在王仁恭升堂处理公务之时，刘武周登堂拜见，而张万岁等人紧随其后，将王仁恭斩杀于郡府大堂之上。随后，刘武周手提王仁恭首级在马邑游街示众，整个郡中竟没有人敢提出异议。于是，刘武周开仓赈济贫民，向外发布公告，宣布正式和杨广决裂。

刘武周举兵反隋之后，马邑郡内所属城池纷纷归顺，起义军很快发展到数万人。之后，刘武周在马邑自称太守，并且依附于东突厥。

镇守雁门的守将陈孝意听闻刘武周起兵的消息，大为震惊，便与虎贲将王智辩联合讨伐刘武周，将他围困在桑乾镇（今山西山阴南）。这时，刘武周与东突厥骑兵共同反击，隋军大败，王智辩兵败身亡，陈孝意逃回雁门。紧接着，刘武周攻破楼烦郡（今山西静乐县），进据汾阳宫（杨广在山西的离宫），为了进一步获取东突厥的支持，刘武周竟将汾阳宫的宫女献给东突厥，突厥始毕可汗则赠送其数千匹战马。随后，刘武周如虎添翼，兵威益振，又占领定襄郡（今内蒙古和林格尔），大大地扩展了地盘，之后返回马邑。东突厥为了扶植地方割据势力，册封刘武周为"定杨可汗"，送他"狼头纛"。刘武周自称皇帝，定年号为天兴，封其妻沮氏为皇后，杨伏念为宰相，苑君璋为内史令。

随后，刘武周大举进攻雁门，将其围困整整百日有余，陈孝意拒不投降，坚决抵抗，然而在粮草殆尽、孤立无援的情况下，部下张伦将其斩杀，举城投降刘武周。就在这时，刘武周获得两员大将，令其如虎添翼：其一就是以骁勇善战著称的大将尉迟恭。尉迟恭字敬德，朔州善阳（今山西朔州市朔城区）人，年轻时以勇武闻名乡里，隋末时从军于高阳（今保定东部），尉迟敬德多次随军出征，以武勇著称，被授朝散大夫之职。刘武周素闻尉迟恭作战勇猛，便将其网罗到自己麾下，担任偏将。而尉迟恭在以后的征战中，确实为刘武周立下赫赫战功，因此，深受刘武周器重。

而刘武周帐下的另一员大将便是宋金刚。宋金刚本是上谷（今河北怀来）人，隋朝末年，于易州（今河北易县）率众起义，后来与另一义军首领魏刀儿（隋大业十一年，在上谷起义，众至十余万，自称"历山飞"）联合。窦建德进攻魏刀儿时，宋金刚前去支援，然而却被窦建德所败。后来，宋金刚率四千余众投靠刘武周，壮大了刘武周的声势。

刘武周素闻宋金刚善于用兵，封其为宋王，将军事大权交予他全权处理。同时，刘武周将自己一半家产分给宋金刚，并将妹妹嫁给他。可见，刘武周对宋金刚的信任和器重。

刘武周的势力逐渐壮大，尤其是在东突厥的支持下，更是成为了北方最强大的割据势力，也成为了李渊夺取天下的主要障碍。马邑和太原仅有一线之隔，李渊的根据地随时有被刘武周突袭的危险。

太原失守，河东告急

刘武周和李渊父子之间的恩怨可谓是由来已久，在李渊起兵之前，刘武周就曾勾结东突厥人多次入侵太原，后来，李渊在攻打霍邑之时，也曾传出刘武周入侵太原的消息，可见刘武周对太原的威胁非同小可。

当初，李渊派刘文静向东突厥始毕可汗卑辞厚礼，结为友好，并派李元吉率重兵镇守太原，目的就是防止刘武周乘虚南下入侵。然而，刘武周是北方最强大的割据势力，和东突厥人之间有着密切的关系，也是东突厥极力扶植的对象，东突厥始毕可汗立刘武周为"定杨可汗"。由此可见，刘武周和东突厥人之间的关系要比李渊巩固很多。果然，唐朝和东突厥人之间的关系发生了转变，东突厥人背信弃义转而支持刘武周南下。

《旧唐书·刘武周传》记载：李渊建立唐朝之后，宋金刚建议刘武周入图太原，南向以争天下。唐武德二年（619）三月，刘武周采纳大将宋金刚的建议，进攻太原从而南下争夺天下。刘武周任命宋金刚为西南道大行台，率领两万精兵进攻并州（治所在太原），并驻军于与太原相隔咫尺的黄蛇岭（今山西榆次县北）。这时，东突厥骑兵也赶来增援刘武周，双方联军气势强盛，势不可当。

当时，李渊正在全力巩固关中局势，李世民则刚刚从陇西战场中撤回，唐朝的兵力大部分集中在关中地区，太原相对而言兵力空虚。只有并州总管李元吉率领几万精兵驻守，然而，李元吉却并非守城良将，身负镇守太原重任却根本不务政事，整日吃喝玩乐，狩猎游戏。

李元吉生性残暴、骄奢淫逸，并且无恶不作，尤其是独自镇守太原之后，缺少监督管教的李元吉变本加厉，甚至当街用弓箭射人，观看百姓躲箭取乐。李元吉十分喜欢狩猎，在狩猎时，往往肆意践踏百姓的庄稼，纵容部下抢夺百姓财物。因此，太原各级官吏都十分怨恨他，百姓对他更是深恶痛绝。协助李元吉镇守太原的右卫将军宇文歆多次劝谏，李元吉都充耳不闻，丝毫无悔改之心。

唐武德二年（619）二月，宇文歆曾联合大臣向李渊上表，要求罢免李元吉。气愤不已的李渊曾罢免了李元吉并州太守之职，然而，后又因李元吉的恳求而恢复其官职。李元吉恢复官职之后，并无任何收敛，依旧横行霸道、不务政事。

正因为如此，当刘武周袭击太原之时，太原防守才如此脆弱。李元吉则彻底慌了手脚，慌张迎战，只派车骑将军张达率一百轻骑迎战，结果导致唐军全军覆没。张达愤而投靠刘武周，并引刘武周攻占榆次。随后，宋金刚又率军占领了石州（今山西吕梁市离石区）、平遥、介州（今山西境内）等地，李元吉根本无法抵挡敌军的强势进攻，太原陷入刘武周的重重包围之中，李唐的根本之地岌岌可危。

太原是唐军最坚实的大后方，李渊苦苦经营了十几年，不仅储备了大量的粮食和物资，而且，太原更是唐军的根本，对将士具有很高的凝聚力。如果太原失守，会使唐军的士气严重受挫，对于统一天下的大局十分不利。

为了扭转不利局面，李渊派左吴卫大将军姜宝谊、太常少卿、行军总管李仲文率领大军前往太原支援。刘武周见唐朝援军即将到达，便派宋金刚率主力部队南下迎击唐军，并在雀鼠谷（山西境内）设下埋伏。姜宝谊和李仲文落入宋金刚的圈套，导致唐军大败，并被俘虏。

远在长安的李渊见太原频频告急，只好派裴寂前往太原督军，并任命裴寂为晋州道行军总管，率领精兵三万讨伐刘武周。然而，李渊这次却犯了一个严重的错误，裴寂并非善于用兵之人，对兵法更是一窍不通，面对刘武周、宋金刚这样身经百战的将领，裴寂未出兵便棋差一筹。李渊用人失误，导致太原局势更加不利。

裴寂率领唐军到达介州，在介州东南的度索原扎营，此时，姜宝谊和李仲文已经从敌营中逃回，便加入裴寂阵营中。然而，宋金刚却拒城而守，截断了唐军的水源。失去水源的唐军战斗力锐减，裴寂只好命令军队向汾河边移动。这时，宋金刚趁机突然袭击，裴寂未及时反击，唐军便全面溃败，只裴寂一人逃到晋州。

至此，除了西河和太原外，晋州以北的地区全部被刘武周占领，太原几乎成为了一座孤城。然而，太原守将李元吉并没有全力抵御刘武周，反而弃太原不顾，独自逃回了长安。因此，刘武周竟轻而易举地攻陷了太原，李元吉把太原拱手让给了刘武周。随后，刘武周大军更是越战越勇，派宋金刚相继攻克了晋州、浍州（今山西惠城县）、绛州（山西西南部）、龙门（山西河津一带）等地，大军直逼黄河岸边。

此时，裴寂被迫退至山西西南部的虞州（今山西运城一带）、泰州，裴寂不积极阻止防御，反而错误地实施焚烧政策，令州官将百姓集中到城中，烧毁财物。此举更是激起了当地百姓激烈的反抗情绪，纷纷心生反乱。此时，夏县吕崇茂、据守蒲坂（今山西永济）的王行本等人趁机聚众反叛，纷纷响应刘武周。于是，裴寂前去讨伐吕崇茂，唐军将士已经全无士气，竟轻易被吕崇茂击败。

山西可谓是唐朝龙兴之地，也是关中的屏障，如今，唐朝在黄河东岸仅仅剩下西南一隅之地。此消息传到长安，朝野上下震惊不已，李渊不禁惊呼："太原有几万精兵，足够吃十几年的粮食，大业兴起的根基，竟在旦夕间陷落，实在是太可怕了。"据《旧唐书·太宗纪上》记载：面对河东几乎全部失陷的严峻形势，李渊已经失去了斗志和收复太原的信心，只好出示手敕：刘武周士气如此强盛，我军根本无法与之抗衡，宜放弃黄河以东地区，谨守关西。

然而李渊的决定却遭到了李世民的坚决反对，李世民说："太原是王业的基础，国家的根本。河东地区土地富饶，京城的粮食全靠河东供给，绝对不能放弃。臣愿请命，带领三万精兵，必定消灭刘武周，收复失地。"

于是，李渊便征调关中所有兵力交付李世民统领，封李世民为讨掳大元帅，征讨刘武周。李世民率领东征大军，踏上了讨伐刘武周，收复太原的征途。

大败宋金刚

正当太原失守，河东告急之时，李世民挺身而出，毅然北上抗击强敌。李世民此行事关大唐的安危，如果成功击败刘武周，大唐后方将坚若磐石，再无北顾之忧；如若战败，不仅关中将面临强敌的威胁，大唐将无统一天下的气势和能力。因此，李世民所承担的担子十分沉重，而事实证明，李世民果然不负众望，凭借出色的军事指挥艺术，连连取胜，打败刘武周大将宋金刚。

唐武德二年（619）十月，李世民率领大军从长安出发，李渊则亲自到华阴为东征大军送行。十一月，正值北方隆冬季节，黄河已经结冰，李世民率领大军履冰渡过黄河，并于柏壁（今山西新绛西南）安营扎寨。

此时，天气恶劣，唐军无法从长安押运粮草，而黄河以东的各州县已经被刘武周的军队掠夺一空，百姓仓中也缺少粮食，再加上裴寂之前实施坚壁清野的政策，百姓十分惧怕军队侵扰，所以都聚集在城中。唐军筹粮困难，面临着严重缺粮的困境。为了安抚民心，李世民果断废除了裴寂的扰民法令，发出安民告示，告谕百姓，唐军以爱民为本，绝不侵扰百姓。李世民当初在太原征兵时，在百姓中的声望很好，所以，百姓听闻李世民率军前来，纷纷争相归顺，壮大了东征队伍。随后，唐军征粮工作也逐渐顺利进行，短时间内，唐军兵强马壮、粮草充足。

然而，李世民认为时机还未成熟，不宜与刘武周以硬碰硬，所以便厉兵秣马，令军队就地休整、坚壁不战。然而，在大部队坚壁不出期间，李世民时常派小股部队抄袭敌军，并亲自外出侦察地形，为日后决战做好准备。

一次，李世民带领少数骑兵外出侦察，随从的骑兵四处分散，李世民则和一名士兵到一山丘上休息，竟不知不觉睡着。结果，李世民被前来勘察的敌军发现，这股敌军从山丘四周包抄过来。这时，恰巧一条蛇正在追逐田鼠，惊醒了跟随李世民的士兵，他们才发现已经被敌军包围。李世民和士兵急忙骑马向后撤退，很快就被敌军追上，正在危难之时，李世民用弓箭将敌军的将领射于马下。敌军见为首将领已经被射杀，便慌张撤退，李世民也转危为安。

同时，在双方对峙阶段，李世民和宋金刚的部队并非不发一兵，期间偶尔也发生了几次规模小的交锋。

十二月，李渊派永安王李孝基（李渊从父弟，父亲李璋）、陕州总管于筠、工部尚书独孤怀恩（李渊祖父元贞皇后之侄）、内史侍郎唐俭进攻夏县，并驻扎于城南。此时，起兵响应刘武周的吕崇茂正镇守夏县，见唐军兵临城下，便向宋金刚求救。于是，宋金刚便派出骁勇战将尉迟恭、寻相率兵增援夏县，尉迟恭作战勇猛，唐军遭遇惨败，李孝基、唐俭等人皆被敌军俘虏。

这时，李世民暂时处在战局不利的情况，为了提高将士们的士气，趁尉迟恭返回浍州时，派兵部尚书殷开山、行军总管秦琼等人，在美良川（今山西境内）一带阻截撤退的敌军。殷开山、秦琼二人果然不负所望，奋勇作战，击败尉迟恭，并斩首两千余众。

这里，不得不提到秦琼，字叔宝，齐州历城（今山东省济南市）人，素以勇猛彪悍著称。秦琼是李世民手下最得力的大将，早年在隋将来护儿帐下，深得来护儿赏识，后来调到张须陀麾下，屡建奇功，成为远近闻名的勇将。后来，张须陀在瓦岗军作战时阵亡，秦琼则跟随裴仁基归附李密，李密深知秦叔宝的作战骁勇，当即任命其为骠骑大将军。

后来，李密战败，秦琼又归附洛阳王世充，被任命为龙骧大将军，很快，秦琼发现王世充为人虚伪，便不愿听命于他。当李世民与王世充交战时，秦琼投奔唐军。在乱世中，秦琼多次易主，最后成为李世民的得力干将，为大唐屡立战功，拜为军马总管、封胡国公。后李世民为怀念一同打江山的功臣，命阎立本在凌烟阁绘画了二十四功臣的画像，是为《二十四功臣图》，秦琼即二十四功臣之一。

而程咬金则与秦琼一起投靠瓦岗军，程咬金后更名程知节，也是凌烟阁二十四功臣之一。《旧唐书·程知节列传》记载：程咬金本是济州东阿（今山东东河）人，年少时健壮勇敢，善于马上使用槊，程咬金归附李密后被任内军骠骑。程咬金与秦琼一同归降唐朝之后，被授予秦王府左三军统军，随李世民大败宋金刚，生擒窦建德，并大败王世充。

唐武德三年（620）正月，尉迟恭、寻相率领精锐骑兵前往蒲坂（今山西永济）支援王行本。李世民获悉此消息后，便率领三千骑兵连夜赶到安邑设伏，再次成功大破敌军。这次战役唐军作战英勇，几乎俘获了敌军全部将士，只有尉迟恭和寻相逃出。

在与宋金刚部的几次交战中，李世民连连取胜，唐军众将士的士气十分高昂，纷纷请战，要求乘胜追击，与宋金刚决一死战。然而，李世民此时却依然保持着冷静的头脑，并没有因胜利而轻敌，认为决战宋金刚的时机尚未成熟。李世民对将士们说道："宋金刚麾下精兵猛将云集，所向披靡。刘武周坐镇太原，依仗宋金刚四处出击，占据了上风。然而，宋金刚所率领军队孤军深入，并无粮食储备，仅仅依靠掠夺百姓粮食补充军需，力求速战速决。我军避而不战，养精蓄锐，便可挫败他们的锐气。这时，我军分兵攻击汾州

（山西汾阳）、隰州（山西隰县一带）等地，骚扰其腹地，等到他们粮尽之时，必定退兵。到那时，我军再趁机突袭，必定大获全胜。"

兵法云：一鼓作气，再而衰，三而竭。敌军气势正旺之时，如果以硬碰硬，将会两败俱伤。李世民采用坚壁不出、避其锋芒的策略，不仅可以大大地挫败其锐气，更化被动为主动。

果然不出所料，过了一段时间，宋金刚的军队出现了粮草短缺的状况，军事行动严重受到限制。刘武周不得不想方设法从太原为宋金刚输送粮草，为了打通运输粮食的通道，刘武周频繁派兵出击。二月，刘武周派兵向潞州进发，并且攻占了长子、壶关等地。几日后，刘武周再次进攻潞州，唐军守将王行敏奋力反击，成功击退刘武周的进攻。三月，刘武周见潞州方向不能前进，便集中兵力攻打浩州，企图冲破唐军的防线。然而，唐军行军总管张伦作战英勇，打败刘武周，并俘虏斩首刘武周军队千余人。为了阻止刘武周打通运粮通道，李世民派李仲文协助张伦镇守浩州，之后，刘武周多次进攻浩州，均被李仲文击败，无功而返。同时，李仲文还派兵四处骚扰刘武周运粮队伍，彻底切断了敌军粮道。

不久后，宋金刚军中已经粮草殆尽，无奈之下，只得向北撤退，并且命令大将寻相断后。此时，双方已经对峙了五个月之久，李世民认为这正是唐军大举反击的最好时机，于是率领大军迅速北上追击宋金刚。经过长时间的养精蓄锐，唐军将领早就急切出城迎战，现在李世民下令北上追击宋金刚，全军将士积蓄已久的斗志终于爆发，如出山猛虎般，锐不可当。李世民率领唐军一路奋勇追击，直至吕州（今山西霍县）追上寻相的断后部队。唐军将士作战十分勇猛，势如破竹，寻相根本无法抵挡唐军的进攻，且战且败。李世民则乘胜追击，一昼夜行军二百余里，作战数十场，越战越勇。

随后，李世民带领大军追至高壁岭（山西省灵石县南），此处为山西南北要隘。相传，汉高祖刘邦出击陈郗时吕后斩了大将韩信，刘邦返回长安途中，在此地收到了吕后送来的韩信首级，于是将韩信首级葬于岭上。所以，高壁岭又名韩信岭，亦称韩侯岭。

这时，唐军已经连续追击数百里，刘弘基劝谏李世民，将士长途跋涉、不断作战，已经异常疲惫，如果孤军深入，恐怕会于己不利。不如就地安营扎寨，等粮草充足时再出击。兵法云穷寇莫追，所以刘弘基的劝谏不无道理，孤军深入难免会遭遇敌人的反扑。然而李世民却并不这么认为，现在宋金刚已经穷途末路，军心涣散，根本毫无反击之力，正是唐军乘胜追击的最好时机。如果此时放弃追击，等于放虎归山，等宋金刚稍作喘息，便可布防完备，必定卷土重来，到那时，唐军将会前功尽弃。

于是，李世民不顾疲惫，继续奋起追击，终于在雀鼠谷赶上宋金刚部队。据《新唐书·本纪第一·高祖》记载：李世民于雀鼠谷与宋金刚展开了激烈战斗，一日八战皆胜，斩首、俘获敌军数万人。夜里，唐军扎营在雀鼠谷西南，这时，李世民已经两日未吃任何食物，三日未解甲睡觉。接着，唐朝军队稍作休整之后，李世民继续带兵追击敌军，李世民身先士卒的精神更加激励将士们的斗志，奋勇杀敌。

等到介休时，宋金刚手下仅剩两万精兵，于是，便在城西摆下阵势，准备与李世民决一死战。大战开始前，李世民仔细地勘察了鼠雀谷的地形以及宋金刚的排兵布阵，定下详细的作战方案。李世民命李世勣（即徐世勣，李渊因其功勋赐李姓）、程咬金、秦琼攻敌军北面，翟长孙、秦武通攻其南端，李世民则亲率三千轻骑兵俯冲到敌军后方，唐军从三个方向同时发起猛烈进攻，双方的军队厮杀在一起。然而，宋金刚军队屡屡战败，士气低落，难以抵挡唐军的攻势，大败而逃。李世民一直追击宋金刚到张难堡（今山西平遥西南），宋金刚则率领残兵败将溃逃。这时，镇守此地的唐军将领是浩州行军总管樊伯通和张德政，二人见李世民带兵来到城下，皆喜极而泣。

介休之战，李世民同样运用了浅水原之战的战术，即正面坚壁挫锐之后背后突袭的战术，在之后大战窦建德和刘黑闼时，李世民也运用相似的战术，并取得了战斗的胜利。

平定刘武周的战争足足持续了半年之久，在初始阶段，唐军处在十分不利的局势，然而李世民却巧妙地运用了"坚壁挫锐"的战略，化劣势为优势，致使唐军大获全胜。由此可见，李世民过人的用兵谋略和指挥才能。

当初坚壁不战期间，江夏王李道宗（李渊堂侄）曾经跟随李世民到玉璧城观察敌情，李世民曾问李道宗："现在敌军兵力强盛，如果挑衅我军出战，你认为应怎样做？"李道宗说："敌军士气锐不可当，难以与之抗衡。现在我军坚壁不出，避其锋芒，乌合之众，必将不能持久，等到粮草殆尽之时，必定分崩离析，我军便可不战而擒。"李道宗所言正和李世民不谋而合，事实证明，此策略对唐军转败为胜起到了关键性作用。

介休之战后，尉迟恭收拾残部据守介休城，李世民对于尉迟恭的骁勇善战十分欣赏，因此，便想将他收到自己帐下。于是，李世民委派李道宗、宇文士及（宇文化及之弟，兵败之后，投靠李渊）前去游说，最后，尉迟恭和寻相率八千将士归顺。对于尉迟恭的归顺，李世民十分高兴，随即任命尉迟恭为右一府统军，统领原本八千部众，从此，李世民手下再得一员勇猛善战的猛将。

凡成就大事者，都是懂得知人善用、爱惜人才之人。李世民也是爱才惜才之人，对于归降的将领更是充分地信任和重用，包括秦琼、程咬金、宗罗睺等人，因此，李世民在将士们心中也有很好的声望，得到人们的尊重和爱戴。这也正是李世民之后在储位之争中获得胜利的主要原因之一。

刘武周获悉宋金刚战败的消息，顿时感觉大势已去，便放弃并州逃到东突厥。在逃亡东突厥途中，刘武周到达朔州。不久，刘武周又谋划逃回马邑，谁知计划败露，被东突厥人杀死。宋金刚则想召集残余部队，与唐军继续作战，然而，此时宋金刚已经众叛亲离，部众都不愿意再与唐军交战。宋金刚只得率百余骑兵逃往东突厥，不久，在逃往上谷的途中，被东突厥人斩首。

最后，李世民带领大军进入太原，刘武周所占领的山西失地全部收复。至此，唐朝消除了东向争夺天下的北顾之忧，并且为进一步统一天下创造了有利条件。同时，通过平定刘武周的战役，李世民在朝廷和军队中的声望和地位都有了很大的提高，不仅手下大将云集、掌握了军权，而且获得了有利的政治地位。

第六章 ╱ 洛阳城下，虎牢关前

瓦岗兴亡

正所谓"其兴也勃，其亡也忽"。隋末乱世为很多形形色色的英雄和枭雄提供了一个登上历史舞台的机会，在众多反隋起义武装中，瓦岗寨最初只是一个籍籍无名的小山寨，但是，在李密加入之后，瓦岗军迅速崛起，一跃成为中原地区最大的军事力量，就连李渊和王世充都对其忌惮三分。然而，就在瓦岗军如日中天之时，瓦岗军却再次因李密的决策失误而全军溃败，李密只好率残部降唐，瓦岗就此覆灭。

从李渊建唐到大败薛举父子、刘武周，唐王朝花费了整整两年的时间，才巩固了关中根据地。而李渊将下一步战略目标集中在关东地区，扫除东征天下的障碍。

正当李世民在关中地区与薛举父子激战时，关东地区也陷入了混战之中。

而混战的对象便是李密的瓦岗军、宇文化及的叛军与王世充的隋军。他们争夺的对象正是隋朝的东都洛阳。

瓦岗军是隋末农民起义中实力最强的队伍，早在隋大业七年（611）时，东郡韦城县（今河南滑县东南）人翟让因犯罪而被下狱，狱吏黄君汉认为翟让十分骁勇，便私自将其释放。后来，翟让逃亡到瓦岗寨聚众起义，同郡的单雄信、徐世勣等人一同前往，随后故县吏邴元真、贾雄和翟让的兄长翟弘也加入到起义军中。翟让命贾雄为军师，邴元真为书记，徐世勣、单雄信为领兵将校，最初瓦岗军只是在东郡一带活动，后来在徐世勣的建议下，分兵西上，进入大运河所经的郑、宋界，阻截往来的公私船舶。随后，瓦岗军物资丰厚，吸引了众多民众加入，队伍很快就发展到万余人。

瓦岗队伍的不断壮大，引起了隋朝朝廷的恐慌，杨广多次派隋军剿灭瓦岗军。然而瓦岗地形险要，易守难攻，隋军每次都无功而返。隋大业十二年（616）十月，杨广任命张须陀兼任荥阳通守（通守位次于太守），率领两万精兵围剿瓦岗军。

张须陀很早就从军，在杨广征辽东时，屡立功勋。后来，王薄率军起义，张须陀率领大军镇压，大败王薄。后来，他多次东征西讨，先后了剿灭裴长才、秦君弘等众多起义军。此次，张须陀奉命征讨瓦岗军，作战异常勇猛，瓦岗军在他面前几乎不堪一击，前后三十余战，战无不败。就在瓦岗军面临生死危机之时，李密的加入使得战局发生了翻天覆地的变化。

杨玄感兵败之后，李密到处躲藏，秘密进入潼关，不过，很快就被隋军抓住。再被隋军押往高阳的路上，李密用重金贿赂押送官，从而得以脱险。之后，李密曾经投奔叛军首领郝孝德，却并不受重视，心高气傲的李密只能一走了之。不久，李密来到淮阳郡隐姓埋名，自称刘智远，招收徒弟讲学。

后被人密报给淮阳太守赵佗，在赵佗的搜捕下，李密不得不再次逃走。

后来，李密投奔瓦岗军翟让，有人知道李密是杨玄感的逃亡部将，恐怕招来祸端，便怂恿翟让杀死他。这时，李密通过瓦岗将领王伯当向翟让献计："如今杨广昏庸，百姓怨声载道，朝廷征辽已经耗尽了精锐部队，现在杨广正在巡视扬州、越州，洛阳、长安等地空虚，这正是逐鹿中原、夺取天下的良机。凭借您的雄才大略，精兵强将，夺取洛阳、长安，灭亡隋朝，绰绰有余。"

翟让听了李密的一番高谈阔论之后，大为敬重敬仰，认为其是有才学、有谋略之士，便立即释放了他。随后，翟让派李密游说周边的小股义军，竟马到成功。随后，李密又开始建议翟让攻打荥阳。

荥阳（位于河南中部）是中原的战略要地，素有"东都襟带，三秦咽喉"之称，历来为兵家必争之地，而且其北面的荥口是隋朝水运机枢，四通八达，经济繁荣，自汉以来即为"天下名都"。而荥阳西南就有号称"天下第一粮仓"的洛口仓，只要打下洛口仓，瓦岗军便有了争霸天下的资本。对于瓦岗军来讲，荥阳具有十分重要的战略位置，不仅可以得到充足的粮食，而且可以逼近东都洛阳。所以说，夺取荥阳可以说是瓦岗军发展壮大的重要一步战略。

于是，瓦岗军于隋大业十二年（616）十月，兵发荥阳，并且一举攻破金堤关（今河南荥阳东北），拿下了荥阳诸县。张须陀再次被派去镇压瓦岗军，但是这次他却遇到了强大的敌人李密。李密建议翟让与张须陀正面交战，佯装败北，李密则带领精兵埋伏在荥阳以北的大海寺附近，等到翟让将张须陀引到埋伏圈之后，瓦岗军伏兵四起，将张须陀团团围住。最后，瓦岗军大败隋军，张须陀力竭而死。

击败张须陀之后，瓦岗军势力更盛，便一路向洛口仓进军，经过了激烈的战斗，终于攻破了洛口仓（今河南省郑州市巩义河洛镇七里铺村以东的黄土岭上）。瓦岗军攻破洛口仓以后，立即开仓放粮，于是吸引了无数饥饿的百姓从四面八方赶来。这些贫苦的农民深感瓦岗军是正义的队伍，便纷纷加入，瓦岗军力量壮大、声势大振。打下洛口仓是瓦岗军一个重要的转折，李密不但大大地扩充了队伍，更让李密的名声迅速传遍了大江南北，为日后争霸中原打下了良好的基础。

不久，镇守洛阳的越王杨侗便派虎贲郎将刘长恭、光禄少卿房崱率领两万五千兵马，以及虎贲郎将裴仁基率领的张须陀余部联合攻击瓦岗军。然而，不懂兵法的刘长恭不仅轻敌，更是贸然渡河，遭遇瓦岗军的严重打击，隋军大败，士卒死伤过半，仓皇逃回洛阳。而隋军的辎重、器械、铠甲全部被缴获。这时，瓦岗军已经有数十万之众，势力遍布中原大部分地区，成为了关中地区势力最大的起义军队伍。

在瓦岗军发展壮大的过程中，李密起到了至关重要的作用，领导权也一步一步向李密倾斜，可以说李密已经慢慢成为瓦岗军的实际领导人。于是，翟让便推举李密为瓦岗军的首领。随后，瓦岗军在巩县（今河南巩义市）城南设立祭坛，李密自称魏王，定年号为永平，以洛口为都城，任命房彦藻为左长史，邴元真为右长史，杨得方为左司马，郑德韬为右司马，同时授予翟让司徒官衔，封为东郡公，任命单雄信为左武侯大将军，徐世勣为右武侯大将军，祖君彦为记室，其余的人各按等级授予官职。自此，李密的魏国政权正式成立，成为了控制中原大部分地区的强大势力。

同时，李密还发布了征讨杨广的檄文，痛陈杨广的十大罪状，其檄文中写道："罄南山之竹，书罪无穷；决东海之波，流恶难尽。"而李密的这篇著名的檄文就是成语"罄竹难书"的由来。

瓦岗军的声势越来越大，周边的各股势力相继归顺，山东长白山贼寇首领孟让、河南巩县长史柴孝和、侍御史郑颐等人纷纷投奔到李密帐下，同时，镇守虎牢关的隋朝虎贲郎将裴仁基带着儿子裴行俨举城归附李密，并且被授予上柱国官衔、封为河东郡公。与此同时，裴仁基为瓦岗军带来了数名骁勇善战的猛将，如秦琼、罗士信、裴行俨，等等。

然而正当瓦岗军达到顶峰的时期，李密却犯了一个严重的错误。当初杨玄感起兵时，李密曾向其献出上、中、下三计。当初杨玄感不顾李密的劝阻，举兵攻打洛阳，最后导致兵败身亡。然而，令人意想不到的是，李密在瓦岗军逐鹿中原的关键时刻，竟然犯了同杨玄感一样的错误，选择了自己曾经强烈反对的下下之策——攻打洛阳。

当时，谋士柴孝和劝李密留翟让守洛口，裴仁基守回洛，李密亲率精锐杀入长安、夺取关中，到时两面夹击，洛阳就唾手可得。然而李密却说："我军将士都是山东人（指崤山以东），如果不攻下洛阳，谁肯出征关中？这些人大多都是强盗出身，如果我不能坐镇，恐怕会发生混乱，到时候就晚了。"

于是，李密仗着兵强马壮，开始向洛阳发起猛烈的进攻。一时间洛阳陷入瓦岗军的重重包围之中，杨广为了解洛阳之急，便派王世充率军增援，李密初战失利，而王世充驻扎于洛口仓西边，双方对峙了一百多天，大小战斗打了六十多次。随后，武阳郡丞元宝藏、黎阳义军寇首领李文相、齐郡的义军首领徐圆朗、淮阳郡太守赵佗以及平原义军首领郝孝德等人纷纷归附李密，并且攻下了黎阳仓。

然而，此时瓦岗军内部却发生了叛乱，在王儒信等人的鼓动下，翟让准备夺回大权。此事被李密获知，便暗中密谋先下手为强，除掉了翟让等人。除掉翟让之后，李密获得了瓦岗军的绝对领导权，徐世勣、单雄信、王伯当等人分别统领翟让部众，然而，瓦岗军的军事实力也受到了重创。

不久后，在洛口城下，李密大败王世充，李密挑选几百名精兵阻截王世充，隋军兵众全线溃逃，王世充只身逃往洛阳。随后，李密又乘胜攻克了偃师县，在金墉城驻扎下来，这时瓦岗军拥有三十多万人马。瓦岗大军兵屯邙山，直逼上春门（隋东都城东垣北门），洛阳城告急。

正在此时，政局突变，杨广被宇文化及杀死，并且北上中原，夺取天下。宇文化及的加入使关东的局势发生了翻天覆地的变化，李密率领的农民起义军队伍，有可能遭到杨侗和杨浩的两面夹击。另外，宇文化及的军队都是隋军的精锐部队，急于回到关中，因此，战斗力十分强，可以说是瓦岗军十分强劲的敌人。李密为了避免腹背受敌，接受了杨侗的册封，担任太尉、尚书令、东南道大行台行军元帅、魏国公。

七月，李密率领大军攻打宇文化及，在黎阳，双方的军队遭遇。李密深知宇文化及长途行军，将士疲惫，军中更是缺少粮食，于是决定暂时不与其交锋，堵住敌军的退路。李密派徐世勣镇守卫仓城，宇文化及多次进军均未成功。随后，宇文化及广修攻城器具，想要进攻黎阳。李密则率领五百骑兵突袭敌军军营，烧毁大量的攻城器具，致使宇文化及进攻黎阳的计划破产。

李密知道宇文化及严重缺粮，却假意向宇文化及求和，答应提供粮食给对方军队。宇文化及竟然相信了李密，任凭将士们无拘束地吃粮，盼望李密早日送来粮食。由此可见，宇文化及确实是有勇无谋，愚蠢至极。

几日后，宇文化及才知道中了李密的计谋，盛怒之下的宇文化及决定孤注一掷，与李密决一死战。宇文化及率领全军渡过永济渠，在童山（今河南浚县西南）脚下与李密展开了殊死搏斗。双方战斗异常激烈，从早晨打到傍晚，瓦岗军毕竟是农民军，战斗力不如隋军强，因此，在宇文军的强力打击之下，瓦岗精锐死伤惨重，李密则被流箭所伤。李密中箭之后，瓦岗军大乱，其亲信随从仓皇而逃，这时，秦琼奋勇杀敌，护卫李密收拢溃兵，才抵挡住宇文化及的攻势。

随后，经过了一整天的苦战，宇文化及率领的军队已经筋疲力尽，在粮草断绝的情况下，其手下的将领陈智略、樊文超、张童儿等人各自率领自己的部下投降了李密。宇文化及深知大势已去，便带领仅剩的两万兵马向魏县（今河北大名西南）逃去。

李密战胜宇文化及之后，便打算进入洛阳，然而王世充却在这时独揽朝政。深知王世充专权于己不利，于是，李密拒绝进入洛阳，回到了瓦岗军的根据地金墉城。这时，李密因战胜宇文化及而骄傲自大，不体恤将士，即使打了胜仗也不再将战利品分给下属，瓦岗军开始出现分裂的情况，将士们离心离德。李密逐渐开始疏远徐世勣、秦琼等人，反而对贪财、狡诈的邴元真言听计从。

九月，王世充趁李密战后疲惫，瓦岗军未恢复实力之前，率精兵两万、战骑两千，威逼偃师，在通济渠南岸安营扎寨，在洛水上架设浮桥，准备决战。李密得知消息后，命王伯当据守金墉城，邴元真守洛口仓城，自己则亲率精兵到偃师迎战。之后，李密在邙山脚下与王世充交战，遭遇惨败。裴仁基、祖君彦、程咬金等将领被王世充俘获，而邴元真、单雄信等人也投靠王世充。李密不得已只能逃往虎牢关，王伯当退守河阳。

不久后，李密奔往长安，投奔李渊，并被封为光禄卿、上柱国、封邢国公。但是，李密却并不甘心屈居人下，对李渊给予的待遇也深感不满。随后，李渊派李密到黎阳安抚旧部，并派左武卫将军王伯当随同前往。其实，李渊放李密回关东召集旧部，就如同放虎归山，后祸无穷。果然，正当李密到达稠桑驿（河南境内）时，李渊突然将其召回，深感恐惧的李密杀死李渊派出的使者，率领部众突袭临近的桃林县（今河南灵宝市），并且攻占襄城（今河南境内）。

之后，熊州副将盛彦师率兵埋伏在陆浑县（今河南嵩县东北一带）南邢公岘，在李密率部经过时，发起突然袭击。李密中了盛彦师的埋伏，全军覆没，李密被斩首。李渊派人将李密的首级送到黎阳招抚其余部，守将徐世勣请求将李密以魏王的礼仪下葬。李渊十分欣赏徐世勣的忠心，便允许徐世勣将李密葬于黎阳山西南五里处。

自此，一代枭雄李密退出了隋末争夺天下的舞台，轰轰烈烈的反隋农民武装瓦岗军也随之灭亡了。

洛阳王

原本关东地区有李密、王世充、宇文化及、窦建德四支强大的军事力量，随后，李密和宇文化及两人在争夺洛阳城的混战中败下阵来，从而，关东地区便成为了王世充和窦建德的天下。此外，北方还有占据幽州的罗艺（襄阳人，隋末任虎贲郎将，驻守涿郡）。

早在唐武德元年（618），李密先后被宇文化及、王世充击败之后，率领残部归顺了唐朝。随后，李渊任命从弟李神通为山东道安抚大使，率军东征。在魏征的游说下，李密在长江以东的大部分旧部归顺唐朝，从而，汝州、魏郡等地区成为了唐朝的土地。

次年，窦建德率领大军进攻唐军，攻克相州（今河南安阳）、黎阳（今河南浚县）等地，并且俘获了李神通、魏征、徐世勣等人。同时，李世民正在与刘武周交战，根本无暇顾及河南地区，王世充也占领了河南大部分土地。到唐武德三年（620）时，唐军在关东地区的地盘全部落入王世充和窦建德手中。

当时，王世充和窦建德同为李唐夺取天下的强大敌人，而李渊父子却将首个打击的对象锁定为王世充。那是因为唐朝与窦建德之间有太行山阻隔，王世充则在唐朝东部崤函之外，如果舍近求远攻击窦建德，恐怕会腹背受敌。再者，洛阳是隋朝东都，军事地位、政治意义极为重要，李渊对洛阳更是觊觎已久，占据洛阳便拥有了称雄关东的资本。和薛举、刘武周相比，王世充、窦建德的军事实力更强，虽然相隔不远，然而，王世充和窦建德之间不仅未联合，却时常相互争斗，这就给唐军提供了逐一攻破的有利条件。

王世充，新丰（今陕西临潼东北）人，本来姓支，祖上是来自西域的胡人。据《旧唐书·王世充传》记载：王世充从小就喜欢研究经史和兵法，隋朝开皇年间，因军功升至兵部员外郎。隋炀帝杨广在位期间，因阿谀奉承，王世充深受杨广的信任和赏识，被提拔为江都丞，兼任江都宫监。

当年杨玄感起兵进攻东都洛阳之时，各地群雄纷纷响应，余杭（今位于浙江杭州市境内）的刘元进、昆山（位于江苏东西部）的朱燮、常熟（今江苏苏州市境内）的管崇等人也率众起义，并推举刘元进为首领，占领吴郡（今苏州），称天子、立百官。为了镇压吴郡的起义运动，杨广派吐万绪、鱼俱罗等大将率军攻打吴郡。二人首战即获得胜利，击毙了起义军首领管崇，并把刘元进和朱燮二人围困在建安（今扬州一带）。然而，杨广却听信了谗言，认为吐万绪、鱼俱罗二人有谋反之心，便将二人撤职杀害。随后，杨广在淮南征召数万精兵，任命王世充为军队统帅，带领大军歼灭刘金元和朱燮。而淮南的这几万精兵便成为了王世充起家的资本，成为了他日后争夺天下的主力军，刘武周从江都到达洛阳，从此开始了争霸中原之路。

很快，王世充率领几万淮南子弟兵打败刘元进、朱燮起义军，二人战死，起义军残部散落在各地继续各自为战。为了斩草除根，王世充假意招降起义军旧部，然而却在起义军集中之时，坑杀投降的三万多起义军。就这样，王世充仅仅花费不到一个月的时间就平定了吴郡。随后，王世充又平定了齐郡孟让领导的起义军，杨广认为他是统领大军之才，便派他率兵平定各地的农民起义武装，所到之处全部荡平，为杨广立下了汗马功劳。

隋大业十一年（615），杨广在雁门关被东突厥部队围困，正当危难之际，王世充带领江都全部将士到雁门关救驾。后来，王世充升任江都通守，又击败了格谦叛军，杨广更加信任和器重他。

隋大业十三年（617）七月，李密、翟让领导的瓦岗大军围攻东都洛阳，王世充则被杨广派往关东解救洛阳于危难之中。

经过很长时间的跋涉，王世充终于率队来到了洛阳。初来时他的心气很高，拨十余万人摆开阵势向李密挑战，两人开始了他们人生中的第一场争斗。王世充率军夜渡洛水，在黑石关（今河南巩义市西南四公里，是洛水渡口之一）扎营。黑石关西与邙岭（河南洛阳偃师北）夹岸相对如门，是古代交通的咽喉，王世充占住了这里就等于掐死了李密部队的回旋余地，逼李密不得不强攻黑石关。

第二天，王世充分兵守营，自己率领精兵在洛水北岸列阵。李密听到这个消息，就知道此战不能不打，于是就率兵强渡洛水，急袭王世充。王世充军占据地利，半渡而击，杀得李密大败，柴孝和也落水淹死。

王世充一战得胜之后衔尾追杀，李密当然不会坐等失败，他当机立断，将部队一分为二，自己亲率部下的精锐骑兵渡过洛水向南，其余战斗力低下的大部队为诱敌向东逃入月城。王世充不知就里，只知追杀大部队，并且将瓦岗军围困在月城之中。

此时李密率领的精锐骑兵从洛水南岸策马直奔王世充的大本营黑石关，王世充留下守营的兵马根本不是李密的对手，惊恐万分，只能接连举了六次烽火向王世充报警。王世充一看大本营被抄了，赶紧撤了月城之围，狼狈回救，谁知又被李密玩了个围城打援。

此战王世充先胜后败，被斩获首级三千余。在这次大规模地碰撞中，两人各显其能，从正面战场来看，王世充率领的朝廷正规军有一定的优势，但是论随机应变、谋略百出，李密则占了不小的优势，最终王世充还是比李密略逊一筹。在二人这第一次的对决中，李密以微弱的优势胜出。可是就像有了心理障碍一般，王世充此后与李密开仗，居然每每如此——先胜后败，而且一次比一次惨。

在讨伐李密的过程中，王世充遭遇了惨败，十余万大军仅仅剩下一万多人，并且险些让自己掉了脑袋。王世充战败之后，便自我囚禁向越王杨侗请罪，杨侗不仅没有降罪于他，反而给予重用，让其驻守含嘉仓城（位于洛阳城北，隋朝重要粮仓之一）。

自隋末动乱以来，洛阳城因地势险要，成为了兵家必争之地。然而，正当其他人处心积虑地想将其据为已有时，王世充却轻易地进入了洛阳，使之成为了扩张势力的根据地，不到数年，王世充便成为了关东地区最强大的军事力量。

在此期间，王世充暗中结交江湖豪杰，招兵买马，扩充自己的势力，再加上杨侗的信任，王世充的势力越来越强盛。杨广在江都被宇文化及杀死之后，越王杨侗在洛阳称帝，王世充成为辅政的"七贵"之一，并且被封为郑国公。

此时，宇文化及率领大军逼近洛阳，王世充却利用李密自大贪婪的弱点，建议杨侗授予李密太尉、尚书令的官职，利用他讨伐宇文化及。果然，贪图高官厚禄的李密中了王世充的诡计，和宇文化及进行了激烈的厮杀，大败宇文化及。然而瓦岗大军已经元气大伤，精兵骏马多半战死，剩余的少数将士更是疲劳困乏。此时，王世充坐收渔翁之利，背信弃义，企图一举歼灭瓦岗力量。刚刚战胜宇文化及的李密则是眼中无人，低估了王世充的实力，不筑壁垒工事，不顾裴仁基、魏征等人的劝说，执意与之决战，结果瓦岗军彻底被王世充打败。李密率领少数随从仓皇逃走，退守到洛口。不久后，瓦岗旧部纷纷投奔王世充，王世充占领了李密原来的地盘，势力范围从洛阳一城猛然扩展到整个河南。与此同时，瓦岗寨秦琼、程咬金、罗士信、裴仁基、单雄信等骁勇战将皆被王世充收到帐下，使得王世充更加如虎添翼。

大败李密后，杨侗封王世充为太尉，开太尉府，掌管朝中事务。此时，洛阳城虽然在杨侗的管制之下，然而实际上，他不过是一个傀儡皇帝。朝中事务无论大小都取决于太尉府，王世充从此便开始排除异己，独揽朝政。

起初，王世充表面上对杨侗还是谦恭有礼，但是，不久后，其蛮横无理、目中无人的性情便显露无遗。据《旧唐书·王世充传》记载：有一次，杨侗设宴款待众臣，并且将御用食物赏赐给王世充，谁知王世充吃了食物，回到家里之后，便呕吐不止。王世充怀疑有人下毒，从此以后，便以有人蓄意谋害为由，拒绝上朝拜见皇帝。而杨侗根本无力管制王世充，只能放纵其所作所为。

然而，王世充并不满足，派段达等人逼迫杨侗赐予九锡。九锡是古代帝王赐予权臣最尊贵的物品，标志着至高无上的权力和尊贵，自古野心家在谋夺皇位之前都会使用此伎俩。当初李渊称帝之前，也曾经要求杨侑赐予九锡。

杨侗无奈之下，只能任凭王世充等人摆布，以皇泰主的名义下诏任命王世充为相国，加九锡，假黄钺，总理百官政务，随后，又晋封王世充为郑王。不久后，野心勃勃的王世充铲除元文都、卢楚等反对势力，谋害杨侗，正式篡夺帝位，改国号为郑，定年号开明。自此，王世充占据洛阳，成为名副其实的洛阳之王，成为北方割据势力中实力最强的军事集团。

尽管王世充势力强盛，朝中大将人才济济，然而，政权内部却矛盾重重，派系斗争日益激烈。王世充表面上爱才惜才，热情款待投奔的将士，暗地中却生性多疑、奸险狡诈。他总是给将士们施予小恩小惠，实际上却并不信任任何人。很快，很多有识之士认清他口是心非的真面目，纷纷产生了叛离之心。其中就包括瓦岗寨的旧部秦琼、程咬金等人，他们逐渐脱离王世充集团，转而投靠李渊帐下。

唐武德三年（620）七月，李渊下令李世民率领唐军马不停蹄地奔赴关东战场，征讨洛阳王世充，实施出关东以争天下的战略目标。

夏王窦建德

在隋末乱世中，山东、河北地区是最先兴起起义，也是农民起义军最多的地方，因为杨广三征高句丽，山东和河北是重点征兵征粮的地区，农民的负担最重。同时，山东、河北等地的起义军也是遭受隋军镇压最疯狂的地区，在这样残酷的环境下，一支农民起义军队伍脱颖而出，那就是夏王——窦建德。

窦建德，贝州漳南（今河北故城东北）人，家里世代务农，曾经担任里长。窦建德为人十分仗义，重诺言，讲侠义，因此赢得了当地百姓的敬重。

据《旧唐书·窦建德传》记载：有一次，窦建德的乡里有家人丧亲，因为家中贫苦无法安葬。窦建德听闻了这个消息后，将自家的耕牛给了乡人，让其发丧。还有一次，几个盗贼到窦建德家中偷盗，结果他埋伏在门边，待盗贼进屋后，将先进入的三名盗贼打死，其余盗贼惊慌逃窜。随后，窦建德在当地名声大振，不久便被任命为里长。

随后，窦建德因犯法而不得不开始逃亡，期间他结交了很多在绿林中有名气的朋友。不久，杨广登基大赦天下，窦建德才得以回到家乡，此时，他已经是当地声名赫赫的人物。

隋大业七年（611），杨广第一次讨伐高句丽，向天下征兵，郡县内兵力空虚，窦建德被提拔为二百人长。这时，他的朋友孙安祖杀死县令投奔于他。

孙安祖也是漳南人，家中遭遇水灾，妻儿都被饿死，然而，官府仍逼迫他参加兵役，因此，孙安祖一怒之下杀死了县令。窦建德暗中帮助孙安祖逃走，很快，官府便查到了窦建德身上。

随后，在窦建德的帮助下，孙安祖召集了数百名贫苦百姓和逃避东征的士兵，占据漳南县东的高鸡泊（今河北故城西南），举兵抗隋，孙安祖自称将军，号"摸羊公"。

当时，当地有几支起义军队伍，包括鄃县（今山东夏津）人张金称和渤海蓨县（今河北景县）人高士达。高士达率千余人在漳南一带活动，并自称东海公，到处烧杀抢掠，但是唯独从不骚扰窦建德家。于是，官府便怀疑窦建德和起义军私通，便逮捕杀害其全家。当时，窦建德在外带兵逃过一劫，随后，他率领手下二百人投靠了高士达。高士达见窦建德前来投靠十分高兴，便封其为司兵（军队指挥）。后来，孙安祖被张金孙杀死，其部数千人全部投奔窦建德，窦建德的势力逐渐强盛，很快就壮大到万余人。

当时，河北、山东等地起义军风起云涌，隋朝军队屡次围剿均吃败仗，（今山东惠民县东）起义军队伍发展十分迅速。其中较强的势力有邹平的知世郎王薄、平原豆子航的刘霸道、鄃县的张金称等，这些起义军势力少则几万，多则十数万，给隋朝在当地的统治以严重的打击。于是，在隋大业十二年（616），杨广派隋朝大军对河北、山东的起义军队伍进行了一次大规模的清剿行动，其中，太仆卿杨义臣率领数万精兵围剿张金称，而涿郡（今河北涿州）通守郭绚率领万余兵马征讨高士达。

面对隋朝的清剿大军，高士达将所有部队的指挥权都交给窦建德，窦建德则想出了一出苦肉计。窦建德四处散播传言，说自己与高士达有嫌隙，而高士达则大张旗鼓地宣传窦建德叛变的消息，并且将一个假冒窦建德妻子的俘虏杀掉，随后，窦建德向郭绚递交了降书。果然，郭绚中了窦建德的圈套，率兵与窦建德到长河（今山东德州东）会和。这时，窦建德已经在长河设下了埋伏，大败郭绚，击斩数千人，缴获战马数千匹。郭绚带领残兵逃走，窦建德乘胜追击，在平原（今山东德州平原县）斩杀郭绚。

　　同时，杨义臣大败了张金称的队伍，由于杨义臣将所俘获的俘虏全部杀死，导致起义军无人愿意投降隋军，因此，张金称残部相继投奔到窦建德帐下。杨义臣乘胜至平原，准备进入高鸡泊讨伐高士达。与郭绚相比，杨义臣擅长谋略，精通兵法，用兵十分诡异。于是，窦建德建议高士达暂避锋芒，以逸待劳，等到隋军疲惫之后再伺机进攻。然而，高士达却因为击败郭绚而得意自大，根本听不进窦建德的意见。结果，几日后，高士达战败被杨义臣所杀。隋军乘胜追击，攻进窦建德留守的大营，窦建德见大势已去，于是率领百骑逃走。此时，杨义臣见高士达已死，并没有把窦建德放在心上，便没有再追击，因此，窦建德也得以逃走。

　　之后，窦建德逃到饶阳县，趁县城没有防备之际，攻陷饶阳，并且又召集三千多人。窦建德返回平原后，召集高士达残部，大张旗鼓地为高士达发丧，安葬其部下战死将士，从而众多散布在各地的高士达旧部投奔到其帐下。很快，窦建德得以重振军威，并且自称将军。这时，周边的起义军纷纷被隋军攻破，其残余的部队相继投奔窦建德，郡县的许多官员都主动归附，很多城池不攻自破，使得窦建德的势力越来越大，队伍很快发展到十余万人。

　　隋大业十三年（617）正月，窦建德在河间郡乐寿（今河北献县）筑坛，自立为长乐王，开始设置百官，分治郡县。之后攻占信都（今河北冀州市）、清河诸郡。七月，隋炀帝为解瓦岗军急攻东都之围，命左御卫大将军、涿郡留守薛世雄领三万精兵南下，与王世充一同增援洛阳，并"顺路剪灭沿途盗匪"。而窦建德正处在薛世雄的必经之路上，当时，窦建德的军队都在乐寿周围各县分散收麦，窦建德本人在武强（今河北武强西南）征粮。听闻薛世雄前来围剿的消息，窦建德立刻将大部队撤出诸县城，并且扬言回豆子航，以麻痹敌人。薛世雄果然中计，放松了警惕，窦建德则率领千余精锐埋伏在距薛世雄营寨不远处，夜袭薛世雄。最后，毫无防备的隋朝三万大军当场溃败，薛世雄只率领数十名骑兵逃回涿郡，不久后，一病不起。

破薛世雄后，窦建德拥有了河北、山东地区的强大军事力量，于是便乘胜包围河间郡城（今河北河间）。窦建德的进攻遭到了河间郡守王琮的顽强抵抗，因河间郡城池坚固、粮草充足，窦建德竟攻打了一年之久，依然奈何不了河间郡。这时，杨广被害的确切消息传到河间，王琮彻底失望，便向窦建德请降。窦建德占领河间之后，声势大振，攻占了河北大部分郡县。

据《旧唐书·窦建德传》记载：窦建德占领宋城（今河南商丘）时，有人获得了玄圭（一种黑色玉器，上尖下方，古代用以赏赐建立特殊功绩的人），并将它献给了窦建德。窦建德手下将领说："这是上天赐予大禹的神器，现在大王获得，预示大王是大禹再世，请定国号改为夏。"于是，窦建德于唐武德元年（618）称帝，定国号大夏，改元五凤，建都乐寿（今河北献县）。

窦建德建立政权之后，便开始扩大自己的地盘，四处攻打周边的势力，连克易州（治今河北易县）、定州（治今河北定州市）与冀州（治今河北冀州市）等地。随后，窦建德将扩张的步伐迈向了北方的幽州罗艺的地盘，这时的罗艺已经投靠了李渊，其手下更有薛万钧、薛万彻等大将。

幽州对于窦建德来讲，具有十分重要的战略意义，窦建德的河北山东等地区处在幽州和山西之间，如果幽州不破，窦建德就会陷入腹背受敌的不利局面。同时，幽州有杨广征高句丽时囤积的大量粮草和装备，所以，窦建德率领十万大军向幽州发起进攻。然而，罗艺也十分勇猛，经过了多次猛烈地进攻后，窦建德始终未能攻破幽州。

唐武德二年（619），宇文化及来到河北境内，将杨浩杀死，自己称帝，定国号为许，改元天寿，署置百官。于是，窦建德便将宇文化及当作了自己下一个打击的对象。窦建德亲率十万大军进攻宇文化及，连战大捷，宇文化及被迫退守聊城（今山东聊城东北）。随后，窦建德开始用撞车、抛石等器具攻城，而此前投靠宇文化及的起义军首领王薄临阵倒戈，引窦建德大军进城。最后，宇文化及、宇文智及、杨士览等人悉数被俘斩首。

灭掉宇文化及之后，窦建德获得了极高的声望。此后，窦建德派使者到洛阳与王世充修好，并且名义上奉皇泰主为主，被封为夏王。

窦建德为人豪爽仗义，每次打胜仗获得的财物都全部分给将士们，自己丝毫不留。同时，他也是一个生活十分简朴的人，从不贪图享受，即使称帝之后，也是只有十几名奴婢侍妾。窦建德打败宇文化及之后，立即遣散了俘获的一千多名隋朝宫女。窦建德待人十分宽厚，当他攻破河南诸县时，俘获了李渊的诸多族人，他不仅没有加以迫害，反而以礼待之。唐朝大将李世勣曾被窦建德俘获，后逃回唐军，其属下建议杀死李世勣的父亲，窦建德则说："李世勣是唐臣，不忘旧主，是忠义之士。即使他有罪，与其父亲也无关。"

随后，窦建德趁刘武周攻陷太原之际，大败唐将李神通、李世勣等人，占领河北大部分地区，称霸河北。自此，窦建德势力达到了全盛时期。

围攻洛阳城

洛阳城易守难攻，物资充足，与周边各县遥相呼应，唐军想要拿下洛阳城必须先切断与各郡县联系，使之孤立无援。

因此，在进攻王世充之前，李渊从外交、军事上采取了一系列的措施。幽州的割据势力罗艺已经归附唐朝，向李渊称臣。在此期间，罗艺与窦建德双方经常交战，有效地牵制了窦建德的有生力量。同时，李渊派使者与窦建德联合，任凭窦建德与罗艺之间相互攻击，使其不能与王世充联合反抗唐军。而对于长江下游的杜伏威，李渊也是极尽拉拢之能事，封杜伏威为和州总管、东南道行台尚书，总管淮南地区的军政事务，晋封杜伏威为吴王，赐姓李氏；并且任命辅公佑为行台仆射，封舒国公。除此之外，李渊命李孝恭为山南道招抚大使，与李靖共同率领大军，沿长江顺流而下，出巴蜀，攻克信州（今四川奉节），直逼萧铣所占据的江陵地区。唐朝大军已经在南方占据了大部分地区，与北方的军队遥相呼应。自此，李渊完成了对王世充的合围之势。

王世充得到了李世民东征的消息后，便开始着手准备排兵布阵，在李世民到达洛阳之前做好了防御工作。据《资治通鉴》记载：王世充调选各州县精兵强将集中到洛阳，设四镇将军，镇守四城。魏王王弘烈镇守襄阳（今河南境内），荆王王行本镇守虎牢（今河南荥阳氾水镇），宋王王秦镇守怀州（今河南泌阳），而王世充则亲自率领三万大军迎战唐军。

王世充的军队虽然不多，但是却守城经验丰富，李密瓦岗大军多次猛攻洛阳，都无功而返。可见，李世民想要拿下洛阳并不是容易的事情。李世民率领唐军到达新安（位于河南洛阳西部），一改往日对薛举父子、刘武周坚壁不出的作战方针，采取了攻坚战的策略，企图消除洛阳周边的势力，包围洛阳城。

于是，李世民派大将罗士信率领唐军先头部队包围慈涧，王世充亲自带领军队增援，恰好，李世民率领数百骑兵勘察军情，双方的军队在野外遭遇。由于双方的军队人数相差悬殊，李世民被王世充的军队团团围住，毫不畏惧的李世民奋力拼杀，冲出了包围圈，并且俘获了敌军的大将左建威将军燕琪。次日，李世民率五万精兵开赴慈涧，王世充迫于形势，退回了洛阳城。随后，李世民派遣行军总管史万宝自宜阳向南占据伊阙龙门（今河南洛阳南）；将军刘德威自太行向东包围河内郡；上谷公王君廓从洛口切断郑军的粮草运输线；怀州总管黄君汉从河阴进攻回洛城；而李世民则亲率唐朝大军驻扎在洛阳北面的邙山。自此，唐朝大军对洛阳形成了包围之势，切断其粮食供给，使王世充陷入了孤立无援的境地。

李世民对洛阳城实行了漫长的围困，王世充犹如笼中困兽一般，局面迅速恶化。同时，洛阳周边各郡县官员纷纷不战而降，归顺李世民。七月，洧州长史张公谨投降；九月，尉州刺史时德睿率夏、陈、许等七州相继投降，田瓒率所部二十五州投降；十月，大将张镇周、郭庆、魏陆、王要汉等相继投降。对于归附的将领，李世民一律保留原职，以礼相待，并且让他们治理原来的地方，从而进一步分化瓦解王世充的政权。

同时，唐军进攻四周郡县的军事活动也取得了一定的成绩：右武卫大将军王君廓占领管州，破敌一万余人，击败敌将郭士衡、许罗汉；李世勣在虎牢关击败王世充太子王玄应，所属诸州官员叛逃回洛阳。到唐武德三年（620）年底，洛阳城外王世充所属州县大部分已经陷入唐军手中。

随后，李世民率领唐朝大军，兵临洛阳城下，王世充在洛阳城西北的青城宫列阵迎战。双方大军隔着洛水对峙，眼看局势于己不利，王世充亲自出陈向李世民求和。

王世充面对气势汹汹的唐军，对李世民说："隋朝气数早尽，现已经灭亡。唐公在关中称帝，郑在河南称雄，众英雄各得其所。我王世充未曾西进攻打唐军，秦王却突然率军围攻洛阳，究竟是为何？"

宇文士及答道："四海英豪皆仰慕大唐皇帝的威严，唯有郑王不肯宾从，唐军为此而来。"王世充急忙说道："我们现在息兵讲和，互不侵犯，岂不是天下太平！"

宇文士及则反驳道："我军奉旨攻取东都洛阳，岂有讲和之理。"

王世充的如意算盘落空，双方谈判失败，无奈，王世充与李世民陷入了僵持阶段。

在此期间，原刘武周部下寻相等多数将领背叛唐朝逃走，李世民手下众将领怀疑尉迟恭也有叛逃之心，便将他囚禁在军中。屈突通、殷开山等人向李世民进言："尉迟恭骁勇绝伦，现在被囚禁，心中必定滋生怨恨之情，留着恐怕祸患无穷，不如早日铲除。"然而，李世民却十分信任尉迟恭，说道："尉迟恭如果想要叛逃，早已离我们远去，怎会在寻相之后。"于是，李世民便下令释放尉迟恭，厚礼款待，并对尉迟恭说："天下义士共谋大事，讲究的是气义相投，不因小事而介意。将军弃暗投明，与我征战沙场，现招待不周，如果你决意要走，请拿下这些盘缠，以表共事之情。"尉迟恭见李世民如此真诚，心中不胜感激，表示誓死效忠。

几日后，李世民带几百骑兵巡视战场地形，当众人刚刚登上魏宣武帝陵时，王世充突然率兵而至，将李世民团团围住。郑将单雄信频频攻击李世民，尉迟恭及时将单雄信刺下马，击退王世充军队。随后，尉迟恭护卫李世民突出重围，二人重新率骑兵回击，使王世充军队慌乱不堪。此时，屈突通率领唐朝大军赶到，与郑军展开了激烈战斗，王世充不敌唐军，只身逃脱。李世民则俘获王世充大将军陈智略，俘虏六千步兵。从此之后，李世民对尉迟恭更加信任和重用。

正所谓用人不疑，疑人不用。李世民充分给予下属信任，宽厚待人，更是知人善用，不仅为大唐招揽了众多贤才名士，其手下文臣武将如魏征、房玄龄以及长孙无忌、杜如晦等人为开创大唐盛世做出了突出的贡献。

十一月，处于不利局势的王世充向窦建德请求支援，窦建德派人答应援救，然而，窦建德此时正在与孟海公激战，根本无暇顾及洛阳的安危。

唐武德四年（621）正月，李世民挑选精兵千余人，全部黑衣黑甲，分为左右两队，由秦琼、程咬金、尉迟恭、翟长孙统领。这支不足千人的精锐部队，进攻凶猛，作战迅速，时常突袭王世充部队，使敌军遭到了严重的打击。每次作战时，李世民亲自披玄甲上阵，身先士卒，所到之处无所不破，令敌军闻风丧胆。有一次，屈突通、窦轨率领军队驻守行营，遭遇王世充军队，二人不敌王世充，处于不利局面。李世民率玄甲军迅速救援，大获全胜，并俘获了敌将葛彦璋，歼敌六千余人。

李世民带领唐军且战且进，二月初，已经占领了原王世充陈兵之所——青城宫。王世充在撤退时，将防御工事破坏殆尽。唐军进入青城宫之后，便开始抓紧时间重修壁垒，防御工事刚刚修好，王世充便率领两万精兵进行猛烈反扑。因为郑军对青城宫了如指掌，攻城之战显然占据优势，郑军凭借旧马坊的墙垣沟壑展开了猛烈地进攻。此时，唐军之中开始出现了军心动摇的情况，而李世民则信心满满，让精锐骑兵列阵北邙山待命，自己则登上高处观察郑军阵势。李世民对属下说："王世充的兵力已经十分窘迫，现在倾巢而出，是做最后的赌注。今日，我军若打败王世充，他将再无出战的机会。"

于是，李世民派屈突通率领五千步兵渡过谷水，突袭王世充，并告诫屈突通："两军一旦交锋，立即放烟火。"随后，李世民则严阵以待，待到起烟，立即带领骑兵向南冲击，与屈突通会和。为了了解王世充兵力部署情况，李世民率领数十名骑兵冲入敌军阵营之中，因对地形不熟悉，李世民和随行将士失去了联系，只有丘行恭（洛阳人，隋末在岐州聚兵万人，后归降李世民）跟随其后。敌军数名骑兵追赶上来，李世民的坐骑也中箭负伤。正在危急之时，丘行恭奋勇杀敌、箭无虚发，护送李世民冲出了敌军阵营，安全回到了唐军阵营之中。

随后，李世民率领军队与王世充展开了激战，多次冲散郑军的兵阵，直至中午，王世充不敌唐军猛烈的攻势，开始向洛阳城退兵。而李世民则乘胜追击，直抵洛阳城下，俘获、斩首七千余人。

自此，李世民彻底将洛阳城团团围住，王世充被逼至城中，据城固守，不敢出战，等待窦建德的救援。

围郑打夏

尽管王世充被困在洛阳城内，然而李世民想要攻下洛阳城却并非易事。洛阳城易守难攻，城中防御十分严密，王世充的守城武器更是威力无比，大炮飞石可以将重达五十公斤的巨石掷出两百步远，八弓弩射出的箭如车辐一般，射中五百步远的敌人则是轻而易举。李世民四面攻城，昼夜不息，连续攻城十余日，仍未能攻克。

此时，唐军将士皆疲惫不堪，再加上城池久攻不破，产生了退缩的心理，刘弘基等大将也向李世民请求班师回朝。

李世民回答道："今我军大举攻城，应一劳永逸。关东诸州都已经望风归附，唯有洛阳一座孤城，必定不能长久，如果现在班师回朝，将功败垂成。"于是，李世民为了稳固军心，向将士们下令："洛阳不破，誓不回朝，如敢言班师者一律斩首。"自此，将士们无人再谈论撤退事宜。

其实，李渊听闻洛阳城久攻不破时，也曾经密令李世民返回长安，待大军修整后再战。然而李世民却向李渊请命，声称必定能攻克洛阳城，又派参谋军士封德彝（名伦，渤海郡人，才思敏捷、善计谋）面陈当前军事形势。封德彝向李渊上表："王世充占据州县虽多，然而大多数已经归顺我朝，现在仅剩洛阳一城，已经穷途末路，我军克城之时指日可待。如若班师，王世充必定收复旧地，此时再战，难上加难。"

于是，李渊便听从李世民的建议，唐军合围洛阳城，采用围而不打的战略，等城中自乱阵脚之时，唐军再伺机而动。

洛阳城被唐军围困，王世充为了防止镇守城池的将领叛逃，将众将领的家属都驱赶到洛阳城做人质。并且采用严刑峻法处置那些叛逃的人，实行连坐制，一人叛逃，全家处斩，一户逃跑，邻里灭族。王世充还鼓励亲属、邻里之间相互揭发，而告密者则会免除连坐的惩罚。结果，洛阳城中的百姓人人自危，相互防范、戒备，守城将士更是陷入了惶恐之中。

不久后，洛阳城断粮，城中百姓和士兵们为了生存，不得不将泥土过滤制成软泥，掺和米糠充饥。军民因为长期饥饿出现了全身浮肿的现象，根本连站立的力气都没有，城中到处可见晕倒的士兵和百姓。不仅如此，朝中的官员也不能幸免。洛阳城俨然成为了一座人间地狱，然而，王世充却依然固守城池，李世民多次派使者劝说，他坚决不肯投降。

此时，王世充焦急地等待着窦建德的救兵，殊不知，窦建德也有自己的打算。最初，窦建德与王世充达成了联盟的关系，然而，随着各自称帝，利益发生了冲突，两人之间的联盟关系也发生了破裂。随后，王世充侵占了窦建德的属地黎阳，作为报复窦建德则攻破了王世充的殷州，从此之后，两国之间时常兵戎相见，关系进一步恶化。

当洛阳被李世民围困之后，王世充不得已向窦建德求助。窦建德中书舍人刘斌曾劝谏："今唐有关中、郑据河南、夏居河北，形成三足鼎立的局面。如今唐军大举进攻王世充，日益强盛，郑国则面临着灭亡的危险。郑夏之间，则是唇亡齿寒的关系，郑国灭亡，唐军势必将矛头指向我夏国。如果我军放弃仇恨，同郑国联合里应外合，必定可以攻破唐军。如果击退唐保全郑，这样就可长久保持三分天下的形势。如果击败唐军后，可以谋取郑国的势力，那么就乘机消灭它，总合夏、郑两国兵力，趁唐军大败，长驱西进，夺取天下。"

刘斌对当时形势的分析可谓是十分透彻，窦建德也曾称赞："这真是良策。"窦建德深知洛阳陷落之后，李世民必定攻打夏国，自己将处于孤军奋战的不利局面，因此决定摒弃前嫌，派人答应王世充将出兵施救。然而，此时，窦建德正为了平定后方的威胁，与孟海公激战，未能及时出兵援助。

唐武德四年（621）三月，窦建德已经俘获了孟海公，占领周桥（今山东境内），平定了后方的威胁。于是，窦建德留将领范源镇守曹州，亲率十万大军西救洛阳。此时，洛阳已经岌岌可危，王世充的势力大大削弱，城中严重缺粮，形势远不如之前。尽管如此，窦建德拥有很强的军事实力，乘着平定罗艺、孟海公的胜利，士气高涨，大军浩浩荡荡地向洛阳城进攻。

很快，窦建德的大军到达滑州（今河南滑县），一路攻城略地，相继攻占了元洲、梁州、管州等地。紧接着，窦建德大军攻陷荥阳、阳翟（今河南禹县），大军分水路两军共同进发，一直沿着黄河西上。随后，王世充弟弟、徐州行台王世辩派大将郭士衡率兵数千与窦建德大军会和，号称三十万大军，驻扎于虎牢关城外，筑宫于板渚（今河南荥阳县汜水镇东北黄河侧）。窦建德一方面通知王世充做好内外相应的准备，一方面致书李世民，要求唐军退至潼关，把侵占的地方还给王世充。

在窦建德大军到达河南之前，太子李建成曾要求李世民退至潼关，归还郑国属地，与王世充重归旧好。面临来势汹汹的窦建德大军，李世民召集将领商议对策。

记室薛收、大将郭孝恪主张围郑打夏，主动出击，据虎牢关之险抗击窦建德大军，并表示：王世充拥有江淮以及东南丰裕之地，粮食囤积众多，兵源充足，现在被我军围困于洛阳，使其无法动员各地的军队和粮草。一旦郑军突围，以后恐怕很难攻克。窦建德亲自率领大军远道增援，也会尽出精锐。如果放任窦建德到洛阳，两方军队汇集，将河北的粮草供给于洛阳，那么三国将发生持久战。如果唐军兵分两路，一队加深壕沟、增高壁垒，围困王世充；秦王率领精锐部队抢占虎牢关，以逸待劳，待窦建德还未站稳脚跟时击败敌军。只要窦建德战败，王世充则自然败亡。不出二十天，我军便俘获两国君主，三国归一统。

薛收详细地分析了当今敌我双方形势，认为只有抢占虎牢关，据窦建德于洛阳城之外，才能避免腹背受敌。李世民十分赞成薛收的计策，然而，却遭到了萧瑀、屈突通、封德彝的反对，这些将领认为：唐军经过了长时间的攻城战，已经疲惫不堪，士气低落；王世充凭借洛阳城的坚固城墙加强防守，很难攻克。窦建德大军气势高昂，锐不可当，唐军腹背受敌，围郑打夏并不是最好的办法。同时，他们建议唐军退守至新安，以便等待时机。

李世民仔细分析了双方的建议和计策，认为薛收的作战方案切实可行，抢占虎牢关可以阻断王世充和窦建德之间的联系，这样唐军便可以集中精力攻打强敌窦建德，然后逐一击破；如果消极迎战，退至新安，等到郑、夏双方联合作战之时，唐军将处于十分不利的局势。李世民对将士们说："王世充损兵折将，粮食断绝，现在已经分崩离析，我们不必花力气攻打，只坐等他败亡即可。窦建德刚刚获得几场战争的胜利，气势正盛，但是，郑军同样已经疲惫不堪。我军一旦占据虎牢，便如同扼住其喉咙，如果他冒险出击，我军便可以逸待劳击败他。如果他犹豫不决，不敢出战，不等数日，王世充便会溃败。到那时，我军兵力骤增，势力大增，也可轻易击败窦建德。”

关键时刻，李世民采用了积极迎战的作战方案，将军队分为两部分，派屈突通等人协助齐王李元吉继续围困洛阳，而自己则亲自率领三万精兵直取虎牢关。李世民所率领的军队途经河阳（今河南孟州市）、巩县，到达虎牢。虎牢守将沈悦主动归顺唐军，李世民大军顺利进驻虎牢。

与此同时，王世充见李世民调兵遣将，率部东进，一时不知其真实意图，竟不敢出城交战。其实，洛阳城中已经全是残兵败将，将士们因饥饿根本没有作战的能力，所以，王世充只能盼望窦建德的援兵早日到来。

大战虎牢关

　　李世民率领唐军抢先一步占领虎牢关，占据了有利地形，从而获得了战略上的主动地位。窦建德深知李世民已经占据了先机，开始小心翼翼，不敢贸然出击。其实，窦建德采用拖延战术是正确的选择，此时，窦建德军队强大，后方粮草补给充足，而唐军却远离关中和河东，粮草供给不如窦建德方便，再加上唐军已经与王世充对峙、交战多时，适宜采用速战速决的战略。

　　每当与敌军对阵时，李世民总是亲自率骑兵深入敌后，勘察敌情，并多次陷入危险之中，这次，李世民再次以身犯险。三月下旬，李世民为了诱使窦建德大军出营迎战，率领五百精锐骑兵，到虎牢关东二十里处，窥探敌军军情。李世民沿途留下随行的骑兵，分别让李世勣、程咬金、秦琼等人统领，埋伏在路旁，自己则仅带尉迟恭和数名骑兵继续前进。李世民曾对尉迟恭说："我擅长使用弓箭，将军擅长执槊，百万人也奈何不了我们。"

　　当李世民等人行至窦建德兵营五六里处时，突然遭遇窦建德的巡逻兵，巡逻兵误以为李世民是自己的侦察兵，而李世民则大声喝道："我就是秦王李世民。"说完便拉弓搭箭，射中敌军一员将领。此举惊动了窦建德，于是派出数千骑兵追赶李世民，随从李世民的唐兵顿时慌张不已。李世民则说道："你们先行撤退，我和尉迟恭断后。"于是，李世民和尉迟恭边战边退，将敌军引到唐军的包围圈中。此时，埋伏在路边的李世勣、秦琼等人率领伏兵奋起反击，大破敌军，斩首三百多人，并且俘获了敌将殷秋、石瓒等人。这一次战斗李世民深入敌军营地，俘获敌军将领，大大地挫败了窦建德军的锐气。

这时，李世民致书窦建德，劝其退军："王世充虽然曾与您结盟，然而，他背信弃义，致使关系破裂。现在，王世充面临灭亡的危机，用花言巧语引诱您，帅三军之众听命于他。贵军长途跋涉远征洛阳，耗费巨额军饷，为他人做嫁衣，实在不是上策。今天，我军和贵军前哨遭遇，他们根本不堪一击，我之所以挫您的锐气，是希望您能听从善意的劝说退至河北，如若固执己见，后果自负。"

窦建德却对李世民的劝告置之不理，然而，军队却受到了唐军的阻挡，始终未能前进一步。双方军队对峙了一个多月的时间，期间交战数次，均未取胜，主力军队又不敢与唐军决一死战，因此，窦建德大军开始军心涣散，人人思归。运粮部队又被唐军抄袭，大将张青特被俘，形势更为不利。

这时，窦建德手下谋士凌敬提出了渡河进攻山西的作战方案，他指出：全军舍弃洛阳不救，北渡黄河，攻取怀州、河阳，再跨越太行山，乘虚入上党，直抵李唐的战略后方汾、晋之地，攻取蒲津。如此一来，夏军即可以占领河东，威胁关中，迫使唐军撤军支援后方。这样，洛阳之围即可解除。

凌敬的建议正是采用了"围魏救赵"的计策，对整个政局都具有十分重要的影响。如果窦建德按此计行事，将立刻扭转目前被困虎牢的不利局势，化被动为主动。唐军汾、晋地区失守，势必威胁关中地区安全，此时，李世民不得不班师回救，处于被动地位。窦建德也认为"围魏救赵"的计策切实可行，准备率军北上。

然而，王世充却并没有认识到这一方案的可行之处。窦建德就如同自己的救命稻草一般，他要死死抓住这根稻草不放，所以，当他获知窦建德将要挥军北上时，拼命阻止窦建德。王世充不断派出使者企求窦建德不要放弃直接救援洛阳，甚至用重金收买窦建德的属下，阻扰凌敬作战方案的实施。

尽管凌敬在窦建德面前据理力争，然而，窦建德却听信谗言，将凌敬关押起来。窦建德的妻子也赞同凌敬的方案，窦建德竟呵斥道："行军打仗岂是女人干预的事。我既然已经答应救郑，现在郑已经危在旦夕，我如果弃他而去，则是畏惧敌人、背信弃义的做法，我决不能如此。"

就这样，窦建德因为执迷不悟，而放弃了可以逆转局面的机会。从此可以看出，王世充和窦建德虽然具有强大的军事能力，然而却缺乏远大的政治眼光和战略才能。二人虽然都以勇猛著称，但是和李世民相比，不仅缺乏军事指挥才能，更不善于纳谏。正因为如此，王世充、窦建德才会很快就被李世民打败。

对峙两月有余的两军终于到了决战的时刻。窦建德想乘唐军草料将尽，到黄河以北牧马之时，突袭虎牢关。这一计谋被李世民探子获知，于是他决定将计就计，引蛇出洞。唐武德四年（621）五月初一，李世民率领唐军渡过黄河，逼近广武，勘察敌情，同时，将千余匹战马留在黄河北岸放牧，诱使窦建德出击，自己则于傍晚潜回虎牢。

次日早晨，窦建德果然倾巢出动，自板渚西出，在汜水东岸布阵。窦建德大军军阵声势浩大、兵马漫山遍野，北依汜水，南连鹊山，浩浩荡荡的大军绵延二十多里。

李世民率军在汜水西岸列阵相持，登高瞭望，并且对诸将说："窦建德自山东起兵，从未遇到过强大的对手。如今，身陷险境，部队竟如此喧嚣，根本没有任何纪律，现在，逼近城池排兵布阵，有轻视我军之心。如果我军按兵不动，敌军勇气自然就会衰竭，列阵时间一长，将士饥饿，势必将会自动撤退。到时，我军趁机追击，必将轻易战胜。"

于是，李世民再次采用了避其锋芒、挫其锐气的策略，按兵不动，并不时派出小股部队与窦建德周旋。而窦建德则确有轻敌之心，在双方对峙之时，他派出三百骑兵渡过汜水，到达唐军阵营一里处。窦建德派使者向李世民挑战："请选数百名精锐骑兵出战，我与秦王共同观战。"

面对挑战李世民自然不畏，派王君廓挑选两百精兵出营与之交战，最后，双方均无胜负，各自引兵而还。随后，王世充侄子王琬来到窦建德军中，他乘坐隋炀帝的青骢马，身披崭新铠甲到阵前炫耀。李世民见到之后，说道："这真是一匹宝马良驹啊！"尉迟恭听闻李世民夸奖战马，便请求出战夺回战马。李世民则忙阻拦道："岂能因为一匹战马损失我军一员猛将。"

其实，李世民是用激将法试探尉迟恭的本事。尉迟恭果然中了李世民的激将之法，于是，便与大将高甑生、梁建方冲入敌军阵营，俘获王琬，夺取青骢马返回唐营。三人异常勇猛，出入敌军阵营如无人之境，无人敢向前阻拦。此举更让窦建德军见识了唐军将领的威猛，顿时心生畏惧，士气逐渐低落。随后，李世民将散放在黄河北岸的千余匹战马召回，准备与窦建德决战。

窦建德自清晨开始排兵布阵，直至中午时分，唐军主力仍然拒不出战。夏军军阵中的将士已经饥肠辘辘，疲惫不堪，将士们纷纷抢着饮水，有的甚至坐在地上，队形混乱不堪。这时，李世民趁敌军松弛懈怠之际，命令宇文士及率领三百轻骑经过敌军阵营西侧，疾驰南下，并且告诫道："如果敌军不动，你必须引兵回营，如果敌军阵营有异动，那你就从东面伺机进攻。"

果然，宇文士及率军一到敌军阵前，夏军立刻开始骚动，此时，李世民立即命令唐军主力大举进攻。李世民则率领轻骑兵率先渡过汜水，冲入敌军阵营，唐朝大军紧随其后。此时，窦建德正在与群臣议事，根本来不及排兵布阵，只能仓促应战。李世民和淮南王李道玄率领骑兵冲锋陷阵，所向披靡，直冲入敌军后方。

双方展开了激烈的战斗，二十余里的战场上，尘土飞扬，遮天蔽日，厮杀声震彻山谷。经过一段时间的激战后，唐军逐渐夺取了战役主动权，李世民率领史大奈（东突厥人，跟随东突厥处罗可汗入隋朝，李渊起兵后，率部归顺）、秦琼、宇文歆等人卷旗而入，杀入敌军阵营背后，打开唐军旗帜。窦建德的将士看到唐旗在阵后飘扬，知大势已去，无心再战，纷纷溃逃。唐军乘胜追击三十多里，斩首三千多人。

唐军大将白士让、杨武威俘获窦建德，并将其押至李世民面前，李世民斥责窦建德道："我们讨伐王世充，与你有什么相干，竟跑到你的领土之外来与我们交战！"窦建德说："即使我今天不自己来，恐怕以后还得烦您远途去攻取。"

虎牢关一战，唐军大获全胜，俘获窦建德以及部下五万多人。李世民当即将俘虏全部遣散，令其归还家乡。然而，令李世民没有想到的是，这一举动为自己招来不小的麻烦。

当李世民将窦建德押至洛阳城下时，王世充大惊失色，不知所措，与众将领商议对策，打算突围至襄阳。然而，麾下众将则失去了再战的信心，王世充深知人心离散，大势已去，便亲自率领群臣，以及两千守军将士出城投降。

随后，李世民进入洛阳城，禁止军队骚乱百姓，命令萧、窦轨等人封存了隋的仓库，将没收的金钱布帛颁赐给将士们。在洛水边斩首段达、王隆、单雄信、郭士衡、郭善才等王世充同党。

唐武德四年（621）六月，李世民率领大军凯旋回到长安，身披黄金战甲的秦王李世民威风凛凛，身后李世勣、秦琼等二十五名大将随从，铁骑万匹、甲士三万。不久，窦建德被腰斩于市，王世充被押回长安，当李渊要治他的罪时，竟以秦王李世民已答应饶他性命为由搪塞。随后，王世充被流放到蜀地，就在他动身之际，被仇人定州刺史独孤修德所杀。自此，曾经称霸中原的两位乱世枭雄，悲惨地结束了其轰轰烈烈的一生。

李世民花费了十个月的时间，在洛阳城下、虎牢关前一举打败了王世充与窦建德，实现了对中原地区的统一。虽然，此时全国各地还有一些割据势力，但是，都不足以威胁唐朝的统治，李渊平定四海、统一天下的步伐更加遒劲而有力。

第七章 ／ 天下归唐

刘黑闼反了

窦建德和王世充都已经战败，李渊认为天下已经平定，四海一统，便开始大赦天下，河南、河北、山东等原郑、夏政权所属州县官吏纷纷降唐。为了稳固唐朝对关东地区的统治，李渊开始下令追讨那些负隅顽抗的窦建德余党，并且加紧对王世充、窦建德旧部的治理工作。其实，李渊这些治理措施都是十分必要的，便于关东地区的稳定和安全。

然而，唐王朝在当地的官员在实施过程中出现了误差，他们急于追索窦建德诸将所藏匿的财物，肆意使用严酷的刑罚惩治那些人，导致这些人心生怨恨，滋生反叛之心。另外，那些散归乡里的窦建德余党，有很多人并不甘心屈居李唐帐下，便借此煽动众人对唐朝的仇恨之心。

关东地区的地方官员见形势越来越严重，便向朝廷禀报，而李渊本就对窦建德旧部存有忌惮之心，于是，立即下旨诏令：窦氏故将立即入京觐见。窦氏旧将诚惶诚恐，其中窦建德故将范愿、董康买、曹湛、高雅贤等人均在入京觐见的名单中，众人接到命令之后，便开始谋划："王世充当初降唐时，其手下大将段达、单雄信等人皆被处斩，我们如果到达长安，必定不能幸免，当年，夏王俘获李渊同族及姐妹，将他们奉为宾客，以礼待之，不料夏王被俘后，李渊竟然将他杀害，我等深受夏王厚待，如果不能为之报仇，将无颜见天下有志之士。"

于是，范愿等人决定再次掀起起义的大旗，为窦建德报仇，起兵反抗唐朝。为了推选出起义军的首领，他们利用占卜求卦的方式确定主帅，卜卦者认为，只有推选一位刘姓首领统领大家，起义才能获得成功。

这时，他们想到了窦建德旧将漳南刘雅，便请刘雅出山，共同反唐。然而刘雅认为此时天下刚刚安定，不想再兴起兵之事，便拒绝了范愿等人。范愿等人怒斥刘雅不义，又怕刘雅泄露秘密，竟杀人灭口。

随后，他们又找到了前汉东郡公刘黑闼。刘黑闼贝州漳南县（今山东武城漳南镇）人，以骁勇多谋著称，少时与窦建德结为好友，隋末时参加瓦岗军，李密战败后，被王世充俘获。后来，逃回河北加入窦建德部队。窦建德十分器重刘黑闼，并且封汉东郡公。窦建德失败后，刘黑闼回到漳南故里隐居，然而，却被范愿等人找到，并且拥立为首领。刘黑闼欣然接受众人的建议，立即杀牛会众，招得百十号人。

经过了周密的部署之后，唐武德四年（621）七月，众人占领漳南县，宣布起兵反唐。刘黑闼又筑祭坛祭奠窦建德，誓言为窦建德报仇。刘黑闼的反唐行动，立即得到已经偃旗息鼓的窦建德旧部的响应和拥护，势力发展十分迅速。一些州县相继陷落，大批唐朝设置的官吏被杀，顿时河北地区反唐的火焰有燎原之势。

随后，刘黑闼自称为大将军，带领部众向东进军，占领霸县（今河北霸县），唐朝魏州（今河北大名东北）刺史权威、贝州（今河北邢台市清河县）刺史戴元祥先后与之交战，均战亡。刘黑闼获得二人的全部武器装备以及部众，人数发展到两千余人。不久，贝州历亭县被攻克，屯卫将军王行敏战死。

十月，刘黑闼攻陷瀛洲（治今河北河间），抓获刺史卢士叡，饶阳崔元逊攻占深州、兖州徐圆朗等人纷纷响应刘黑闼，各州豪强纷纷起事，刘黑闼的势力越来越大。到了唐武德四年（621）年底，刘黑闼已经攻陷冀州、宋州（河南商丘）、邢州（今河北邢台）等地，击败唐军大将李世勣，生擒将领薛万钧、薛万彻等人，唐军定州总管李玄通被杀。不到半年的时间，刘黑闼便已经全部占领了窦建德原来的地盘。

唐武德五年（622）正月，刘黑闼自称汉东王，改元天造，定都洺州（今河北永年东南），效法窦建德，恢复夏政权行政法令、文武官员。

李渊根本没有预料，刘黑闼的势力发展如此之快，为了阻止局势进一步恶化，李渊再次派出李世民、李元吉出兵关东，讨伐刘黑闼。李世民率领唐军到达获嘉（今河南获嘉县），刘黑闼不得不放弃相州，退守到洺州。随后，李世民收复相州，进入肥水（今河北肥乡），两军对峙于洺水，直接逼近刘黑闼军营。

唐朝幽州总管李艺（即罗艺，归唐后，赐李姓）率领数万人与李世民会和。刘黑闼获得消息后，命范愿驻守洺州，自己则率领主力部队抗击唐军，并驻扎在沙河。李世民为了威慑范愿的部队，命唐军在洺州四周猛擂战鼓，范愿惧怕唐军来犯，惊慌失措，急忙将刘黑闼召回。随后，李艺在徐河（今河北徐水）大败刘黑闼部刘十善、张君立，俘获、斩首八千余人。二月，刘黑闼回师洺州，遭遇唐将秦琼的阻击，李世民收复邢州，而李艺也夺取定州、滦州、廉州、赵州等地，与李世民会师于洺州。

李世民命将领王君廓镇守洺水（今河北曲周西），之后刘黑闼发动猛烈的进攻，李世民曾三次带领救援，均无功而返。李世民担心王君廓抵挡不住刘黑闼的进攻，便与众将领商议对策。这时，行军总管罗士信请求代替王君廓一起镇守洺水。随后，王君廓率领部队奋力突围，而罗士信率两百将士乘虚入城，替代王君廓固守洺水。刘黑闼昼夜不歇，对洺水发动猛烈的进攻，恰逢此时天降大雪，唐军根本无法前来支援。经过八天的拼死奋战，洺水城终于被刘黑闼攻下，罗士信被俘。罗士信威武不屈，坚决不向刘黑闼投降，最后被斩首，当时年仅二十岁。天气转好之后，李世民大军终于赶到了洺水，很快，李世民便夺回了城池，然而，唐朝一员年轻勇猛的战将却已经战死沙场。

随后，李世民与李艺驻扎在洺水城南，与刘黑闼对峙。期间，刘黑闼多次出营挑战，李世民都坚决不出城迎战。但是，这并不代表李世民没有采取任何行动，他派出骑兵截断了刘黑闼后方补给通道，使敌军断了粮草的供应。

其中，有一天，唐朝大将李世勣带领部队悄悄地向刘黑闼军营逼近，企图攻击敌军。恰好，刚刚被刘黑闼封为左仆射的高雅，在宴会上喝醉了酒，没有勘察敌情便贸然单枪匹马地追击李世勣。结果被李世勣手下部将潘毛挑下马来，还未被随后赶到的随从抬回营地便已经死去。

同样，刘黑闼也时常偷袭李世勣的军营，有一次，刘黑闼夜袭李世勣军营，李世民获知消息后前去增援，企图绕行到刘黑闼的背后进行反包围。然而，令李世民没有意料到的是，刘黑闼兵出奇招，将李世民紧紧地围在包围圈中。幸好，大将尉迟恭赶到，率领数十名壮士冲入包围圈，李世民才趁势脱险。

就这样，李世民与刘黑闼相持了六十多天，李世民估计刘黑闼部队的粮草已经殆尽，刘黑闼必定会决一死战。于是，李世民派人事先将洺水上游截断水流，准备水淹敌军。果然，不出几日，刘黑闼率领两万步兵、骑兵南渡洺水，逼近唐军营寨阵地。李世民则率领精锐骑兵将刘黑闼骑兵击败，又率领骑兵冲垮了刘黑闼的步兵阵营。尽管刘黑闼率领部众奋力反击，从中午一直激战到黄昏，然而，唐军攻势依然十分猛烈，刘黑闼军渐渐不支，刘黑闼见大势已去便匆忙逃走。李世民见时机已到，便命令决堤放水，汹涌的河水顷刻间涌到战场，水深达到一丈多，溺死敌军数千人。李世民在洺水大败刘黑闼，斩获一万多敌军，刘黑闼则和范愿等人逃入东突厥境内。至此，唐军收复了太行山以东的大部分地区。

刘黑闼逃亡东突厥之后，李世民则率领大军继续征讨徐圆朗等人，并且进兵曹州（今山东曹县西南）。战后，李世民实行高压政策，唐军继续追杀逃脱的敌军将领，并且以死罪悬名缉捕，俘获者必定被杀。而那些人的妻子、子女也被唐军俘虏，因此，人人惶恐不安。

不久后，李世民命令淮南王李神通、李世勣等人继续讨伐徐圆朗等人，自己则班师回朝。李渊先后派李世民、李元吉征讨刘黑闼，虽然取得了军事上的胜利，但是，李世民令当地官吏实行“悬民处死”的高压政策，导致民心不稳，反抗的力量更是暗流涌动。

刘黑闼在两个月之后卷土重来，并且获得了东突厥人的大力支持。刘黑闼攻占代州（今山西代县），杀死总管定襄王李大恩，侵占太行山以东的地区，直逼定州。不久后，刘黑闼再次攻陷瀛洲，旧部曹湛、董康等人重新召集人马响应，河北一带的局势再次动荡。

李渊任命齐王李元吉为领军大将军，率军进攻刘黑闼。当李元吉的征讨大军还在途中时，刘黑闼的军队又占领了鄃县、宴城（今河北束鹿东北），贝州刺史许善护在与刘黑闼弟弟刘十善交战时，全军覆没。唐朝右武侯将军桑显和在宴城被刘黑闼击败，而唐朝观州刺史刘会竟然举城投降。

几日后，唐淮南王李道玄率领三万精兵与刘黑闼在下博（今河北深县东南）展开激烈的战斗。由于副将史万宝与李道玄不和，率主力部队按兵不动，结果，李道玄战亡。这时，李道玄年仅十九岁。当李世民得知其阵亡的消息时，深为痛惜地说："李道玄常年跟随我征战，见我深入敌后，便要一心效仿，才如此悲惨。"

李道玄战亡使唐军极为震撼，极为忌惮刘黑闼的实力，洺州总管李瑗、唐沧州刺史程大罗竟然纷纷弃城而逃，其余各州县官吏皆叛离唐军，归附刘黑闼。而齐王李元吉因为畏惧刘黑闼，不敢贸然进兵。

无奈之下，李渊诏令太子李建成率军追讨刘黑闼，唐陕东道大行台和山东道行军元帅，河南各州县全部受李建成调度，同时，李建成可自行决定征战大事，有先斩后奏的权力。

随后，李建成和李元吉的大军到达昌乐，魏征向李建成提议：以前，唐军攻打刘黑闼时，将他的将领列为罪犯，抓获后即被处死，并俘获其妻儿。尽管齐王下诏书赦免刘黑闼党羽的罪过，然而，前车之鉴，他们根本不相信。现在应当全部释放被囚禁和俘虏的人，加以安慰晓谕。这样，刘黑闼的势力才会逐渐被瓦解。

经历隋末战乱，人民渴望和平统一的社会环境，盼望国家安定。李建成汲取以往的教训，在对刘黑闼保持强大军事攻势的前提下，接受魏征的建议，改变以往的高压政策，实行宽大安抚政策以争取人心。

为了吸引更多人投靠唐军，李建成还放掉被俘获的将士，并且对他们说："你们的妻儿已经被释放，你们也解甲归乡吧。"果然，李建成的这一措施起到了不战而屈人之兵的效果，刘黑闼部下纷纷投降归顺。

不久后，刘黑闼军队粮草已尽，出现了士兵逃跑的情况，有的士兵甚至押解首领投降唐军。此时，刘黑闼军已经全无斗志，李建成在馆陶大败刘黑闼，众将士纷纷弃械投降。李建成几乎没有经历激烈的战斗就摧毁了刘黑闼军队。

唐武德六年（623）正月，刘黑闼率领百余人逃亡到饶阳，这时，将士们已经饥肠辘辘、疲惫不堪。最后，刘黑闼任命的车骑都尉诸葛德威将刘黑闼、崔元逊等人抓获，交给李建成，举城投降唐军。随后，刘黑闼和弟弟刘十善于洺州被斩首，被困于兖州的徐圆朗弃城而逃，被不明人士杀死。

唐朝用两年左右的时间，终于彻底消灭了刘黑闼势力，河北、山东地区再一次被唐军平定，恢复了安定和太平。

定江南，平萧铣

　　唐朝大军在关东地区的战争可谓是如火如荼，先后平定了王世充与窦建德等割据势力，后又镇压了刘黑闼的反唐起义兵。李渊在北方激战的同时，并没有忘却江南地区的萧铣和杜伏威等强大的军事势力。

　　李世民在关东地区与王世充、窦建德激战的同时，江南地区并不太平，唐朝平定江南割据势力萧铣的战争正在轰轰烈烈地进行。北方战场，李世民率领唐军横扫中原大地，而南方战场，则是另一员大将纵横驰骋的天下，这一员大将便是李靖。

　　李靖对于唐军南方战场的获胜，起到了至关重要的作用。李靖出身于关陇贵族家庭，他的祖父李崇义是西魏的殷州刺史、永康公，父亲李诠是隋朝的赵郡太守。据《旧唐书》记载，李靖"姿貌瑰伟"，从小就显露出与众不同，文武双全，不但精通书史，而且精通兵法，可以说是一位军事天才。他的舅舅是隋朝四大名将之一的韩擒虎，曾称赞李靖道："现在能和我讨论孙子兵法、吴起兵法的人，只有李靖。"

　　李靖年轻时便成为了大兴城功曹，掌管都城人事，年纪轻轻的李靖受到了很多朝廷大员的青睐。隋朝权臣、大司徒杨素有一次指着自己的座位，对他说："我这个位置迟早属于你。"然而，少年得志的李靖却并没有平步青云，就在李靖仕途得意时，他的兄长李药王却在对战东突厥时遭遇惨败，李靖因此受到牵连，被贬出京城，发配到汲县担任县令。从此之后，李靖仕途坎坷，一直未受到重用，直到四十几岁时，才当上马邑郡丞。此时，隋朝已经风雨飘摇，在东突厥不断入侵的情况下，李靖却将马邑治理得井井有条。

李渊、李世民父子密谋起兵时，李靖有所察觉，便立即赶往江都准备将此事告知杨广，然而因道路堵塞，未能及时赶到。这时，李渊已经攻占了大兴，李靖也因此被俘。李渊决定将李靖处于死刑，临行刑时，李靖大声说道："唐公起兵，目的是为天下扫除暴乱，成就大业，怎么因为私怨，谋害义士。"李靖的智谋和能力受到了李渊的关注，李世民更是慧眼识英雄，极力为李靖求情，李渊才免除了李靖的死刑。之后，李靖便归附李渊，跟随李世民四处征战，立下了赫赫战功。

其实，早在唐武德元年（618），萧铣在巴陵（今湖南岳阳）称帝、建立梁国之时，李渊便派左光禄大夫李孝恭和大将军李靖挥军南下，进入巴蜀，攻击萧铣。李孝恭是李渊的从侄，为凌烟阁二十四功臣之一。

李孝恭初次率领唐军一路南下，占领了江南三十余州县，之后唐军和萧铣在峡州对峙。随后，萧铣政权内部发生叛乱，董景珍、张绣等功臣先后被杀，人心叛离。由于李孝恭对降附的将领以礼相待，抚慰有加，因此，往往书檄到处兵不血刃，不仅大部分人都愿意归降，而且使得唐军的进攻势如破竹。

唐武德三年（620），李孝恭再次向李渊献计讨伐萧铣势力。李渊十分欣赏李孝恭的计策，于是任李孝恭为夔州（今四川奉节东）总管，命令李孝恭广造大船、训练水军，准备再次进攻江南。

唐武德四年（621），李孝恭与李靖统兵自夔州顺江东下，直逼江陵（今湖北荆州）。唐军到达江州之时，总管盖彦举主动归顺，唐军不费一兵一卒便拿下了五州之地，打开了江陵的门户。萧铣手下的将领尽管奋力反抗，仍抵挡不住唐军前进的步伐，李孝恭以势如破竹之势，直抵江陵城下。由于萧铣刚刚调换将领，将大部分兵士遣散至各地的军队，江陵只有几千宿卫之士守城，萧铣急忙下诏追回遣散的将士，然梁国疆土辽阔，山河纵横，众军根本来不及支援。李孝恭很快就攻克了水城，俘获舟船数千艘，梁国的交州总管丘和（河南府洛阳县人）、长史高士廉（河北景县人）等人归顺李唐。

高士廉可以说是初唐时期举足轻重的人物，但也许很多人并不熟悉此人。然而，说起李世民的长孙皇后和长孙无忌却无人不知，高士廉便是二人的亲舅舅。高士廉出身于官宦之家，素有才气，精通文史，其妹妹嫁给隋右骁卫将军长孙晟。后来，长孙晟和高士廉的妹妹双双去世，长孙无忌兄妹皆由高士廉抚养长大。隋朝末年时，高士廉与李渊同朝为官，看李世民才华出众，日后必定成就一番事业，便将长孙氏许配于他。长孙氏虽然自幼父母双亡，然而毕竟出身于名门望族，在高士廉的悉心教导下，知书达理、贤良淑德，成为了李世民的贤内助。李世民即位后，长孙氏被册封为皇后，尽力辅助，匡正了李世民为政的失误，成为历史上贤明皇后的典范。而长孙无忌也是精通文史，成为李世民最重要的谋士之一。

唐军占领水城，包围江陵后，李靖认为，梁国地域广阔，现在深入其腹地，如果攻城不下，敌军援兵从四周集中而来，唐军将进退两难。所以，他向李孝恭献计，将所俘获的战船丢弃到江中，任其漂流，以迷惑援兵。而梁国援兵已经到达巴陵，见空船顺江而下，果然不敢轻易前进。不久后，萧铣见援兵久久未到，便弃城投降。梁国的援兵见江陵被破、萧铣投降，纷纷投降唐军。随后，李孝恭进入江陵，严明军纪，对萧铣的降将家眷以礼相待，因此，南方州郡都望风归附。

自此，唐朝平定萧铣，将江南地区大片土地纳入自己的范围，隋末以来的几大割据势力已经全部扫除，李渊统一天下的大业基本上已经完成。虽然，全国范围内还有一些势力存在，然而，这些势力的实力均比较薄弱，根本对唐朝形成不了任何威胁。

大一统

　　然而，正是一波未平一波又起，就在唐朝平定刘黑闼、剿灭萧铣后，江淮地区的淮南道行台仆射辅公佑又起兵反唐了。

　　辅公佑自幼与杜伏威交好，二人为刎颈之交，江淮地区的起义军武装便是两人一同创立。杜伏威是齐郡章丘县人，与李密、窦建德等人相比，他的出身最为贫苦，是当时遭受压迫最重的农民。隋朝末年时，杜伏威家中极其贫苦，辅公佑见好朋友家中已经无以为生，便偷了一只羊送给他。后来，事情败露，官府追查甚严，两人因惧怕遭到官府的严厉惩罚，便决定扯旗造反。

　　隋大业九年（613），杜伏威和辅公佑逃到长白山（今山东章丘东北）地区，组织一批山贼，率众起义。当时，杜伏威年仅十五岁，两人就近参加了一支小起义军队伍，刚刚加入起义军时，他们只是普通的小卒。由于杜伏威作战十分勇猛，每次出战时都冲在最前面，很快就得到了众人的信任和尊敬，因此，被推选为小股势力的首领。

　　当时，江淮地区隋朝的力量比较强大，杜伏威的势力十分弱小，因此，他开始想尽办法与周边的起义军队伍联合。对于周边的起义军队伍，如果实力比较弱，他便将其吞并；对于那些实力较强的势力，他则率众归附。海陵赵破阵的势力比杜伏威强大很多，当赵破阵前来招降时，杜伏威假意同意归顺，并带着十几人与贵重的礼物前去投降。赵破阵一向轻视杜伏威，毫无戒备，最后被杜伏威当场刺杀。此时，辅公佑率领大队人马前来攻击，赵破阵部下见首领已死，群龙无首，便全部归降。

自此，杜伏威名声大振，并且自称将军，随后，杜伏威占领了高邮（今江苏高邮北）、历阳（今安徽和县）等地，周边的多股起义军势力相继归顺。隋大业十一年（615），东海李子通率领部众投靠杜伏威。李子通本是长白山地区左相才的手下，后因为遭到左相才的忌妒，不得不投靠杜伏威。李子通的加入使得杜伏威的实力大增，不料李子通并不是肯屈居人下之人，没过多久便发动兵变，企图吞并杜伏威的地盘。杜伏威措手不及，导致全军大乱，杜伏威也因此身负重伤，在养子王雄涎的帮助下才躲过一劫。李子通的兵变使得杜伏威的势力受到重创，实力锐减，自此，杜伏威和李子通结下了大仇。

然而，祸不单行，正当杜伏威遭遇重创之时，隋军前来围剿，身受重伤的杜伏威根本无法指挥，结果全军溃败，杜伏威在部下的护卫下才得以逃脱。遭遇两次重创的杜伏威损失惨重，已经失去了称霸江淮的实力，只得四处打游击。

经过了一段时间后，杜伏威不断吸收周边的百姓以扩充实力，很快就拥有了数万人的部队，并且控制了江都附近的六合县（今江苏境内）作为根据地。与此同时，左才相占据淮北地区，李子通占据海陵（位于江苏省中部），在江淮地区形成了三足鼎立的局面。之后，杜伏威不断巩固自己的根据地，吸引了众多有志之士前来投靠，同时，杜伏威在其统治的地区实行低赋税，严惩贪官污吏，因此受到了百姓的拥护和支持，前来投靠的人越来越多。

隋义宁二年（618），宇文化及杀死杨广之后，派人封杜伏威为历阳太守，而杜伏威对其封赐嗤之以鼻。随后，杜伏威上表洛阳的皇泰主杨侗，自称为臣，皇泰主封杜为东道大总管，楚王。宇文化及率领大军北上之后，江都地区成为势力真空地带。这时，江都附近有杜伏威、李子通和沈法兴三大势力，都对江都虎视眈眈。随后，李子通先下手为强，占领江都，并且自称皇帝，定国号为吴。

这时，李渊已经建立唐朝，消灭了关西的割据势力薛举、李轨等人，开始谋求关东地区。李渊派出使者向杜伏威招降，杜伏威则于唐武德二年（619）九月宣布归降唐朝。李渊任命杜伏威为东南道行台、尚书令、楚王，为了表示对杜伏威的信任，李渊随后升任其为总管江淮以南诸军事、吴王，并且赐予李姓。其实，杜伏威表面上归降李渊，实际上却拥有处理军政事务的权力。

随后，李子通消灭沈法兴，并与杜伏威展开了决战，终究李子通不敌杜伏威，被俘后被押送到长安。这时，杜伏威已经是江淮地区的霸主，李渊也已经消灭了王世充、窦建德，天下大势已成定局，因此，江淮各势力纷纷投降，杜伏威占据淮南江东之地，完成了江淮地区的统一。因此，纵观全国范围，唯一能够对唐朝政权构成威胁的就是杜伏威了，自古地方诸侯异姓封王，均遭到帝王的猜忌，李渊自然对占据江南大片江山的杜伏威有所忌惮。

唐武德五年（622），李世民率领大军镇压窦建德余部刘黑闼和徐圆朗的起义，杜伏威的地盘与徐圆朗接壤，因此，李世民借攻击徐圆朗之机，陈兵杜伏威境内以起到震慑的作用。杜伏威自然了解李世民的用意，担心成为李渊下一个攻击的目标。为了消除李渊的顾忌，杜伏威主动上书李渊，请求入长安朝见李渊。李渊自然乐于见到杜伏威入朝，其实，即使杜伏威不肯主动入朝，李渊也将会下旨召见，如果杜伏威有不臣之心，抗拒入朝，那么李世民的大军将挥军南下，名正言顺地长驱直入。

于是，杜伏威将江淮军交给义子王雄涎，自己则入朝觐见，李渊加封其为太子太保，地位仅次于李渊、李建成、李世民三人，正所谓三人之下，万人之上。虽然杜伏威拥有至高的地位，然而却已经丧失了实权，事实上相当于软禁，岂能和称霸一方的霸主相提并论。

杜伏威离开江淮之后，江淮军群龙无首，局势开始动荡。当年，杜伏威与辅公祐共同创立江淮军，一起打天下，两人的地位和势力相当。但是，一山岂能容下二虎，随着江淮军势力日益壮大，杜伏威开始逐渐削弱辅公祐的兵权，让自己的养子阚棱担任左将军、王雄涎担任右将军，将辅公祐的兵权架空。辅公祐自然是愤愤不平，假借与朋友左游仙学神仙术才消除了杜伏威的猜忌。

杜伏威出发去长安之前，将政务交给辅公祐，而将军权交给了王雄涎。然而，辅公祐并不甘心屈居王雄涎之下，便密谋发动兵变。辅公祐伪造杜伏威的笔迹责备王雄涎有贰心，而有勇无谋的王雄涎竟托病放弃军务，他的行为正中辅公祐下怀，就势掌握了江淮军的兵权。随后，辅公祐借故杀死王雄涎，并且伪造杜伏威密令，借助其名号召江淮军起兵反唐。唐武德六年（623）八月，辅公祐自称皇帝，定国号宋，年号天明，封左游仙为兵部尚书、东南道大使、越州总管，镇守会稽（今浙江省绍兴市）。

李渊得知辅公祐起兵造反，立即派李孝恭、李靖以及李世勣等人率领大军共同征讨。同时，李渊又派杜伏威的义子阚棱共同前往，阚棱在江淮军中以勇武著称，在江淮军中威望极高。当唐军与江淮军对峙时，阚棱纵马上前，摘掉头盔向对方大喝："你们难道不认识我，岂敢上前来战？"江淮军一见阚棱出战，纷纷溃散，不敢上前迎战。

唐军在李孝恭、李靖的率领下，一路南下奋勇杀敌，辅公祐连连败退，最后被唐军俘获。不久，辅公祐被押送到丹阳处死，其亲信也全部被杀死。然而，辅公祐在被处死前，竟诬陷杜伏威和阚棱为同谋，李孝恭将阚棱以谋反罪处死，杜伏威则被李渊革去官职，并籍没其家眷。直到李世民即位之后，才发现杜伏威和阚棱被冤枉，为其平反。

自此，随着辅公祐的叛军被平定，唐朝统一天下的大业已经完成。从李渊称帝长安、建立大唐到扫平四海，前后花费了七年的时间。在唐朝统一的过程中，李世民南征北战，扫荡西秦、灭薛举父子，平定刘武周、大战王世充，随后更是生擒窦建德、打败刘黑闼，为大唐的统一立下了赫赫战功。但是，也正是因为李世民军功的煊赫、威望的骤增，才导致兄弟之间产生了巨大的矛盾。

第八章 ／ 无奈的抉择

秦王之功

李世民在大唐建业过程中起到了关键的作用，为了平定割据势力南征北战，屡屡立下战功，可以说，唐朝帝国的建立和统一，秦王功最大。李世民的功劳为其赢得了无限的荣耀、头衔和权力，李世民在唐朝政权中的军事地位和政治权力日益强大。

李渊共有二十二个儿子，其中皇后窦氏所生共四人，即长子李建成、次子李世民、三子李元霸、四子李元吉。除李玄霸早逝，在太原起兵时，李建成二十八岁、李世民十九岁，而李元吉只有十四岁。李建成、李世民二人积极参与密谋起兵，是李渊的得力助手，对起兵的成功发挥了极其重要的作用。随后，李渊起兵西取长安，二人率领大军进攻西河，奋勇争先，一举攻克西河，往返不过九天。西河大捷，李建成被封为陇西公、左领军大都督，统领左三军；李世民被封为敦煌公、右领军大都督，统领右三军。

之后，李渊大军兵临大兴城，李建成率领左三路军从东、南两面攻城，李世民则率右三路军负责从西、北两面攻城。大兴城攻破，李建成和李世民同样取得了破城的首功。据《旧唐书·高祖本纪》记载：唐武德元年（618）正月，李渊称帝前，命为抚宁大将军，东讨元帅，李世民为副，率领七万大军，攻打东都洛阳。由此足以证明从太原起兵到攻克长安，李建成的军事建树相当可观，其军事功勋并不下于李世民。

然而，当李渊称帝之后，根据古代帝王"立嫡以长"的惯例，长子李建成理所当然地被立为太子，李世民被封为秦王，李元吉为齐王。作为未来的皇帝，身为太子的李建成被留在长安辅助李渊处理军国大事，再加上古代传统"储君不离都"的规矩，李建成自然不再轻易地冲锋陷阵，因此，李建成也就丧失了建立军功的机会。

在《资治通鉴》中，司马光将李建成描绘成"都曲意侍奉李渊妃嫔，奉承献媚、贿赂、馈赠，无所不用，以求得李渊的宠爱"。其实，这些都是无从考证的传闻，缺乏有力的证据。《旧唐书·隐太子建成传》中记载：在李世民出征征讨众割据势力时，李建成镇守蒲州防御东突厥、北伐稽胡维护了唐朝边境的稳定；同时，李建成辅佐李渊处理军国大政，参与决策，决断军国政务，李渊每当在处理政事时，凡是非军国大事，都交付李建成全权处理。所以说，李建成并不是毫无建树，只是在唐朝政权初定时，国家更注重平定战乱，才凸显出李世民的军功。

相反，李世民当时已经二十一岁，正是建功立业的大好时机，而李元吉则因为年纪小，被李渊留在太原镇守根据地。所以，扫除割据势力的重任便落在秦王李世民的身上。最后，经过了四五年的征战，李世民终于得以扫平四海、平定天下。随之而来的是，李世民的名声大震，地位和权势也与日俱增。

唐武德元年（618）十一月，李世民讨伐薛举、薛仁杲父子凯旋时，李渊派李密迎接李世民。骄傲自大的李密自恃谋略功名，即使拜见李渊时尚有傲气，然而当李密见到李世民时，却不觉惊叹佩服，并且私下对秦府将领殷开山说："秦王真乃是英主，只有秦王才能平定天下祸乱。"由此可见，李世民在平定薛举父子之后，极大地提高了其威望和名声，就连李密都对其心悦诚服。

平定王世充时，李世民和房玄龄微服拜访一位名叫王远知的道士，在秦王登门时，王远知故作姿态："列位之中有圣人，是不是秦王驾到？"李世民只得据实相告，王远知又说道："秦王乃是太平太子，一定要珍惜。"自此，李世民便将"天平太子"记在心中，并且已经萌生了想成为天子的念头。

唐武德四年（621）七月，李世民战胜王世充与窦建德，威风凛凛地凯旋返回长安，身披黄金甲，李世勣、李神通等二十五名大将紧随其后，铁骑万匹，甲士三万，前后部队高奏军乐，声震云端，其阵仗盛极一时。

此时，李世民已经位列秦王、三公之首的太尉（主管全国军事）并且兼任尚书令，已经是封无可封。李渊认为现有的官职已经无法彰显李世民的荣耀与功勋，因此特设"天策上将"职位，并且加领司徒（三公之一，主管全国教化），位列三公之上。

在隋唐时期，置太尉、司徒、司空为三公，掌管全国政事，而李世民则兼任太尉、司徒，实际上已经拥有了军事、政治上的无上权力，地位仅次于皇帝李渊和太子李建成。

天策府实际上已经成为了李世民军事上的决策机构。在平定天下的征战中，李世民招揽了一大批骁勇善战的武将，如尉迟恭、秦琼、程咬金、屈突通、薛万彻、李君羡等人。这些能征善战的将帅之人都成为了李世民的得力助手，被李世民安排在"天策将军"府中。在日后争夺帝位的玄武门之变中，这些武将起到了至关重要的作用。

事实上，李世民在被授予天策上将之前，并非无任何谋取太子位置的意图，随着李世民军功的煊赫，威望的骤增，其窥伺皇位的政治野心也逐渐滋生。

之后，李世民十分重视招揽智谋之士，并且征得李渊的同意，在秦王府设立"文学馆"，搜罗四方贤能之士。李世民一向喜欢结交豪杰、招揽人才，太原起兵的"元谋功臣"刘文静、长孙顺德、刘弘基以及柴绍等人，都与李世民保持着密切的关系。之后，房玄龄、杜如晦、虞世南、薛收、长孙无忌等人都相继成为秦王府重要的谋士，并且形成了"文学馆十八学士"。李世民对待这些学士以礼相待，在当时，文人学士均以能入秦王府的文学馆为傲，因此被人们称为"登瀛洲"。"十八学士"人人都是学识渊博之人，与"天策将军"府相呼应，实际上是李世民政治上、军事上的智囊团。在"十八学士"中，最出名的就是房玄龄和杜如晦。

秦王府的势力迅速膨胀，"天策将军"府和"文学馆"招揽了众多贤能之士，而且这些文臣武将只听命于李世民，甚至连李渊的诏敕都不如李世民的命令执行得有效、彻底。

据《旧唐书》记载：淮安王李神通因屡立战功，获得一些封地，而李渊嫔妃张婕好的父亲也看中了这些封地。为了得到这块封地，张婕好的父亲向李渊要求将其赐予自己，于是，李渊亲自手写敕令，将那块封地赐予了他。

可是，当李渊的旨意下达到李神通处时，李神通竟然抗旨不遵。李神通表示，自己的封地是由天策上将、秦王李世民赐予的，"秦王教令"在先，后发布的诏书无效。当时，李渊父子都居住在宫中，诏书、太子令、秦王令和齐王令并行于世，并且都具有同样的法律效力。所以，李神通认为只能以秦王诏令作为执行的标准。

李渊获知李神通抗旨不遵的消息后，对于皇帝的圣旨竟然不如秦王令，感到异常愤怒，便立即召见李世民，责备李世民说："难道我的手敕不如你的教令吗？"最后，在李世民多番请求下，才将此事平息。由此可见，秦王府的权势日益强大，秦王府的文臣武将更是逐渐不受李渊的控制。

李渊深知秦王李世民的势力日益壮大，但是也无可奈何，李渊曾经和裴寂抱怨："此儿典兵已久，在外专政，被儒生教坏，已经不是昔日的儿子了。"

正如封德彝所说："秦王自恃赫赫功勋，不肯屈居太子李建成之下。"李世民从开办文学馆开始，便将崇尚军事权力逐渐向注重政治势力过渡。由此，我们可以窥见其觊觎国家最高权力的端倪。

正因为如此，太子李建成才感到惶惶不安，东宫集团也感觉到秦王府的严重威胁，因此，东宫开始积极策划提高自己的威望，同时压制秦王李世民的势力。

唐武德五年（622）十一月，李建成的机会终于来了。刘黑闼被李世民打败之后，借助东突厥的势力卷土重来，攻下了河北旧地，声势日渐壮大。李建成身边的谋士太子中允王珪、洗马魏征随即向李建成建议："秦王功盖天下，朝廷上下乃至百姓皆心悦诚服。殿下不过是因为年长才被立为太子，无大功以镇服四海。现在刘黑闼聚集残兵再兴兵反唐，然而其众不足数万，粮食匮乏。如果殿下率领大军前往，必定势如摧枯拉朽。殿下应当主动请命挞伐刘黑闼，获得功劳名望，趁机招纳山东豪杰，才可保住自己的地位。"

李建成接受了王珪、魏征等人的建议，向李渊请命率领唐军东征。这时，李世民征讨刘黑闼已经进入了胶着的状态，刘黑闼屡次反扑，山东各地不稳定。于是，李渊命李建成为陕东道大行台以及山东道行军元帅，征讨刘黑闼和徐圆朗。在大唐的统一战争中，每次出征，李渊必定命李世民挂帅，此次却换成李建成，目的就是压抑日益强大的秦王府，加强东宫的实力和地位。

李建成在征讨刘黑闼的过程中，听从魏征的意见，利用软硬兼施的策略，智破刘黑闼，快速地平定了刘黑闼和徐圆朗的起兵。

这是唐朝统一天下的最后一次大规模战争，此役之后，大唐才最终完成了一统天下的任务。无疑，这是李建成在统一战争中所立下的唯一重大的战功。但是，这一次战功的取得，却对李建成巩固自己的太子地位十分有利。

明争暗斗

　　李渊在太原起兵后，将军政大权交给李建成等三个儿子掌管，随着唐朝逐渐平定群雄，兄弟三人均形成了一定的势力，而李世民因其军功声望和地位逐渐壮大，并且威胁到太子李建成的地位。因此，兄弟之间为了争权夺利而相互防备、倾轧。随着大唐统一大业的完成，东宫与秦王府之间的矛盾越来越激化，演变成一场兄弟间激烈的明争暗斗。

　　李建成早已感到军权在握的李世民对自己的威胁，为了及早防范，李建成也在逐渐地营造自己的势力。李建成积极拉拢人才，把魏征、王珪、薛万彻等人招致东宫，并且使其成为自己的主要谋士和武将；随后，又培植自己在地方的势力，与杨文干、李艺等地方官员保持着密切的联系。

　　在朝廷大臣中，裴寂是李渊的得力助手，深受李渊的信任，因此，李建成极力拉拢裴寂，使其支持自己。李建成还获得了朝中另一执政大臣封德彝的支持。同时，李渊在晚年，宫中内宠甚多，其中以张婕妤、尹德妃最受宠，李世民在一些事情上得罪过二人，因此，他们经常在李渊面前称道太子李建成，说秦王李世民的坏话，甚至诬陷李世民。有了裴寂、封德彝以及张婕妤、尹德妃的支持，李建成在朝廷中的实力可谓是十分强大。

在李建成和李世民争权的过程中，有一支力量起到了至关重要的作用，那就是齐王李元吉。李渊的三个儿子李建成、李世民、李元吉各自拥兵，构成了三大军事集团分管朝廷军政事务。虽然李元吉在实力上不及两位兄长，但是他站在哪一方势必加强这一方的实力，形成二比一的绝对优势。因此，李建成和李世民都想拉拢李元吉，使其成为自己的盟友。而李元吉眼见东宫和秦王府之间的斗争如箭在弦，也想借机依靠一方以为自己谋取更好的政治前途。

　　然而，李元吉却选择站在李建成一边，其实李元吉的选择不难理解。李建成早已被立为太子，李渊并没有明确废黜的意图，虽然李世民拥有众多骁将精卒，但是李渊倾向于太子李建成，所以李元吉将赌注押在李建成身上把握更大一些。

　　李元吉曾经多次跟随李世民出征，他虽然勇猛有力，却性格粗鲁，在统一战争中也立过战功，但为人骄奢淫逸，人品欠佳，所以，并不受李世民重视，因此，兄弟二人没有结成亲密的关系。他深知自己站在李世民一边，即使李世民即位，也不会让自己为所欲为。在平定刘黑闼之前，李世民和李元吉之间并没有矛盾，可是当李元吉跟随李建成讨伐刘黑闼后，很快就被李建成拉拢。李元吉和秦王格格不入，李建成对自己信任有加，太子又是未来皇位的继承人，因此，李元吉便和太子李建成联合起来，共同对付李世民。

　　很显然，李元吉选择站在李建成一方给李世民造成了巨大的威胁，于是，李世民也寻求朝中大臣的支持。刘文静、宇文士及、萧瑀、陈书达等人纷纷倾向于支持李世民。然而，这时李世民的心腹刘文静却被李渊杀死。

刘文静和裴寂原本都是太原起兵的重要谋臣，深受李渊的重用。刘文静与李世民有着密切的关系，可谓是莫逆之交。刘文静虽然不是秦王府的幕僚，但却是李世民的心腹。身为宰相，刘文静功勋卓著、才略超群，在朝中影响很大，他与李世民结盟势必对太子李建成构成莫大的威胁。刘文静兵败浅水原后，随即被免除了职务，削去了爵位。后虽恢复了他的爵位，却未官复原职，仅拜民部尚书而已，而裴寂已经被升为宰相。随后，李渊故意疏远刘文静，用裴寂压制其实力，因此，刘文静对李渊心生怨言，甚至在朝堂上讨论政务时，故意与裴寂作对，还经常欺凌羞辱裴寂，两人便结下了怨恨。

郁郁不得志的刘文静不知收敛自己的行为，曾经在与弟弟刘文起喝酒时大声喊叫："一定要杀了裴寂。"后来，刘文静以为家中有诡异现象，便请巫师作法驱邪，不料这件事情被人告密到李渊处，诬告刘文静府上舞刀弄剑、准备谋反。李渊指派裴寂、萧瑀审理此案，刘文静竟在公堂上口出怨言，埋怨李渊优厚裴寂、压制自己。于是李渊便认定其有谋反之心，李世民为保全自己的心腹和得力助手，极力为刘文静说情。无疑，这一行为更是火上浇油，更加坚定了李渊除掉刘文静的决心，因此，刘文静便被李渊以谋反之罪诛杀。其实，李渊诛杀刘文静不过是为了削弱李世民在朝中的势力，阻止其觊觎太子的位置，同时也使矛盾日益尖锐化。

李建成和李世民之间的明争暗斗越来越激烈，在李建成的精心策划下，李世民的处境越来越不利。尽管有许多朝臣支持李世民，然而李建成的心腹大臣也不乏其人，尤其是裴寂和封德彝的支持，让其如虎添翼。

李世民在唐朝统一以前还有显赫的战功可以依仗，然而，唐朝统一天下以后，全国的形势逐渐稳定，他再也没有新的战功可以建立。后来，李渊将征战刘黑闼的机会给了李建成，派李世民去驻守并州，李世民从并州回来后，一直受到李建成、李元吉的排挤和倾轧，李渊也逐渐开始冷落他。

至高无上的权力所带来的诱惑是无法比拟的，权力之争自古都是不可避免的事情。在权力的诱惑下，李建成的东宫和李世民的秦王府势力开始彼此采取种种手段打击对方，壮大自己。随着唐朝天下的稳定，这种势头越演越烈，无论是在后宫、朝廷，还是地方上，都分为两派，自然一方支持李建成，一方支持李世民。至于李渊的态度则倾向于李建成，自古帝王坚持立嫡长子为储君，最重要的就是隋文帝杨坚废长立幼导致灭亡的教训历历在目，因此，李渊一方面支持李建成，另一方面压制李世民，不准其染指太子之位。同时，李渊也防止李建成对李世民进行图谋，如果李建成有越轨之处，并不姑息。

然而，李渊的行为无疑是起到了纵容的作用，并没有阻止兄弟之间的争斗，反而使得双方的争斗更加复杂。李元吉曾经劝李建成除掉李世民，并说："当为兄长手刃李世民。"有一次，李世民跟随李渊到齐王府，李元吉竟然命令自己的心腹宇文宝埋伏在内室，意图趁李世民不备进行暗杀。李建成获知消息后，担心被李渊识破，立即阻止了李元吉的行动。

在这种情况下，双方为了巩固自己的地位和势力，纷纷发展自己的军事力量，联合地方官员。

当时，东宫、秦王府、齐王府都有自己的卫兵，除此之外，各人还都私募勇士。李世民在外蓄养了八百勇士，而李建成则擅自招募了两千多东宫卫士，号称"长林兵"，分别驻守东宫的左右长林门。同时，李建成还命令可达志从幽州李艺部调派三百骑兵到东宫，后来，此事被人告发到李渊处。李渊因此严厉责骂李建成，并且将可达志流放。

之后，李建成又派自己的亲信杨文干私自招募壮士，送至京城。杨文干曾经做过东宫卫士，深受李建成信任，后推举其担任庆州都督。当时，李渊前往宜君（今陕西宜君）仁智宫，令李元吉留守长安，李世民、李建成则共同前往。李建成临出发前，令李元吉对李世民下手，并且说："你我是否成就大业，就在今天。"同时，李建成派郎将尔朱焕、校尉桥公山到庆州向杨文干运送铠甲兵器。尔朱焕、桥公山两人到达幽州后，感到事关重大，便到仁智宫向李渊告密，告发太子李建成命杨文干造反。同时，宁州人杜凤举也到仁智宫密告太子谋反一事。李渊闻知消息后大怒，于是托言其他事用亲笔诏令李建成前来。李建成接到诏令后，深知事情败露而恐惧万分，不敢应诏前往。

这时，太子舍人徐师谟劝谏李建成趁机举兵造反，而詹事主薄赵弘智却极力劝阻李建成兴兵，并且建议李建成轻车简从，立即前往仁智宫认罪。李建成听从了赵弘智的意见，率十几名轻骑到仁智宫向李渊俯首认罪。余怒未消的李渊严厉地惩罚了李建成，让其侍奉在宫殿外，只食粗茶淡饭，并且派人看守。随后，李渊派司农卿宇文颖立即将杨文干召来仁智宫，问罪起兵造反之事。宇文颖到达庆州之后，却将事情私下据实相告，眼见事情败露的杨文干决定一不做二不休，于是随即起兵造反。

随后，李渊派左武卫将军钱九陇与灵州都尉杨师道率兵攻打杨文干，同时，李渊召见李世民商议对策，并且让李世民亲自征剿，李渊道："杨文干起兵牵扯太子建成，恐怕响应者众多，你亲自率兵征讨，凯旋还师后，改立你为太子。我不能效仿隋文帝杨坚一样亲自诛杀亲子，事后封建成为蜀王。蜀地兵力薄弱，如果以后他能够安心事君，你定要保全其安全，反之，你也可取之。"

然而，当李世民大军到达庆州时，叛军已经溃散，杨文干也被其部下杀死。杨文干的叛乱轻而易举地就平定了。可是，在裴寂、封德彝等人的劝阻下，李渊并没有兑现对李世民的承诺，改变了废黜太子的决定。事后，李渊令李建成回到长安，并以兄弟不和的理由责罚李建成。随后，李渊将其事归罪于太子中丞王珪、韦挺和秦王府的杜淹等人，并将他们一并流放，此事便不了了之。

其实，杨文干之事有很多存疑之处，李建成已经身为太子，并且在与李世民的对峙中占有优势，为何要冒险兴兵造反？即使李建成想要造反，为何派尔朱焕、桥公山等不是自己亲信的人负责联络？李渊事后为何仅以"兄弟不睦"处理，并且各打五十大板？因此，后世有人推测此事可能是李世民别有用心的计谋，而李渊最后发现了李世民的计谋，因此才会加深对李建成的信任。

唐武德七年（624），就在唐朝皇宫中为了权力而互相争斗之时，东突厥和苑君璋突然举兵入侵大唐北方边境。东突厥一直觊觎中原的财富和土地，此次大举进军更是看中了长安城的繁荣。面对东突厥大军的来势汹汹，李渊召集大臣共同商议对策，而此时竟有人建议李渊焚烧都城长安而迁都，东突厥的进军自然就平息了。李渊竟然赞成这一荒谬的建议，并且派中书侍郎宇文化及为新都选择地址。自古都城是一国之根本，李渊竟然轻易地想要放弃，实在是大唐的屈辱。

对于李渊的决定，李建成、李元吉以及裴寂等人均表示赞成，萧瑀等人虽然反对却不敢劝谏。这时，李世民挺身而出，强烈反对这一建议，李世民说道："自古以来，戎狄屡次侵犯中原。陛下凭着圣明英武，创建新王朝，安定中夏，拥有百万精兵，所向无敌，现在东突厥骚扰我大唐边境，陛下迁都而避之，使举国臣民感到羞辱，让后世来讥笑。当年霍去病不过是汉朝的一员将领，尚有决心击退匈奴大军，何况儿臣还愧居藩王之位，愿抗击东突厥人的进攻。数年之内必定扫平东突厥，取东突厥颉利可汗首级献给陛下。如果我大军不能抵挡东突厥的进攻，再商谈迁都之事也未晚。"

然而李建成等人却嘲笑李世民犹如西汉大将樊哙"带领十万大军扫荡匈奴"一般，空口说大话。于是，李建成和李世民二人便在李渊面前争执起来，最后，迁都之事也不了了之。

不久后，李渊带领卫队到城南打猎，李建成、李世民、李元吉兄弟三人皆跟随其后。期间，李渊命兄弟三人骑马射猎，角逐胜负。当时，李建成新得一匹胡马，膘肥体壮，但是却难以驯服，李建成将此胡马让给李世民。正当李世民纵马追赶猎物时，坐下的战马突然发作令李世民跌下马来，李世民反应迅速才得以脱险。李世民随即对身边的宇文士及说："他打算借助这匹胡马害我，但人的生死自有命运决定，就凭他们能够伤害到我吗？"此话被一旁的卫士听到，并且将此话密告给李建成，随后，李建成则将这句话传到了李渊的耳中，并称李世民说自己有天命，早晚都要成为天下之主，岂能白白死掉！

李渊听到此番话语之后十分气愤，便将李世民召来责问此事，训斥道"天子自有天命，不能强求得来的，你未免太急于求此位置了！"尽管李世民百般辩解，李渊仍怒气未消，并对李世民心有不满。

正在此时，东突厥入侵的消息再次传来，这一次东突厥大军可谓是来势汹汹。李世民请求出征抗击东突厥大军，并且兵不血刃成功地击退了颉利可汗的入侵，化解了唐朝的危机，可谓又立下了战功。然而，此次功勋不仅没有缓解李世民不利的处境，反而加深了李渊对李世民的猜忌。

攻守之间

到了唐武德九年（626），李建成等人与李世民之间的争斗已经逐渐明朗化，双方皆积极筹备事宜，千方百计打击对方，在攻守之间，双方实力各有优势。在太子李建成和李元吉的步步紧逼下，李世民先是处于劣势，随后在其幕僚的推动下，逐渐决定实行反击，最终一场兄弟相残的血案震动了大唐政局。

据《新唐书》记载，六月的一天，李建成邀请李世民到太子府饮酒，李世民感觉突然心痛，并且不断地吐血。在李神通的搀扶下，李世民回到了秦王府。不久，李渊获知了此事，立即到秦王府看望李世民，敕令李建成："秦王向来不善于饮酒，从今以后，不能再与他在夜间饮酒。"同样，在《新唐书》和《资治通鉴》中也有同样的记载，因为此三本史书皆"宣扬李世民功勋"，因此，后世有人怀疑此事也是史官为了宣扬李世民被迫发动"玄武门兵变"而杜撰。但是，不管李建成谋害李世民是否属实，兄弟之间的矛盾确实已经到了不可调和的程度。

李渊见李建成和李世民之间的争斗越来越激烈，同居长安恐怕会酿成大祸。于是便对李世民说："自太原起兵，你提出反隋谋略，消灭敌仇，平定海内，为大唐立下了很多功劳。但是，自古储君应当立嫡立长，李建成已经被立太子很长时间，我也不忍心废黜。现在你们兄弟已经难以相容，如果同在京城恐怕会发生纷争。现在派你留居洛阳，掌管陕州以东的广大地区。"

李世民听闻李渊所说，便不停哭泣，表示不愿远离父亲身边。而李渊却说："天下一家，东都和西都两地路程很近，如果我想念你，便可动身前往，你不用烦恼悲伤。"李世民无奈之下，只得起身离开长安前往洛阳。然而，李建成、李元吉二人得知李世民前往洛阳的消息后，认为李世民到了洛阳，便拥有了自己的土地和军队，以后更加不能控制其势力。因此，李建成二人暗中指使亲信向李渊密告：秦王府的文臣武将闻知李世民要前往洛阳的消息后，无不欢欣雀跃。随后，李建成还命近臣陈述秦王去留的利弊。结果，李渊果然改变了主意，李世民前往洛阳的事情也遭到搁置。同时，李建成、李元吉等人不断向李渊诬陷李世民，李渊竟信以为真，准备惩治李世民。

这时，陈叔达劝谏道："秦王为天下建立了大功，不可废黜。更何况，秦王性情刚烈，倘若加以折辱贬斥，恐怕经受不住内心的忧伤愤怒，一旦染上难以预料的疾病，陛下后悔莫及。"李渊认为陈叔达所说有道理，便没有惩罚李世民。

李元吉见李渊并没有惩罚李世民，便暗中要求李渊诛杀李世民。李渊对李元吉说："秦王平定天下建立赫赫战功，况且其罪行并没有明显的证据，你如何定其死罪？"李元吉反驳道："秦王刚刚平定东都洛阳时，观望形势不肯返回，并且散发钱财丝帛，以便树立个人威信。现在又违背陛下的敕命，难道这不是谋反吗？"然而，李渊最终并没有答应李元吉的请求。

李世民与李建成、李元吉之间的嫌隙越来越深，经过和亲信们的商议，决定加强在地方军队中的活动。李世民认为洛阳地形有利，于是便打算经营洛阳。于是，李世民让行台工部尚书温大雅镇守洛阳，并且派秦王府车骑将军张亮率领亲信王保等一千多人前往洛阳，暗中结交崤山以东的豪杰，并且拿出了大量的金银丝帛，任凭他们使用。张亮是郑州荥阳人，出身贫寒，十分有智谋。当年他加入瓦岗深受李密的赏识，在李世勣帐下被任命为骠骑将军。张亮跟随李密归降李渊，并跟随李世民大军一起攻打王世充。后来在房玄龄的推荐下，投到李世民帐下，逐渐成为李世民的心腹。现在李世民有意加强对洛阳的经营，因此，便派身为郑州人的张亮前往招揽各方豪杰。

然而，李世民的一举一动都在李建成、李元吉的监视之中，张亮刚刚走出长安城就被李元吉俘获。于是，李元吉将张亮押送到大牢，但是张亮却一言不发，李元吉没有任何证据证明张亮不轨，只得释放张亮让其返回洛阳。

同时，李建成还采取釜底抽薪之法去拉拢李世民的文臣武将，千方百计引诱他们投靠自己。尉迟恭是秦王府中的重要战将，李建成暗中将一车金银器物赠送给尉迟恭，并且亲笔写了一封信拉拢他。然而，尉迟恭却严词拒绝李建成："我只是一介普普通通的小民，恰逢隋朝末年战乱不息、百姓流亡的时局，长期在刘武周、宋金刚军中卖命。秦王不计前嫌，对我恩同再造，现在秦王府注册为官。我没有为殿下立过功，不敢凭空接受殿下如此丰厚的赏赐。倘若我私下与殿下交往，便是对秦王有二心，就是见利忘义的小人，殿下怎么会看重这样的人呢？"

随后，尉迟恭将此事据实告诉李世民，李世民对尉迟恭没有丝毫怀疑，并且表示：将军对我的忠心如同山岳一般牢靠，即使太子赠送的金子堆积到了北斗星，将军的忠心也不会动摇。太子送您贵重的物品您就接受，这根本不值得猜疑，这样才能了解太子的阴谋。

李建成、李元吉等人见拉拢不到尉迟恭，便指使勇士在夜间刺杀尉迟恭，尉迟恭得知消息后大开门户，任刺客自由来往，可是刺客忌惮尉迟恭的勇猛，竟不敢进入。随后，李元吉向李渊诬陷尉迟恭，将其关进监狱里，李世民再三请求才保住了尉迟恭的性命。

接着，李建成、李元吉二人又用重金收买秦王府的段志玄，企图诱其归顺。段志玄也不为所动，拒绝接纳，并将此事告知秦王。李世民见李建成、李元吉等人步步紧逼，便打算采用相应的对策。然而，就在这时，李建成等人向李渊诬陷秦王府的又一心腹大将程咬金，使期被贬出京城，出任康州（今甘肃成县）刺史。同时，李建成和李元吉商议"秦王府有智谋才略的人物中，值得畏惧的只有房玄龄和杜如晦"，因此，在魏征的建议下，李建成等人将目标转向房玄龄、杜如晦二人。他们深知二人是秦王府中智囊团的核心人物，又是李世民的心腹，难以用金帛收买，所以，他们在李渊面前大肆攻击房玄龄、杜如晦二人，令其被逐出秦王府，不准私自会见秦王。

针对李建成千方百计拉拢、陷害秦王府幕僚的计谋，李世民以其人之道还施其人之身，也利用各种手段拉拢、收买、分化太子府的亲信。太子率更丞王晊、玄武门守卫将领常何相继投靠到秦王府帐下。虽然，两人地位不高，但是对李世民发动玄武门之变起到了至关重要的作用。

随后，魏征见计谋得逞，便劝李建成、李元吉趁李世民失去重要谋士、势力锐减之际，给予李世民以致命的打击。魏征同时献上三条计策：其一，将李世民派往凉州、蜀地等偏远地带，既可以消除威胁，又成全兄弟情分；其二，向李渊请旨撤销天策将军府，秦王府军队收归朝廷；其二，发动突然袭击，将李世民抓起来，等其军队解散后再释放。然而，李建成和李元吉经过再三考虑，却拒绝了魏征的三条建议，因此，也失去了夺取主动权的机会。

秦王府中重要的文臣武将都被逐出秦府，面对太子府的步步紧逼，长孙无忌、高士廉、侯君集和尉迟恭等人眼见事态严重，便日夜商议对策力劝李世民及早行动，然而，此时李世民却犹豫不决。李世民曾向灵州大都督李靖和行军总管李世勣询问对策，然而李靖和李世勣认为这是关系皇室中的大事，均未表态。

正当此时，东突厥数万大军进入黄河南岸，围攻乌城。李建成认为这是最好的机会，于是便决定先下手为强。之前，李世民率领大军轻易击退了东突厥大军的进攻，按照惯例，李渊应派李世民再次挂帅。然而，李建成为了压制李世民的势力，向李渊建议由李元吉代替李世民挂帅北上。李渊接纳了李建成的提议，命李元吉率领右武卫大将军李艺、天纪将军张瑾等人支援乌城。

李元吉在出发之前与李建成秘密商议，向李渊要求率勇敢善战、经验丰富的秦王府尉迟恭、程咬金、段志玄、秦琼等人共同出征东突厥，并且建议将秦王府的精锐将士补充到军队中。李渊认为李元吉此次出征势单力弱，便很快批准了李元吉的请求。然而，李建成等人的打算是想借此机会把秦王府的精兵全部转到自己手中，彻底解除秦王府的武装力量，为进一步谋害李世民做好准备。

随后，李建成对李元吉说："现在我们已经得到了骁将精兵，拥有数万精兵。我与秦王在昆明池与你饯行，到时让勇士在帐幕里将秦王杀死，上奏父皇时就说他暴病身亡。我自当让人进言，逼父皇将国家大事交付于我。秦王府尉迟恭等人已经到你帐下，到时悉数将他们坑杀谁敢不服！"

然而，李建成和李元吉的密谋却被王晊得知，王晊立刻将消息报告给李世民。李世民得到密告后，立即找长孙无忌、尉迟恭等人商量对策，众人皆劝李世民先下手为强。

李世民感叹道："骨肉相残，是古往今来的大罪恶。我当然知道祸事即将来临，但我打算在祸事发生以后，再举义讨伐他们！"尽管李世民和李建成之间为了权力之争而相互排挤，可是兄弟相残毕竟是大事，所以，李世民有些举棋不定。

但是，尉迟恭等人都不同意李世民被动举事的主张，尉迟恭立即说道："作为人之常情，谁甘愿去死？我等誓死侍奉秦王，这是上天所授。现在，祸事马上就要发生，大王却仍旧神态自若，毫不担忧。即使秦王看轻自己，又怎么对得起宗庙社稷呢！如果秦王不肯采用敬德的主张，我将准备逃身荒野草泽，不能留在秦王身边，拱手任人宰割！"长孙无忌也同意尉迟恭的建议，更是作势要随同敬德一起离开。

随后，尉迟恭又说道："秦王处理事情犹豫不定，这是不明智的；面临危难，不能决断，这是不果敢的。况且，秦王平时畜养的八百多名勇士，已经被调入秦王府严阵以待，秦王怎么制止得住呢！"其实，尉迟恭的话已经挑明，李世民已经做好了万全的准备。当时李世民之所以犹豫不决，并不完全是顾及兄弟之情，最重要的是担心秦王府在京师的兵力远不及太子和齐王，而且太子、齐王分居两宫，一旦交兵，秦王府两面受敌，必然陷入险境。

李世民听闻尉迟恭所说，便召集府中幕僚商议，随后李世民令众人就此事进行占卜吉凶。恰在这时，幕僚张公瑾从外面进来，见状大声斥责说："现在大事已定，不能再优柔寡断，怎能寄希望于占卜？假如卜而不吉，那将如何行事？"说完，夺过占卜用的龟壳狠狠地摔在地上。

李世民见文武臣僚态度坚决，终于下定决心。随后，李世民命长孙无忌暗中将房玄龄等谋士召集入府商议大事。房玄龄、杜如晦以前曾建议李世民诛杀李建成、李元吉，未被采纳，现正被贬在家，怕秦王中途变卦，便故意拒绝前往，房玄龄说道："陛下敕书的旨意是不允许我们再侍奉秦王。如果我们现在私下去谒见秦王，肯定要因此获罪而死，请恕我们不敢接受秦王的教令!"果然，李世民获知消息后勃然大怒，并且解下自己的佩刀交给尉迟敬德，说道："房玄龄、杜如晦岂能背叛我，将军前往勘察，如果他们果然无归来之心，可斩首来见我!"房玄龄二人见李世民已下定决心，于是化装成道士偷偷潜入秦王府。李世民遂同幕僚周密地策划大事。

唐武德九年（626）六月初三，太史令傅奕向李渊密奏，太白星再次出现在秦地上空，预示"秦王当有天下"。随后，李渊召见李世民询问。李世民则趁机密奏李建成、李元吉与张婕妤、尹德妃淫乱后宫，并且说："我丝毫没有任何对不起皇兄和皇弟的地方，然而他们却处处置我于死地，这简直就是为王世充和窦建德报仇。如今我即将含冤而死，如果见到王世充诸贼实在是感到羞耻万分。"李世民的话打动了李渊，便说道："明日我将审问此事，你及早觐见。"

张婕妤暗中将李世民密奏之事告诉李建成。李元吉建议托病不去上朝，以便观察形势。李建成却认为，皇宫中防备森严，自己应当入朝参见，探听消息。然而，李建成等人意想不到的是玄武门执行禁卫总领常何已经被李世民策反，李世民已经在宫中做好了安排。

是夜，李世民和幕僚经过周密的部署与精心策划，决定六月初四凌晨在玄武门起事，伏击并杀死李建成、李元吉。玄武门是唐都长安太极宫的北门，位于长安城中央的最北部，是唐代朝臣平时入宫朝参、奏议、谒见的必经之处。因此，玄武门不仅是宫中与外朝联系的咽喉要道，而且是宫廷卫军统领所在地，拥有坚强的工事和雄厚的兵力，控制了玄武门便掌握了整个皇宫，甚至可以控制整个京城。因此，李世民早早收买了守卫玄武门的一些重要将领，如常何、敬君弘、吕世衡等人。李世民选择在玄武门设伏可以说是以逸待劳，即使玄武门作战不利，还可以以此为据点，控制皇宫和皇帝。

玄武门之变

　　唐武德九年（626）六月四日凌晨，尉迟恭、长孙无忌、侯君集、张公瑾以及秦琼等人按照李世民的安排，来到玄武门外。而常何私下将李世民等人引入玄武门，事先埋伏在暗处。随后，裴寂、萧瑀、陈叔达、封德彝以及宇文士及等人被李渊召入宫中，等待李建成等人核查李世民密奏之事。

　　这时，李建成、李元吉二人如往常一般骑马入朝，丝毫没有感到危机将至。当二人行至临湖殿时，察觉四周有异动，顿时大惊失色，慌忙调转马头奔向玄武门，想返回太子府和齐王宫。但是为时已晚，玄武门已经被李世民等人关闭，李建成和李元吉的退路被切断。

　　正当惊慌失措之时，李世民率伏兵袭杀过来，李建成、李元吉二人仓皇应战，李元吉立即回身张弓箭射李世民，但因惊慌过度，连射三箭都未中。李世民躲过李元吉的冷箭，扣弦张弓，一箭射死李建成。

　　此时，尉迟恭率领数十名骑兵已经到达，左右射箭，李元吉坠马仓皇逃入树林中。李世民纵马紧追不舍，不料衣服被树枝挂住，坠马落地。李元吉趁机夺取弓箭要将李世民勒杀。关键时刻，尉迟恭跃马而至，李元吉急忙往武德殿逃去，却被尉迟恭一箭射死。自此，李建成、李元吉双双被射杀，李建成三十七岁，李元吉二十三岁。

　　玄武门兵变的消息很快传入东宫，东宫猛将冯立、薛万彻等人立即带领精兵两千赶到，猛攻玄武门以图营救李建成和李元吉。秦王府张公瑾紧闭城门勇敢抗敌，东宫将士根本无法破门而入。云麾将军敬君弘掌管着宿卫军，驻扎在玄武门，与中郎将吕世衡挺身而出，与太子宫卫兵激战，结果全部战死。

　　玄武门久攻不下，薛万彻等人鼓动将士转而进攻秦王府。此时，秦王府的精锐之师都集中在玄武门处，府内留守的将士势单力薄，根本无法抵御薛万彻的进攻。在情况万分紧急之时，尉迟恭手持李建成、李元吉二人的首级，登高大呼。东宫将士见李建成、李元吉已死，再无恋战之心，立即溃散。薛万彻率领数十名骑兵逃入长安城南的终南山中，冯立也仓皇逃走。

　　就在李建成、李世民兄弟三人喋血玄武门之时，李渊正在与众大臣在海池的龙船上等待着兄弟三人前来对质。随后，李世民立即派尉迟恭向李渊报告情况。尉迟恭身穿铠甲，手持槊矛闯进海池，对李渊说："太子、齐王起兵作乱，秦王起兵讨伐叛贼，唯恐惊动陛下，特命微臣前来宿卫。"

　　李渊闻知李建成、李元吉皆被诛杀，李世民又派尉迟恭来宿卫，深知李世民已有夺权之意。于是，李渊向裴寂等人问道："不料今日竟发生此事，现在将如何处理？"

　　裴寂作为李建成的支持者，深感处境不妙，便默不作声。而倾向于李世民的萧瑀、陈叔达等人表示："太子建成与齐王元吉并未为天下立下功劳，忌妒秦王的功劳和威望，并且一起策划阴谋谋害。现在，秦王已经起兵诛杀他们。秦王功盖宇宙，天下归心，陛下如果能改立秦王为太子，委以国家大事，将再无祸端。"

　　这时，李渊知大势已去，便立即表示"这正是心中的夙愿"。此时，宫门处的激战还未停止，尉迟恭请求李渊亲笔敕令，命令各军一律接受秦王的处置。随即，天策府司马宇文士及宣布了李渊的敕令，这场发生在皇宫的厮杀才平息下来。随后，李渊命令裴寂前往东宫，晓谕众将士。

李渊将李世民召来殿前，并且抚慰道："近日来，我竟产生了投杼（出自'曾子杀人的典故'，指谣言众多，动摇了对最亲近者的信心）的疑惑。"李世民闻言，伏在李渊身旁失声痛哭。然而，不久之后，李世民竟然下令将李建成的四个儿子和李元吉的五个儿子全部处死。由此可见，李世民在李渊面前痛哭也许并不是痛惜兄弟相残，而是为了免除后患、斩草除根。随后，李世民的部将想要将李建成、李元吉的百余名部下全部处死，最后，在尉迟恭极力阻止下才得以赦免。

六月四日当天，李渊下诏书大赦天下，谋逆之罪止于太子、齐王，并且将国家大事悉数交付李世民全权处理。六月七日，李渊立李世民为太子，据《资治通鉴》记载：诏书说："军国庶事，无大小悉委太子处决，然后闻奏。"事实上，从此之后，李世民已经拥有了掌管唐朝国家军政大事的全部权力，李渊虽为皇帝，但是已经不再处理政务。

李建成、李元吉虽然在玄武门之变中被诛杀，李世民也已经掌握了国家的大权，然而，他们毕竟在朝中经营多年，在朝廷内外和地方上均有相当强的势力。随即，李世民立即采取安抚政策抚慰二人旧党，并且及时剿灭地方反对势力的兵变，安定天下局势。

李渊发布大赦天下的赦令后，冯立、谢叔方等人便前来自首；逃入终南山的薛万彻在李世民多番诏谕下，也前来自首，李世民一律将他们赦免释放。

同时，李世民对东宫内的一些文臣武将予以信任和重用，任命薛万彻为左屯卫中郎将。当初，太子洗马魏征极力劝说太子李建成及早除去秦王。事后，李世民召见魏征，问道："你为何挑拨我兄弟之间的关系？"然而，魏征却义正词严地说道："如果太子李建成能早听取我的进言，恐怕不会有此祸端。"李世民素闻魏征的才能，对其勇气和忠心也十分欣赏，便对他以礼相待，引荐他担任詹事主薄。而魏征深知李世民才是成就大业者，便投入李世民帐下。后来，李世民将王珪和韦挺召回，三人共同担任谏议大夫。

另外，李世民对于那些地方上的武装反叛势力，立即予以镇压，幽州大都督庐江王李瑗是李建成在地方上培植的势力，李建成被杀后欲起兵谋反，后被王君廓杀死。不久，李艺也占据泾州反叛，被部将杀死。

李建成、李元吉的余党逃散在民间，尽管朝廷已经颁布了大赦令，但是仍然有些人惶恐不安，甚至有些人争相逮捕二人同党来邀功请赏。谏议大夫王珪将此情况转告与李世民，于是，李世民为了稳定局势，便于七月下达诏令："六月四日（玄武门之变）以前与东宫和齐王府有牵连的人、六月十七日以前与李瑗谋反有牵连的人，一概不允许相互告发，对违反规定的人以诬告罪论处。"

随后，李世民派遣谏议大夫魏征安抚崤山以东地区，并被授予"便宜行事"的权力。当魏征到达磁州（今河北磁县）时，遇到州县官吏押送前太子千牛李志安、齐王护军李思行前往京城。于是，魏征当即释放二人，李世民得知此事后甚为高兴。李世民对李建成、李元吉余党采取的宽大政策，致使二人的旧势力顷刻间瓦解，对稳定局势起到了至关重要的作用。

在处理裴寂的问题时，李世民采取了比较温和的手段，但是李世民因为刘文静被诬陷谋反致死的事情和裴寂结下了宿怨，所以也只是表面上尊敬他，实际上趁机削弱他的权力。唐武德九年（626）十月，赐封食邑一千五百户，位一等，但免去了他左仆射的要职，只保留司空的虚衔，实际上剥夺了裴寂参与朝政的实权。贞观三年，有个名叫法雅的和尚，以往经常出入宫中，后来被禁止自由出入，他因此吐露了许多不满之言。为此，朝廷将他拘捕法办，法雅竟供称裴寂知道他妖言惑众。尽管裴寂矢口否认，但法雅一口咬定，后来李世民罢掉裴寂的官职，削食邑之半，放归本邑。裴寂不服，执意留在长安，后来遭到李世民的痛责，只得回到老家蒲州（今山西境内）。后来汾阳地区有人制造舆论，说"裴公有天分"，李世民大怒，将其流放他到静州，后来虽命其返回长安，但不幸的是裴寂在回长安的途中去世。

李世民在清除政敌、稳定政局的同时，开始任免官吏、组建自己的政权班底。六月初六，李世民任命宇文士及为太子詹事，长孙无忌、杜如晦为左庶子，高士廉、房玄龄为右庶子。当内外政局稳定之后，李世民于六月底撤除"天策将军府"，随后，任命秦琼为左武卫大将军、程知节（即程咬金，后改名）为右武卫大将军、尉迟恭为右武侯大将军。

七月初，以高士廉为侍中，房玄龄、宇文士及为中书令，萧瑀为左仆射，封德彝为右仆射，升长孙无忌为吏部尚书、杜如晦为兵部尚书，裴矩仍为民部尚书，裴寂升为司空，杨恭仁罢相。与此同时，李世民又起用温彦博、王珪、魏征、韦挺等人，有的参议朝政，有的先任谏官，安置在自己左右，以后又分别升任尚书省、门下省的要职，乃至宰相。

实际上，六月所任命的官员都是以太子府的名义任命，而七月所任命的官员虽然都是以李渊的诏令形式发布的，但是，所有官员的名单都是由太子李世民亲自选定。事实表明，至此，李世民和支持李世民的官员控制了国家的要害部门和职位，完全掌握了全国军政大权。

八月初八，李渊颁布诏书，将皇位传给李世民，自为太上皇，仍居于大内皇宫正殿——太极殿。第二天，太子李世民在东宫显德殿即皇帝位，是为唐太宗，并大赦天下。

这就是历史上著名的"玄武门之变"，从此李世民开始了其辉煌的皇帝生涯，在位期间文治昭昭，武功赫赫，史称"贞观之治"。虽然，玄武门之变李世民弑兄杀弟，为后人所诟病，但是历史上大部分史学家对这次兵变持有赞同的态度。而实际上，李世民的确将大唐的统治推向一个高峰，开创了中国古代历史上一个繁荣昌盛的盛世。

第二篇／贞观盛世

第九章 ╱ 君贤臣明

房谋杜断

李世民作为历史上著名的一代雄才之主，不仅有治国兴邦的雄才伟略，更善于唯才是举、知人善任。在用人方面，李世民主张取长补短，各取所长，他曾经对身边的大臣说过："人才所擅长不能兼备，朕常常弃其所短，取其所长。"在这样的用人原则下，李世民深知众臣的才能与长处，在治理国家中尽量做到人尽其才，如房玄龄的能谋，杜如晦的善断，魏征、戴胄等人的敢于纳谏，等等。尤其是房玄龄与杜如晦二人，更是配合默契，同心辅佐李世民，为开创"贞观之治"的盛世打下了良好的基础。

二人皆是太原起兵不久即投入李世民帐下，为李世民出谋划策，功劳赫赫。李世民即位后不久，房玄龄被任命为尚书左仆射，杜如晦被任命为尚书右仆射，共掌朝政，一起为李世民选拔贤能的士人，甚至唐朝初期的典章制度皆两人所定。

李世民每次与房玄龄议事总是让杜如晦决定，而杜如晦最后的是采用房玄龄的计策。正是因为房玄龄善于谋，杜如晦长于断，时称"房谋杜断"。李世民将二人比作汉代名相萧何，后世在谈论唐朝历任良相时，首推房玄龄、杜如晦，"房谋杜断"也被传为美谈。

房玄龄，名乔，字玄龄，齐州临淄人。房玄龄出自书香门第，自幼深受家传熏陶，博览经史，工书善文，在当时很有名气。隋朝开皇十六年（596），房玄龄考取进士，被授予羽骑尉，此时隋朝一派繁荣昌盛的景象，社会积弊并未显现。然而，房玄龄却看出隋朝太平的表象下隐藏着巨大的政治危机。

隋大业十三年（617），李渊父子太原起兵，李世民渡过黄河之后，占领了渭北地区，此时，隋朝的统治已经土崩瓦解，新王朝势必取代旧王朝。李渊父子的起兵可谓是顺应时势，再加上李世民军队纪律严明、秋毫无犯，深受沿途百姓的拥戴。李世民广纳贤士，声名远播，时任隋朝隰城县尉的房玄龄慕名而来，毅然投奔李世民。当时，李世民驻军于渭北，与房玄龄所在的隰城相隔数百里，房玄龄冒着大雪拄着拐杖徒步前去拜访。当时著名的文学家温彦博已经投靠李世民，对房玄龄的才学也是早有耳闻，因此向李世民推荐此人。求才若渴的李世民认为房玄龄是不可多得的人才，随即任命他为渭北道行军记室参军。李世民和房玄龄一见如故，很快就成为至交好友，之后，房玄龄跟随李世民南征北战，参与谋划讨伐薛举父子、刘武周、王世充、刘黑闼等割据势力，成为李世民心腹谋士。

房玄龄拥有政治眼光，善于深谋远虑，从不为金银财宝所动，他将全部的精力都集中在为李世民召集人才上，杜如晦便是被房玄龄发现并推荐给李世民的。李世民曾经感叹：光武帝得到了邓禹，才得以天下大治，房玄龄就是当时的邓禹。

　　随后，在玄武门之变中，房玄龄起到了至关重要的作用。李世民在李建成府上中毒之后，房玄龄立即拜见长孙无忌，一起商量对策。房玄龄积极主张先发制人，掌握主动权，并认为"兄弟之间矛盾已经凸显，一旦内讧，不仅危及家族，国家也堪忧。秦王应当学习周公，平定家乱，在生死存亡的时刻，当机立断"。随后，房玄龄积极参与谋划，发动了玄武门之变。

　　李世民即位之后论功行赏，房玄龄、长孙无忌、杜如晦、尉迟敬德、侯君集功居一等，房玄龄居功至伟晋爵邢国公。当时，淮南王李神通十分不服气，说道："起兵之初，臣率领大军积极响应，军功赫赫。现在房玄龄、杜如晦等刀笔之吏反而功居一等，臣心不服。"

　　此时，李世民毫不客气地痛斥李神通屡战屡败，"叔父虽率兵前来，是因为怕被株连，况且从未亲自上阵打仗。与窦建德交手时，全军陷没；后刘黑闼起兵，又望风败逃。如今论功行赏，房玄龄等人运筹帷幄，安定社稷，功劳堪比汉朝萧何，虽无汗马之劳，但仍居功一等。叔父是皇亲国戚，朕并不吝惜封赏，但是却不能因徇私情，与功臣相提并论！"听完李世民一番话，李神通自知理亏，不敢再多言一句。

　　房玄龄担任宰相之后，兢兢业业，鞠躬尽瘁，并且按照李世民的旨意，对国家中央机构进行大刀阔斧的改革，裁掉冗员，任人唯贤。房玄龄在选用人才时，十分重视德才兼备的人才，但是并不求全责备，善于发掘每个人的优势和长处。当时，薛收的文才很高，房玄龄便将他推荐给李世民，令其撰写讨伐檄文、战争捷报等文书。李世民对房玄龄信任有加，不仅授予用人大权，在任用人才上也时常征求房玄龄的意见。他时刻建议李世民量才授职，任人唯贤，使李世民身边聚集了当时最杰出的人才。

虽然房玄龄功高至伟，深受李世民的信任和器重，但是，他从不恃宠而骄，而是谦卑低调，更不贪权图利。李世民下诏功臣可以世袭刺史，房玄龄当时被任命为宋州刺史，但房玄龄觉着自己身为宰相，应为众臣做出榜样，便上奏唐太宗说："臣已经担任宰相，现在又封为宋州刺史，这样恐怕会使大臣们争相追逐名利，使朝政大乱。臣认为不妥，请陛下先罢免臣的刺史职位。"李世民便依了房玄龄的奏折，只封他为梁国公。不久，房玄龄加太子少师（与太子府的太子少保、少傅合称太子三少，辅佐太子），当太子李承乾行叩拜之礼时，房玄龄坚决辞让。

李世民对房玄龄十分器重，将最宠爱的女儿高阳公主下嫁给房玄龄次子房遗爱，三子房遗则娶荆王李元景（李世民六弟）之女，而其女儿则为韩王李元嘉（李世民十一弟）王妃。房玄龄位居宰相，且身为皇亲国戚，真可谓是位高权重，为了避免滋生祸端，他多次向李世民上表辞去相位，李世民都未批准，后来更晋升其为司空，仍掌管朝政。房玄龄对此坚决推辞，而李世民却说道："辞让乃是美德，然而国家正值需要人才之际，如果没有良才辅佐，朕如同失去左右手。房公体力未衰，请勿推辞。"唐贞观十七年（643），太子李承乾谋反被废，晋王李治被立为太子，而房玄龄则担任太子太傅。

房玄龄严于律己，做事公正严明，身为宰相从不会曲意逢迎，却时常当面直陈李世民的过失。唐贞观十六年（642），高句丽发生内乱，李世民打算出兵干预，房玄龄坚决反对唐朝倚强凌弱，大动干戈，并对李世民说："以汉武帝多次讨伐匈奴，隋炀帝三征高句丽，劳民伤财，导致国败民穷，都是因战争而引起的，请陛下详查。"由于房玄龄的极力劝阻，李世民才放弃了出征高句丽的计划。但是，唐贞观十八年（644），李世民面对高句丽的不断挑衅，毅然带兵御驾亲征，讨伐高句丽。果然，不出房玄龄所料，李世民以失败告终。随后，李世民并没有吸取教训，决定再次东征，此时魏征已死，敢于直言的大臣越来越少，李世民也不如贞观初年时善于纳谏。这时，房玄龄已经身患重病，病卧床榻之时依然心系天下，带病上书极力劝阻李世民再征高句丽。李世民深受感动，对高阳公主道："房玄龄在病危之际，尚能忧心国家大事，实在难得。"于是，便停止亲征高句丽之事。

唐贞观二十二年（648），房玄龄病重，李世民亲自前往探望，君臣病床前握手诀别泪流不止，可见君臣感情至深。房玄龄去世后，太宗为之废朝三日，赠太尉，谥曰文昭，陪葬昭陵（李世民去世后的陵墓）。

而杜如晦是京兆杜陵（今西安）人，也是出身于官宦之家，其父杜咤为隋朝昌州长史。隋朝大业年间，吏部侍郎高孝基认为杜如晦有应变之才，可为栋梁之用，并暂将他补为县尉。然而，杜如晦见朝廷政治腐败，风雨飘摇，便辞去官职。

李渊攻占长安之后，杜如晦纵观天下形势，投奔于李渊。随后，李渊派杜如晦出任陕州总管府长史，房玄龄得知消息后，便对李世民说："秦王府的幕僚离开者众多，却都不足惜。杜如晦聪明有见识，是辅佐帝王之才，秦王只想做一个守住领地的藩王，那么用不着他，可是如果您要经营四方、独揽天下，那么非此人不可。"于是，李世民便向李渊请求将杜如晦招纳到秦王府中。李世民从此便对杜如晦以礼相待，将其视为心腹，经常让他参与处理秦王府的重要事务。后来，杜如晦被封为天策府从事中郎，兼任文学馆学士，为"十八学士"之首。

在李世民平定天下的征战中，杜如晦每每随行，对战事运筹帷幄，剖断从容，决胜于疆场。李世民能够果断大胆地进行决策，都得益于杜如晦的军事谋略。他遇事善断，处理公务迅速无误，是李世民帐下最为干练、果断的人才。唐贞观三年（629），杜如晦担任右仆射，李世民曾评价："杜如晦见识过人，神采奕奕，德高望重，声名远播。"

杜如晦担任宰相时，非常敬重敢于进谏之臣，曾表示天下有直言敢谏的人臣，即使国君无道也不至于失天下。作为宰相，杜如晦严格自律，对人却宽容大度，并且能做到人尽其才。在为宰相不到两年的时间内，杜如晦引荐贤才，罢黜贪官污吏，为李世民推荐了众多贤能之士。在当时，选官纳士只注重言辞文笔，却不注重品质德行。杜如晦上任后，把品德行为作为选取官员的必须条件，因此也提高了贞观年间官员的德行。

在杜如晦临终时，极力推荐刚正不阿的戴胄为吏部尚书。戴胄是相州安阳人，性情耿直，有见识，并且精通律令法规和典章制度。隋朝大业末年，任门下录事，后又任越王杨侗给事郎。杨广被杀后，王世充欲废杨侗自立，戴胄曾力谏劝阻，王世充充耳不闻，并将他贬去任郑州长史，镇守虎牢。唐武德四年（621），秦王李世民率军攻克虎牢，戴胄被俘，之后担任秦府士曹参军。李世民即位后，任命戴胄为兵部郎中。

唐贞观元年（627），公直执法的戴胄被李世民任命为大理寺少卿。一次，李世民召见吏部尚书长孙无忌觐见，长孙无忌未解佩刀而径直入宫，违反了"卫禁律（保护皇帝人身安全、国家主权与边境安全的法律）"，而监门校尉当时并没有察觉。尚书右仆射封德彝认为监门校尉失职，罪当处死；长孙无忌误带佩刀入宫，判徒刑一年，以罚铜二十斤赎罪。李世民认同封德彝的建议，然而，戴胄却坚决反对，并反驳道："校尉未察觉长孙无忌带刀入内，应同属一时疏忽所致。陛下若念无忌有功，从轻处置，那么，并不是本官所管范畴，如果依法处理，仅仅罚铜二十斤，恐怕未必合理。"

李世民认为戴胄所说有理，便说道："法律并非朕一人的法律，理应天下共同遵守，岂能因无忌是皇亲国戚便徇私枉法。"于是，李世民便下令重新议罪。封德彝坚持原来的意见，李世民也想顺水推舟，此时，戴胄又说："校尉因长孙无忌而获罪，根据法律，处置应当从轻。即使他们的罪行一样，也不应产生一生一死如此大的区别。臣决然请求予以改判。"李世民见戴胄如此坚决，便免除了校尉的死罪。杜如晦认为戴胄刚正不阿，便极力向李世民推荐，随后，李世民听从杜如晦的建议，命其任检校吏部尚书。

当时，监察御史陈师合曾经上书进言，表示一人不能身兼数职，矛盾直指房玄龄、杜如晦。然而，李世民却对二人极力信任，说："房玄龄、杜如晦的才能足可以治理天下，陈师合难道要离间我们君臣关系！"于是，李世民将陈师合贬于岭南。

然而，如此功勋卓著的一代贤相，却并未在职许久。唐贞观三年（629）十二月，杜如晦因病辞去宰相职务，不久病情加重。病危期间，李世民多次命太子前去探寻，并且亲自到杜如晦家中探望。杜如晦病逝后，李世民恸哭不已，废朝三日。

杜如晦的英年早逝无疑是唐朝的巨大损失，不久，李世民因品尝甜美瓜果，突然想起杜如晦，顿时怆然涕下，随即名人将瓜送到杜如晦的灵座前以示哀悼。随后，李世民赐予房玄龄黄银带，并且对他说："昔日如晦与公共同辅佐朕，现在唯独见公一人而已。"说完潸然泪下，并命房玄龄送黄金带到杜如晦灵所。

　　正所谓"文含经纬，谋深夹辅。笙磬同音，唯房与杜"。房玄龄、杜如晦作为唐朝贞观年间的贤相，一个善于出计谋，一个善于决断，两人同心协力，为"贞观之治"的开创做出了突出贡献。而李世民则更是善于发挥人才的优势，将善于治理天下之良才皆为己所用。

　　然而，房玄龄与杜如晦身为唐代名相，史书记载的功绩却并不多，对此《资治通鉴》曾分析：太宗平定天下，而房玄龄、杜如晦二人从不表明为此立下的功劳。魏征、王珪等人敢于直言，房、杜二人却善于让贤。李世勣、李靖二人善于用兵，而房、杜二人却善于把功劳归于帝王。

以人为镜

　　李世民在年轻时期便以善于结交人才而著名，即位之后更是任用贤臣、广开言路，他为了让众臣辅佐自己治理天下，便要求臣下正词直谏，更鼓励众臣要敢于冒犯龙颜。因此，在贞观年间，众臣纷纷犯颜直谏，其中，对李世民制定政策、治理国家影响深远的，莫过于魏征。魏征以性格刚直、才识超卓、敢于犯颜直谏著称；且他早年经历了战乱，仕途坎坷，颇有治世之才，因此，深受李世民的器重。

　　魏征在玄武门之变后，先后被任命为谏议大夫、尚书左丞、左光禄大夫等职位，后封为郑国公。魏征先后向李世民进谏、陈言数百条，匡正李世民在执政中的失误。每进切谏，虽几次极端激怒太宗，而他神色自若，毫无动摇，使太宗也为之折服。

　　唐贞观二年（629）时，李世民曾向魏征问道："何为明君暗君？"魏征直言道："自古以来，兼听则明，偏信则暗。君主之所以能圣明，是因为能够兼听各方面意见；其所以会昏暗，是因为偏听偏信。"随后，魏征列举了过去唐尧、虞舜治理天下，广开四方门路，招纳贤才；广开视听，听取各方面的意见。秦二世、梁武帝与隋炀帝偏听偏信，致使天下尽失而不自知。随后，魏征说道："帝王兼听并接纳臣下的劝谏，才能使显贵大臣不能蒙上蔽下，下情才能上达帝听。"李世民十分赞同魏征的观点，并且多次将魏征引入内室，询问得失。

不久后，魏征升任秘书监，参与朝政。李世民巡幸九成宫（今陕西麟游县）返回长安途中，跟随他的所有宫人都被安排在漳川县（即扶风）官舍。不久，右仆射李靖和侍中王珪相继赶到，漳川县官员便将宫人移居到另外住所，令李靖等人居住官舍。李世民听闻此事后大怒，说道："李靖等人岂能作威作福，为何官吏厚待李靖等人而轻视我宫人。"随即，李世民下令审查漳川官员和李靖等人。

魏征获知消息后，进谏说："李靖等人是陛下的心腹大将，宫人不过是皇后的侍婢。论其托付的事情，有很大区别。况且李靖等人外出，地方官员按照朝廷法律接待，并无任何不妥。而按照法律，宫人则不能居住官舍。如果陛下因为地方官员正确执行朝廷法律而将其治罪，恐怕不符合您一贯的主张，天下之人也会惊慌失措，不知如何做事。"尽管李世民余怒未消，但是认为魏征所言有理，便不再追究此事。

李世民善于纳谏，更鼓励大臣直谏，然而大臣权万纪、李仁发等人却善于钻空子，他们摸准了李世民不喜欢奉承的脾气，常常装出大义凛然的样子，以劝谏为名义向其进谗言，骗取了李世民的信任。他们不断攻击、诬陷房玄龄、张亮等功臣，李世民竟然信以为真，想要惩罚众人，使得朝廷上下惶恐不安。朝廷上下群臣明知李世民被权万纪、李仁发蒙骗，却不敢与李世民争论。

这时，魏征挺身而出向李世民上书，表示："权万纪、李仁发二人本是小人，不识大体，劝谏是假，诬陷为真，凡是被他们指责的人都无任何罪过。陛下掩其所短，听信谗言，使得他们阴谋得逞，他们欺上罔下，多行不义，反而赢得刚正的美名。二人诬陷房玄龄，斥退张亮，不仅没有起到整肃激励的作用，反而白白玷污了陛下的英明。现在朝廷上下议论纷纷，陛下千万不要相信小人使得群臣离心离德。房玄龄、张亮等人位高权重者都不敢申辩，那些地位低的人怎能避免他们的诬陷呢？"

魏征言辞恳切，不仅揭发了权万纪、李仁发二人的卑鄙计量，更指出了李世民的错误。李世民这时才恍然大悟，欣然接受了魏征的意见。为了表彰魏征的直言，赏赐绢五百匹，随后，严厉处罚了权万纪、李仁发二人，权万纪被贬到连州任司马，而李仁发则被罢官。

古代历代帝王将封禅泰山视为国家鼎盛、天下太平的象征。封为祭天，禅为祭地。封禅就是祭天地。古时，人们认为"天以高为尊，地以厚为德"，于是，凡所谓"受命于天"的帝王，为答谢天帝的"受命"，便到泰山之巅，积土为坛，增泰山之高以祭天，表示功劳归天；然后，再到泰山之前的梁父、社首、云云等小山丘设坛祭地，表示厚上加厚，福广恩厚以报地。因此，皇帝本人也俨然成为了"奉天承运"的"真龙天子"。历史上有多位帝王如秦始皇嬴政、汉武帝刘彻、光武帝刘秀等都曾经在泰山顶峰封禅。

李世民即位后，文武百官曾经劝谏李世民去泰山封禅，然而遭到李世民的拒绝。唐贞观六年（632），大臣们又提出封禅的要求，李世民也不以为然，然而群臣还是请求不止，李世民便开始心动。而此时，只有魏征认为此举不可。

李世民向魏征问道："公不想朕封禅，是因为朕功劳不高？"魏征答道："高！"李世民又问："德未厚？"魏征说："厚！"之后，李世民又问道："难道是国家未安定、四海未服、年谷未丰、符瑞未至？"魏征皆给予肯定的答复。

最后，李世民问道："既然如此，为何不可封禅？"

这时，魏征答道："陛下虽然具备上述恩德功绩，然而，隋末多年战乱，国家人口还未恢复，仓廪尚且空虚。陛下东游必定兴师动众，千乘万骑，耗资巨大。况且陛下封禅，则天下万国均聚集于此，各周边部落军队将全部扈从。现在戎狄尚且窥伺我边境，这样岂不是引敌进入我朝腹中？陛下岂能因虚名而置百姓国家于危难之中？"李世民听闻魏征的劝谏，随即中止封禅事宜。

唐朝原定只有年满十八岁的男子才能参加兵役，李世民为了巩固边境，向全国范围征召兵士。然而，兵员依旧不足，于是，有大臣建议：不满十八岁的男子，只要身体强壮即可征召入伍。李世民为了缓解兵员不足的困境，只得同意，然而征兵诏书却被魏征扣住不发，李世民催了几次都没有结果。因此，李世民大发雷霆，将魏征召到殿前呵斥："朕已经发布诏书，你为什么扣而不发。那些年轻的男子虽不足十八岁，然身强体壮，有的甚至为了逃避兵役故意隐瞒年龄。"

此时，魏征义正词严地说："涸泽而渔，焚林而猎，是杀鸡取卵的做法。兵不在多而在精，如果将那些不满十八岁的男子都征召入伍，那以后的兵源如何解决？况且国家的赋税杂役，又怎么样承担？"

李世民虽然同意魏征的说法，但是仍然不服气。于是魏征接着说："陛下诏书上明确规定十八岁以上男子才入伍，现在岂不是出尔反尔，失信于民？"李世民质问魏征自己如何失信于民，魏征答道："陛下刚即位时，曾下诏命令拖欠官家财物者，一律免除，然而官吏们照旧催收；陛下曾诏令免收关中百姓租赋两年，免除关外百姓劳役一年，如今却又征召百姓服兵役，这难道不是失信于民吗？陛下一向以诚待人，为何在征兵上作假?"

魏征一席话言辞尖刻,难听刺耳,李世民哑口无言,然而他却感叹魏征以精诚之心辅佐自己以信义治国。随后,李世民不禁感叹道:"朕过去认为你固执、不通情达理,现在听你议论国家大事,才知道过去有很多过错!"随后,李世民下令停止执行征十八岁以下男子入伍,并且奖赏魏征金瓮一口,以资奖励。

贞观中期,唐朝经济已经更加繁荣、政局稳定,朝廷中的大臣都极力歌颂太平盛世,李世民却因此有些懈怠,滋生享乐之心。只有魏征不忘时刻劝谏李世民勿忘建功立业的艰苦。魏征曾向李世民上了一道奏折,指出李世民十方面的缺点,希望李世民警惕。李世民则将魏征的这道奏折写在屏风上,引以为戒。由于魏征为人正直,对李世民的批评从不客气,因此,李世民对他一既尊敬又畏惧。

在魏征面前,李世民十分注意约束自己的言行,每当魏征直言苦谏时,李世民已经十分愤怒,而魏征却依然神色不改,义正词严,李世民也不得不收敛怒容。有一天,李世民正在逗弄一只小鹞子,见魏征走过来,怕他又责怪自己,立即将小鹞子藏到袖口中。魏征假装没看见李世民的动作,随即向李世民奏事,并且故意拖延时间,等魏征离开时,那只鹞子已经闷死。

魏征对李世民的劝谏大多都被采纳,然而因为他在劝谏的时候言辞激切,无所顾忌,也时常惹恼李世民,甚至当场让李世民下不来台。虽然李世民善于纳谏,但毕竟身为皇帝要顾全颜面。有一次,魏征再一次在朝堂上使李世民难堪,直到罢朝后,太宗仍余怒未息,对长孙皇后说道:"我一定要杀了这个顽固的田舍翁(乡巴佬的意思)。"

长孙皇后询问李世民要杀谁，李世民答道："魏征常常当众顶撞，给朕难堪，实在可恶！"长孙皇后沉默无言并且悄悄退了出去。不久，长孙皇后身穿庄重的皇后礼服，向李世民行大礼。李世民感到莫名其妙，随后，长孙皇后说道："我听说，君主圣明，臣子才敢直言进谏，今天魏征敢直言，就是因为陛下圣明，为此向陛下道贺！"待李世民气消之后，又为有这样的忠谏之臣感到欣慰，因此也越来越器重魏征。

后来，当魏征因眼疾屡次向李世民请求担任散官（有官名而无职事的官职）时，李世民多次劝阻。最后，李世民不得已任命魏征为特进（授予列侯中有特殊地位的人，位在三公下，隋唐以后为散官），仍任职于门下省。之后，李世民仍时常与魏征商议政事、参议得失。而魏征依然经常向李世民进谏。

魏征认为隋朝灭亡，唐朝取而代之，历朝历代的更迭都须吸取前朝的教训，因此，他经常劝谏李世民轻徭薄赋与休养生息。唐贞观四年（630），李世民准备在洛阳修建皇宫，县丞皇甫德上书极力劝阻，李世民十分气愤，并想治其罪。魏征进言道："皇甫德的劝谏是正确的，陛下修建皇宫只图个人享受，却滥用人力财力，于国于民皆无益。"李世民思虑再三，终于接受了魏征的意见，不但没有治罪于皇甫德，反而加官晋爵。唐贞观十一年（637）时，李世民再次想要在洛阳修建飞山宫。当时正值陕西、河南一带遭遇洪灾，百姓急需国家赈灾，于是，魏征再次上书表示："隋炀帝杨广自恃国富民强，穷奢极欲，导致民不聊生，社稷荒废。陛下拨乱反正，应借鉴隋朝灭亡的教训，不可大兴土木、劳民伤财。如果陛下此时广建豪华宫殿，岂不是犹如杨广一样，大唐恐怕离灾祸不远了。"魏征以隋为鉴，据理力谏，终于说服了李世民停止修建飞山宫。之后，李世民还将修建宫殿所用的物资发至灾区。

李世民曾经问群臣："魏征与诸葛亮相比，哪个更为贤良？"岑文本说："诸葛亮才兼将相，魏征不如他。"而李世民却说："魏征以仁义之道辅佐我治国，希望我成为尧、舜那样的明君，就此而言，诸葛亮也不能同他相提并论。"由此可见，李世民将魏征视为治国经邦的良臣，给予了很高的评价。李世民曾对侍臣们说过："贞观以前，朕平定天下，周旋于艰险之中，皆是房玄龄之功。贞观以后，尽心于我，安国利民，犯颜直谏，匡正朕的过错，只有魏征而已。自古以来，名臣良将都不及二人。"于是，李世民随即将身上的佩刀赐予二人。

唐贞观十七年（643），魏征病逝。唐太宗极为伤感地对众臣说："以铜为鉴，可以正衣冠；以古为鉴，可以知兴替；以人为鉴，可以明得失。今魏征逝，一鉴亡矣。"

贤相辈出的时代

正所谓"君臣事同鱼水，则海内可安"，李世民正是因为有秦王府智囊团的出谋划策以及武将的骁勇善战，才得以赢取天下。因此他在即位之后，更注重网罗天下人才，以安定天下，治理国家。在李世民的用人政策下，贞观年间人才济济，涌现出众多名垂千古的贤士，如房玄龄、魏征、李靖、长孙无忌等人。不仅如此，这一时期更是贤相辈出的时代，宰相作为辅佐帝王掌管国事的最高官员，其地位异常重要，甚至关系着国家政治的决策。李世民正是因为有众多贤相的辅佐，才开创了古代最繁荣的盛世——贞观之治。

在唐武德年间，李渊任用裴寂、萧瑀、宇文士及、刘文静、封德彝等人为宰相，这些人除刘文静外皆出身于勋贵之家，因此在政治上不免具有保守倾向。而李世民身边汇集了大批庶族地主出身的杰出人才，贵族出身的宰相班底不利于李世民将新网罗的人才充实到政权之中。因此，李世民被立为太子后，便对宰相班底进行大刀阔斧的改革。唐武德九年（626）六月初六，随即任命宇文士及为太子詹事，长孙无忌、杜如晦为左庶子，高士廉、房玄龄为右庶子。七月初，任命高士廉为侍中，房玄龄、宇文士及为中书令，萧瑀为左仆射，封德彝为右仆射，升任长孙无忌为吏部尚书、杜如晦为兵部尚书，裴矩仍为民部尚书，裴寂升为司空，而宰相杨恭仁则被罢相。

李世民对萧瑀、陈叔达、宇文士及等德高望重的名臣以礼相待，然而这些旧臣思想守旧，与李世民新任命的官员明显不和。唐武德九年（626）七月，萧瑀升为尚书左仆射，时常与房玄龄、杜如晦发生纷争，李世民随即罢掉萧瑀的宰相之职。不久后，又恢复了萧瑀的宰相职位。后来，萧瑀与陈叔达在殿廷上争吵，声色俱厉，李世民以此为借口，将二人的宰相职务一并免除。三年后，萧瑀被任命为御史大夫，与宰相一起参议朝政，然而其意见并不受李世民重视，当房玄龄、魏征、温彦博施政失误时，萧瑀加以弹劾，李世民不仅不予理睬，反而令其任职太子少傅的闲职，不再参与朝政。萧瑀遭到李世民的冷落并不甘心，于是假意请求李世民准许他出家为僧。不料，李世民竟然答应其请求，无所适从的萧瑀考虑再三，只得出尔反尔。李世民被彻底激怒，将萧瑀逐出朝廷，贬为商州刺史。而封德彝于唐贞观元年（627）六月病死，宇文士及被罢为殿中监，裴寂也被流放异地，最后客死他乡。

唐贞观三年（629）左右，李世民正式任命房玄龄为左仆射，杜如晦为右仆射，魏征为秘书监，参与政事。次年，又命温彦博为中书令，王珪为侍中，戴胄为户部尚书。杜如晦病逝后，李靖被擢升为尚书右仆射，同时以侯君集为兵部尚书。自此，李世民组建了新兴的宰相班底，其汇集了当时最杰出的人才，众人精明强干，勤于国事，为进一步开创初唐新局面打下了良好的基础。

在众多名垂千古的贤相中，不得不提到长孙无忌。长孙无忌，字辅机，河南洛阳人，为李世民长孙皇后的兄长。李世民即位后，长孙无忌被封为宰相，为官持正谨慎，敢于直谏，不因为是皇亲国戚而骄纵，对"贞观之治"可以说是功不可没。

长孙无忌与李世民自幼相识，并且成为至交好友，其妹妹嫁与李世民后，两人的关系更加亲密。李世民选用人才从来都是举贤不避亲、任人不避仇，对于才华横溢的长孙无忌，李世民更是加以重用。唐贞观元年（627），长孙无忌被任命为吏部尚书，并封齐国公。之前李世民多次想任命长孙无忌为宰相，都被其拒绝，长孙皇后也多次对李世民说："我蒙皇恩，封为皇后，全家尊贵无比，但并不愿兄弟掌管国家政治。"同时，长孙皇后还提醒李世民吸取汉朝吕氏、窦氏等外戚专权的教训。然而，李世民对长孙无忌甚是信任，坚持拜其为尚书右仆射。这也体现了李世民用人不疑的原则，以及对臣子的信任。

在历史上，众多外戚依恃女儿或姐妹"椒房之宠"，肆无忌惮地攫取权力，霍乱朝政。而长孙无忌身为皇后亲兄，虽立有殊功，却为人谨慎小心，力避亲嫌。唐贞观二年（628），有人向李世民告密状"长孙无忌权力太重、恩宠太多"，而李世民却对他说："你我并无任何猜疑，如果得知任何消息而不彼此相告，那君臣之间便无法沟通。"随后，长孙无忌以盈满为戒，恳求李世民同意他辞去宰相之职，加上长孙皇后的再三劝谏，李世民只得同意。

唐贞观七年（633）十一月，李世民任命长孙无忌为司空，他却坚决推辞不受，并对李世民说："我有幸成为皇亲国戚，如果担当此任，恐怕天下人说陛下徇私情。"而李世民却说道："朕任用官吏皆因为唯才是举，如果那人无才，即使为皇亲国戚也不能重用。今日任命你为司空，并未有任何私心。"随后，尽管长孙无忌一再推辞，李世民都绝不允许，并且作《威凤赋》赠予长孙无忌。

正如《威凤赋》中所言："非知难而行易，思令后以终前。俾贤德之流庆，毕万叶而芳传。"

表达了李世民对创业艰难的追思以及对长孙无忌辅佐之功的感激。

面对李世民的器重和信任，长孙无忌并未恃宠而骄，反而在重大事务上辅佐李世民，极力劝阻李世民避免决策上的失误。唐贞观元年（627）时，东突厥内部发生了极大的矛盾，多个部落反叛，势力大衰。这时，朝廷中有众多大臣请求李世民趁机出兵攻打东突厥，但是唐朝此时与东突厥刚刚订立盟约，李世民有些犹豫不决。长孙无忌认为：东突厥不犯我边境而我朝率军攻打，不仅背信弃义更是劳民伤财，非王者之师。同时长孙无忌还分析了唐朝与东突厥之间的形势，使李世民放弃了出兵东突厥的打算。

在贞观后期，李世民十分仰慕周代的分封制，不顾魏征、李百药（定州安平人，隋文帝时任太子舍人、东宫学士。隋炀帝时任桂州司马职、建安郡丞。后归唐，拜中书舍人、礼部侍郎、散骑常侍）、颜师古（临沂人，唐初儒家学者，研究《汉书》的专家，唐朝初期，任中书舍人，掌机密，专典皇帝诏敕。当时，军国政务等重大诏令皆出于颜师古之手，其文才在当时无人敢比）等人的反对，诏令以荆州都督荆王李元景为首的二十一名亲王为世袭刺史，以赵州刺史长孙无忌为首的十四名功臣为世袭刺史。侍御史马周和太子左庶子于志宁仍冒死谏诤，李世民却置之不理。

此时，长孙无忌率领被封功臣向李世民呈递了抗封的表文，同时，长孙无忌再三请求说："臣等披荆斩棘以事陛下，现在天下太平，怎将众臣弃之外州，这与流放有何区别。"最后，在众臣的极力反对下，李世民不得不放弃封世袭刺史一事。

长孙无忌在贞观年间权重无比、恩宠无匹，在李世民心中，最信任的臣子非长孙无忌莫属，甚至连敢于纳谏的魏征和房玄龄都稍有逊色。唐贞观十七年（643），李世民将二十四位有特殊功勋的大臣图形于凌烟阁，以彰其功，长孙无忌排在第一位。

不仅如此，李世民病危之时，还将辅助太子的重任交付给长孙无忌和褚遂良二人，长孙无忌因此成为两代皇帝的宰相。然而，长孙无忌却在李治在位时期卷入了废立皇后之争。唐永徽五年（654），李治想立武昭仪（即后来的武则天）为皇后，长孙无忌屡次进谏都遭到拒绝。后来，长孙无忌被人污蔑谋反，从而被罢免官职，流放到黔州（今四川彭水）时被人陷害致死。就这样，长孙无忌作为辅佐两代皇帝的功勋良相，却落得家败身亡的下场。

在唐贞观年间，另一位宰相也深受李世民器重，他就是王珪。王珪同魏征一样，原本都是李建成太子府中之人，然而李世民却欣赏其才能，将其纳入帐下。

王珪是太原祁县人，他自幼失去父亲，家中生活极为贫困，因此也养成了其沉稳淡定的性格。王珪虽然安于贫贱，为人随遇而安，然而却志向远大。然而，隋朝末年王珪却受到杨凉造反牵连，险些招致杀身之祸，后来侥幸逃脱。唐朝建立初期，王珪受丞相府司录李纲的推荐，任太子府咨议参军。之后，王珪深受李建成礼遇，任中书舍人、太子中允。后李建成和李世民发生矛盾，王珪以不能尽心辅佐太子之罪被流放。

李世民之所以开创出中国古代最繁荣的盛世，正是因为其在施政过程中善于用人、任人唯贤。李世民深知任人不避仇，因此，即位之后，李世民将李建成太子府中的魏征、王珪等人给予重用。而魏征、王珪等人亦是竭尽全力、尽职尽责辅佐，成就了君臣合力创造盛世的佳话。

玄武门之变后，王珪被李世民召回，并且担任谏议大夫一职，全心全意向李世民进谏善言，经常提出好建议，因此深受李世民信任，后任黄门侍郎、侍中。

李世民曾经命王珪评论众臣，王珪从容应对说："孜孜奉国，多谋善略，我不如房玄龄；能文兼武，出将入相，我不如李靖；敷奏说明，条理清晰，我不如温彦博；办事干练，案无滞留，我不如戴胄；忠诚无私，犯颜直谏，我不如魏征。然而，激浊扬清，嫉恶好善，我却比他们有一日之长。"王珪的这一番话不仅将唐朝众宰相的优势极其精准地一一列陈，更显示其谦卑公正之处。李世民对此番话更是连连称道，并且感慨地说："卿如果能常居谏官之位，朕则必将永无过失。"

李世民时常鼓励群臣要敢于进谏，而王珪也是身体力行，屡次直言犯上。有一次，王珪觐见李世民，发现李世民身边有一位美人。此美人是庐江王李瑗的爱妾，因李瑗反叛而被没入宫中。李世民对王珪说："庐江王无道，杀害其夫而强夺其妻，蛮横暴虐，哪有不亡之理！"

王珪立即离开座位，恭敬地对李世民说："陛下认为庐江王的行为对不对？"

李世民十分惊讶地说："岂能杀其人还抢夺人妻？你怎还问我对错？"

随后，王珪严肃地对李世民说："我听说《管子》中有这样一个故事：齐桓公到虢国时，问当地的百姓虢国为什么灭亡，百姓说道：'那是因为虢国国君喜欢亲近善人、厌恶恶人。'齐桓公十分不解，再问道：'如你所说，虢国的国君乃是贤明君主，怎么导致国家灭亡？'百姓答道：'虢国国君喜欢善人却不能任用他们，厌恶恶人却不能罢黜他们，所以才导致国家不得不亡。'现在陛下明知庐江王无道致使灭亡，还将此美人留在身边，我不知陛下如何看待此事？"李世民听完王珪的一番言论之后，认为其见解十分正确，便立即将美人逐出宫。

后来，李世民命太常少卿祖孝孙为宫中的女乐师指导乐律，然而，经过一段时间后宫中乐师们却仍无长进，因此李世民多次责骂祖孝孙。王珪与温彦博一起向李世民进谏："祖孝孙精通乐律，并非不用心，只是恐怕陛下所问非人。祖孝孙是品行高尚的雅士，陛下却让其教授女乐师，并不断责骂，岂不是轻视士人？"

此时，李世民大怒，斥责王珪二人："你们是我的心腹，理应尽忠直谏，为何欺罔主上，偏袒别人？"温彦博恐怕李世民治罪，便不敢多言，然而，王珪并不为所动地说："我本是前太子李建成部下，犯罪当死，陛下免除死罪，还让我担当枢密之职，必将效忠于陛下。如今我所进直言，岂是为了私怨？现在陛下怀疑我有私心，这是陛下有亏于我，我并无任何亏欠陛下。"

　　李世民听完王珪所言深感惭愧，便不再多言。次日，李世民对房玄龄说："自古帝王，能纳谏的确很难。从前周武王不任用伯夷、叔齐，朕每天都向往前代圣贤，昨天却无故责备王珪等人，现在已是十分后悔。众臣不要因为此小误会而不敢进谏。"

　　王珪敢于直谏，惩善扬恶，因此，成为与房玄龄、魏征等人齐名的唐朝宰相。除此之外，戴胄、温彦博、褚遂良、岑文本等人也先后担任贞观时期宰相之职，他们有的善于进谏、有的善于法令，却人人皆是辅佐李世民的良才。贞观时期，良相云集、共同辅佐李世民治理国家的局面被誉为美谈。

出将入相

在辅佐李世民的众多文臣武将之中，李靖可谓是文武兼备。他战功赫赫，先后平定萧铣安抚岭南、统一江淮地区，并且率军击败东突厥、吐谷浑，不仅如此，李靖还著有数种兵书，其《李靖六军镜》等兵书虽已大多失传，但后人征集编辑其《唐太宗李卫公问对》、《卫公兵法》等流传甚广，其中《唐太宗李卫公问对》被誉为古代兵法宝典之一。同时，李靖对武术具有颇深研究，在当时以"李家枪"闻名于世。

正所谓天下功勋莫高于出将入相，自古以来，战国之李牧、吴起，汉朝之韩信、张良等人皆是文能安邦、武能定天下之才。而李靖的文韬武略丝毫不逊于吴起、韩信等人，其后更因文武双全前后两次被李世民封相。

唐武德年间，李世民征战北方战场，平定刘武周、王世充等枭雄，而唐朝南方天下的安定则全赖于李靖。李靖于唐武德二年（619），奉李渊之命率军南下，准备征讨少数民族首领冉肇则，却在途中遭遇萧铣。由于萧铣的阻挡，李靖无法向夔州前进，致使夔州守将接连失利。李渊闻知消息后大怒，密令陕州总督许绍斩杀李靖，然而，许绍认为李靖是有才之人，便请求李渊赦免他。不久，李靖率领八百精兵突袭冉肇则大营，继而在险要之地设伏发起猛烈进攻。在进攻中，李靖身先士卒、一马当先，将冉肇则挑于马下，并俘获五千余人，从而大败冉肇则。之后，李渊认为李靖是不可多得的将才，便开始重用李靖。

唐武德四年（621），李靖向李渊献上十策，以攻打萧铣，经过数月的激战，江南地区得以平定。李渊论功行赏，授予李靖上国柱，封永安县令，随后，又命李靖镇守岭南。唐武德六年（623），李靖与李孝恭一同平定了江淮辅公佑的反叛，从而促进了唐朝统一天下的进程。江淮收复之后，李渊在丹阳设立东南道行台，任李靖为行台兵部尚书，随后，改设扬州大都督府，李孝恭为扬州都督，李靖为都督府长史，辅佐李孝恭治理江南。唐武德八年（625），东突厥大军南下入侵唐朝边境，李靖则立即率军北上，抗击东突厥的进攻。李靖为行军总管率领万人屯守太谷，诸军全部败北，只有李靖获胜而归。随后，李靖多次北上抗击东突厥，维护了唐朝边境的安宁。

唐贞观元年（627），李世民即位后任命李靖为刑部尚书、中书令，李靖第一次晋封宰相一职。随后，李世民为了杜绝东突厥多次侵扰唐朝边境，决定对东突厥进行大规模的军事行动。唐贞观三年（629），李世民任命李靖为行军总管，张公瑾为总管，率领十几万大军大规模征讨东突厥。李靖率领骑兵三千，从马邑直取恶阳岭（位于今内蒙古和林格尔），夜袭颉利可汗牙帐。颉利可汗以为唐朝倾全国之军来攻，仓皇之下逃往碛口（今内蒙古二连浩特西南），李靖趁机迅速攻下定襄。

李世民听闻李靖大败东突厥之后，赞扬道："汉时李陵以步兵五千抵御匈奴，然而终归降于匈奴，尚青史留名。如今李靖以轻骑三千攻占定襄，威震北方，古今未有。足以为当年渭水之雪耻！"

随后，颉利可汗假意向李世民求和，身在战场的李靖深知其中有诈，便立即果断地再次突袭东突厥，攻入颉利可汗牙帐，消灭东突厥士兵近万人，俘获东突厥男女二十万，牲畜数十万。颉利可汗率残部向北逃亡，李靖乘胜追击并于唐贞观四年（630）三月，将其俘获。自此，强大的东突厥汗国灭亡，而不久，西域和北部边疆各族的首领都前往长安朝见李世民，并尊称李世民为"天可汗"。

李靖在战场上勇猛善战，叱咤风云，然而他在生活中却性情沉厚。御史大夫萧瑀妄加劾奏李靖治军无方，唐军袭破颉利可汗牙帐时，珍宝文物都被士兵抢掠一空。李世民一时不明缘由，但念其功勋特赦不得审查，然而在李靖入朝觐见时，对其严加责备。这时，李靖认为李世民正是盛怒之时，自己又无证据辨明，便不加辩解只是顿首谢罪。随后，李世民获知事情真相后，随即对李靖说："以前我听信谗言误会你，现在真相大白，请不要放在心上。"

李靖为李世民征服北部戎狄政权立下了赫赫战功，随后，李靖被任命为尚书右仆射，再次拜相。李靖出将入相，官高权重，享有至高的荣耀和权力，然而李靖却依然为人宽厚，态度谦恭，从而被李世民誉为"一代楷模"。

唐贞观八年（634），李世民命李靖为畿内道大使，然而，当权贵在身之时，李靖深知盈满则亏，知足而退的道理，借犯有足疾的机会，辞去了宰相的职位。李世民体恤其身染疾病，给予特殊礼遇，等到病情好转之时，便可参与宰相议事。

唐贞观十一年（637），李靖被封为卫国公，不久后，吐谷浑进犯唐朝边境，李世民决定大举进攻吐谷浑。然而，此时朝中已经无武将可以担当重任，李世民便想起李靖，随即对侍从道："不知李靖是否能够再次挂帅出征？"这时，李靖已经六十四岁高龄，仍心系国家，当他得知边境再生贼寇的消息后，顾不上足疾与年事已高，主动去求见宰相房玄龄，请求出征讨伐吐谷浑。于是，李世民随即任命李靖为西海道行军大总管，率领大军数万直逼吐谷浑。

李靖以六十四岁高龄再次披挂帅服，在征战中所向无敌，吐谷浑王伏允被李靖击溃后，逃入大漠之中，在走投无路的绝境中自缢而死。随后，李靖又战胜斩杀伏允的王子慕容顺，致使吐谷浑举国投降唐朝。

唐贞观十七年（643），李靖又与长孙无忌等二十四人被李世民图像于凌烟阁，尊奉为功臣，并进位开府仪同三司。凌烟阁起初不过是皇宫内三清殿旁的一个不起眼的小楼，当时李世民已经垂垂老矣，开国功臣大多已经离世，尚健在者也已经年老体迈，为了怀念当初共同打天下的功臣，李世民命阎立本在凌烟阁内描绘了二十四位功臣的图像，褚遂良题字。凌烟阁二十四功臣包括长孙无忌、李孝恭、杜如晦、魏征、房玄龄、高士廉、尉迟敬德、长孙顺德、程知节、虞世南、李勣、秦琼等。二十四功臣皆是跟随李世民南征北战统一天下、治理天下共创盛世的文臣武将，而凌烟阁二十四功臣图以及众功臣辅佐李世民的事迹也被后人流传。

次年，李世民亲征高句丽，召见李靖，并对他说："公南平吴，北破东突厥，西定吐谷浑，唯有高句丽未服，可有意出征？"年过七旬的李靖虽染病在身却仍表示愿意随驾征讨。然而李世民见其确实年老，并未同意其远征。

唐贞观二十三年（649），李靖病情恶化，李世民亲自到病榻前慰问，见李靖病危，涕泪俱下。不久，李靖溘然逝去，享年七十九岁。李世民为表彰其一生的辉煌战功，特赐陪葬昭陵，谥曰景武。李靖陵墓如同卫青、霍去病等抗击匈奴的名将一般，坟墓的形状与东突厥内的燕然山和吐谷浑的内积石山极为相似，以纪念其击败东突厥、吐谷浑之功。

不拘一格降人才

李世民在位期间，对于选任贤才一直十分重视，直到唐贞观十三年（639），他还对侍臣说："自古能够安天下者，唯有得到贤才。"正所谓不拘一格降人才，在选拔人才方面，李世民从不在乎人才的出身和地位，除了长孙无忌、高士廉、杜如晦等士族地主出身的人才外，他还注重从庶族地主中选拔人才，如房玄龄、魏征、王珪、马周、张亮等人都成为了辅佐李世民的肱骨之臣。

李世民爱才、惜才，尤其是注重提拔特殊人才，他览奏识马周的故事成为了当时人们争相传颂的美谈。

唐贞观三年（629），天下大旱，百姓辛辛苦苦播种的秧苗全部枯萎，大部分农民面临着颗粒无收的困境。李世民见百姓遭遇严重的旱灾，也是忧心忡忡，便召集大臣商议对策，并且下诏无论是文臣还是武将都要指出朝廷政令的得失，并提出几条具体的意见。朝廷上下更是群策群力，纷纷上疏进言，提出了很多有效的意见，但是，最令李世民满意的还是中郎将常何的建议。

常何在奏疏中共提出了二十几条建议，这些建议不仅切合当时的实际情况，更简便易行，极大地提高了朝廷的办事效率。奏疏中指出："国家兴亡，不全在于官府积蓄的多少，而是在于百姓的苦乐。百姓安居乐业则国家兴盛，百姓贫苦则国家将遭遇灭亡。"因此，他建议李世民减免百姓的劳役和税赋，压缩官府各项开支，并且选派廉政清明的官吏治理地方，革除地方弊政陋俗，率领百姓兴修水利抗旱，才能彻底减少灾荒给百姓带来的灾难。

李世民看着常何洋洋洒洒的二十几条建议，有根有据，切中时弊，确属可行，但是绝非出自常何一介武夫之手，于是，便将常何招来，询问其何人所写。常何如实禀告李世民说："陛下，微臣乃是一介武夫，怎会有这等本事。这些建议是微臣的门客马周所写，他才是真正难得的人才！由于自负才学出众，清高而孤傲，才郁郁不得志。当初他在博州时常受到地方官的训斥，一怒之下便拂袖而去，离家远游。后来历尽艰辛来到长安，住在臣家，乃当今一大奇士。"

李世民听完常何的话之后，立即命人将马周请来觐见。马周是博州茌平（今山东茌平）人，自幼父母双亡，家境十分贫困，但是他却胸藏济世之才。马周天资聪颖，勤读博学，通读《诗》、《书》、《春秋》等书籍，在不到二十岁的时候已经满腹经纶。然而，马周开始时并不得志，只是在邻郡做一名低级文职人员，对于他来说可谓是大材小用。后来，马周来到长安，投靠在常何的门下，希望能够得到垂青，干出一番惊天动地的事业。常何为向朝廷上疏而愁眉不展时，马周自告奋勇为其代笔，没想到这一份奏疏竟受到了李世民的重视，更成为了马周施展才华、实现抱负的转折。

当李世民派遣的使者召见马周时，他正在休息，得知皇帝召见后，立即准备穿衣前往。但是，就在这短短的时间内，李世民竟然因为急于见到人才，迫不及待地派了三批使者来请。马周见到李世民如此礼遇自己，十分感动，更是感叹自己遇到了明君。

随后，当马周来到大殿中时，李世民见其仪表堂堂、气质非凡，便与之谈论起当前的政治局势以及为政之道。马周则侃侃而谈，将从古至今的为政得失谈得非常细致，让李世民大为惊叹，直叹相见恨晚。李世民十分欣赏马周的才华，立即让其到掌管机要的门下省任职，后来更升任为监察御史。同时，李世民鉴于常何推荐人才有功，赐给他三百匹锦帛。

马周从一介布衣一跃成为监察御史，足以证实李世民对于人才的选拔可谓是不拘一格。后来，马周又被擢升为中书舍人，他每每上书进言都条理分明，切中要害，深受李世民的赏识。李世民曾经如此评价马周："马周观察事物敏锐而迅速，品性忠诚而正直。至于评论和品评别人则能够秉公直言。他能够竭尽忠诚，亲近归附于朕的左右，朕一定要借助他的才能，使得国家政局康宁、百姓安居乐业。"

李世民览奏识马周的故事成为了当时广揽人才、任人唯贤的典范，以至于百年之后，唐朝诗人李贺写道：

零落栖迟一杯酒，主人奉觞客长寿。

主父西游困不归，家人折断门前柳。

吾闻马周昔作新丰客，天荒地老无人识。

空将笺上两行书，直犯龙颜请恩泽。

我有迷魂招不得，雄鸡一声天下白。

少年心事当拏云，谁念幽寒坐呜呃。

李世民不拘一格选拔人才的事例还有破格启用唐朝名将薛仁贵的故事。薛仁贵名礼，是绛州龙门人，本是南北朝时期名将薛安都的后代，属于河东薛氏家族，但是到隋唐时期家道中落。唐贞观十九年（645），李世民亲自率兵征讨高句丽，并且向全国招纳士兵，薛仁贵自此参军，投靠到张世贵帐下。

同年三月，唐军将领刘君邛在与敌军交战之时，被敌军团团围住，此危难时刻，薛仁贵单枪匹马挺身而出，斩杀一位高句丽将领，使得刘君邛被救。

从此，薛仁贵在唐军中小有名气。

四月，唐军到达安市城，高句丽大将高延寿、高惠真率大军二十五万，抵挡唐军的进攻。李世民命令唐军兵分几路对敌军进行围攻，在此战中，薛仁贵表现异常英勇，他身穿白色战衣，手持方天画戟，腰挎双弓，在敌阵中与高句丽军拼死斯杀。此时，站在高处观战的李世民派使者到阵地上慰问唐军将士，并且特意询问白衣前锋为何人。李世民十分欣赏薛仁贵的作战勇猛，后来亲自召见薛仁贵，并且赐马二匹，绢四十匹，并提拔为游击将军、云泉府果毅。后来，唐朝大军返回长安时，李世民再次召见薛仁贵，并且感慨万千地说："以往跟随朕南征北战的将领都已经年迈，恐怕难以担当征讨的重任。朕常常注意选拔英勇出众的武将，现在朕不因征讨辽东而高兴，却高兴得到你这一员虎将。"之后，李世民升任薛仁贵为右领军郎将。

李治即位后，薛仁贵成为了这一时期唐朝最著名的将领，他东征西讨，平定辽东，征服高句丽，大败西突厥和回纥，为唐朝立下了赫赫战功。而在民间，薛仁贵东征西讨的征战故事也被赋予了传奇的色彩，"三箭定天山"、"神勇收辽东"、"一貌退万敌"、"良策息干戈"等传奇故事也被人们广泛流传。

正所谓内举不避亲，外举不避仇，李世民任用的大部分人才都曾经是自己的对手，刘武周部下尉迟恭，王世充帐下的秦琼、程知节，太子李建成东宫中的魏征、王珪等人，这些人都因为具有才能而受到了李世民的重用。对于皇亲国戚，李世民也坚持唯才是举的原则，任用长孙无忌、柴绍、李道宗等人。

正如魏征所说的那样，在太原起兵、夺取并平定天下时期，李世民的用人原则是"唯求其才"，而在平定天下之后，为使天下天平，他开始强调"才德兼备"的用人原则。唐贞观六年（632），李世民曾经对魏征说道："为朝廷选拔官员，千万不可造次。如果选用一位君子，则君子皆至；如果选用一名小人，则小人竞相而至。"唐贞观二十一年（647），李世民想要提拔司农卿李纬为户部尚书，当时宰相房玄龄留守京城，适逢宰相府有人前往宫中觐见李世民，于是，李世民便向其询问房玄龄对李纬的看法，来人说道："房玄龄听闻李纬将拜尚书，只言李纬容貌俊美。"李世民从房玄龄的话中听出李纬的德行不足以担任尚书一职，便立即改派其为洛州刺史。

李世民用人讲究不拘一格，无论是士族贵族还是庶族地主，无论是草莽英雄还是民间寒士，更无论是昔日仇敌还是少数民族将领，李世民都能够人尽其才，取其长避其短。正是因为如此，贞观年间才人才济济，各显其能，开创了繁荣昌盛的盛世。

第十章／建章立制

天下英雄皆入彀中

　　李世民从起兵之时即结交天下豪杰，网罗众多文臣武将到自己帐下。李世民所网罗的儒林群英大多数已经摒除了承祖余荫、空腹高心的弊病，取之以学识高低作为任用官员的标准。贞观年间，为了拓宽庶族地主参政做官的机会，李世民更注重选拔人才，继承并健全了科举制度。此时，科举考试分为常科和制举两种。常科是常年按制度举行的科目，制举由皇帝临时下诏举行。

　　李世民命令"解戎衣而开学校，饰赍帛而礼儒生"，大力兴办学校。唐贞观三年（629），李世民下令各州置办医学、设医学博士一人，管理民间医疗并培养学生。唐贞观六年（632），李世民将原本国子学改为国子监，这便是当时全国最高学府。国子监下属六种学校，国子学、太学、四门学、律学、书学以及算学。前三种学校分别招收三品、五品、七品以上的官僚子弟入学。李世民在门下省设置弘文馆，太子府设置崇文馆，招收皇亲国戚以及宰相高官子弟入学。

而地方学校则有京都、都督府、州、县等级别，其学校主要在州、县设置，地方官可以保送那些成绩优良之人参加考试，考试合格之后，参加朝廷的常举考试，这就是被称为"乡贡"的科举制度，而那些"乡贡"合格者即可获得入朝为官的候补资格。

当时，李世民积极鼓励开办学校，广招学生，仅仅国子监的学生竟达到数千人。贞观时期，学风兴盛，来自四方的学生纷纷云集长安求学，高昌、吐蕃等少数民族，甚至高句丽、百济、新罗以及日本的学生都慕名而来。

为了便于全国范围的统一教学，李世民还统一全国教材，颁布了《五经定本》和《五经正义》作为教材。而李世民大兴学校之行更促进了众多贤士参与科举之中，使朝廷获得更多的人才。

唐贞观元年（627），李世民大开科举，招揽天下有才之士。有一次，李世民想亲自查看士子考举情况，于是，在发榜当天，李世民带领几名侍卫来到考试进士的端门。这时，许多新科进士正排着长队从端门走出来，李世民十分高兴地对身边的侍从说："天下英雄皆入吾彀中矣。"由此可见，李世民对于科举选拔人才的重视。

贞观年间，常科每年定期举行，国子监学生和州县学校的学生均可报考，而那些非州县学校的学生通过州县考核也可以报考。当时参加考试的士子众多，按照隋朝的制度，考试在每年冬天十一月开始、次年春天结束，导致众多士子来不及赴考，因此也将不利于人才的选拔。因此，李世民为了方便众士子考试，对科举日期也进行了调整。随后，李世民还在东都洛阳设置"东选"，便于关东地区的士子就近参加考试。

科举制度的推行和完善，不仅使得朝廷招揽了天下具有才学之人，更使得许多出身寒门之士，通过科举考试而受到了朝廷的重用，并且得到了高官厚禄。这些寒门之士不再如南北朝隋朝一般，只能担任地方小官，甚至有机会担任尚书、宰相等显赫职务。

据《隋唐嘉话》记载：李义府是瀛州饶阳人，出身贫寒，后通过科举考试入朝为官，唐贞观八年（634），剑南巡察大使李大亮因李义府有文才，推荐为门下省典仪。不久，又升任监察御史、太子舍人，加崇贤馆直学士等。李义府生怕自己出身寒门不得参与政事，并作诗说："上林许多树，不借一枝栖。"而李世民则答道："朕将整棵树全借于你，岂止只是一枝。"李世民也十分重视李义府，多次命其与他人共修《晋书》。即使在贞观初年，如李义府这样的寒门士子通过科举入仕、最终位居高位的人并不在多数，但是，贞观以后则比比皆是。可见，自李世民开始，科举制度打破了魏晋以来士族地主独揽朝廷大权的局面，使庶族地主更多地参与到高层政治中来。

正所谓"朝为田舍郎，暮登天子堂"，李世民健全科举制，扩大进士科，拓宽了中下层地主参政掌权的机会，开创了人才选拔和使用制度的先河，不仅为各阶层的有志之士打开了施展才华的通道，更刺激了那些贵族士族积极进取。自唐朝以后，科举制度才成为历朝历代选拔人才和官吏的基本制度，培养了大量的人才，并且延续了整整一千三百多年。

三省六部

　　自古凡是改朝换代之初，帝王均会进行一次大刀阔斧的革新运动，尤其是注重加强中央集权的改革。李世民为了加强中央与地方之间的关系，决定通过革新革除隋末政治体制中的种种弊端。因此，李世民大力推动宰相制度改革，并且确立三省六部制度。三省制度自魏晋时期兴起，直到隋朝时期已经正式确立。李世民对三省的职权以及相互制约的关系进行了明确的规定，建立了新的宰相制度，从而进一步加强了君权。

　　唐朝确定三省，即尚书省、中书省、门下省。尚书省是执行政令的最高行政机关，下属吏、户、礼、兵、刑、工六部。尚书省的最高长官为尚书令，正因为尚书令位高权重，所以隋朝三省制确立之初并不常设尚书令。唐武德年间，李世民任尚书令，但因为其长期在外统兵作战，戎马倥偬，无暇处理尚书省的日常政务，所以由尚书左、右仆射代替尚书令行使宰相的职权。贞观年间，尚书左、右仆射仍是尚书省最高行政长官。

　　中书省负责制定政策，中书令为最高长官，下属为中书舍人，负责进奉章表，草拟诏敕。而门下省掌出纳帝命，相礼仪，最高长官为侍中，下属若干给事中。三省之中，中书省和门下省之间互相制约，关系十分密切，因此被李世民称为"机要之司"。李世民曾与臣下说："国家本置中书、门下，以相检察，中书诏敕或有偏差，则门下应当予以驳正。"

尚书左、右仆射为正二品，中书令、侍中都是正三品，三省长官均为宰相，共议国事。由于宰相品位高，职权重，一般不轻易授人，因此，贞观时期，李世民任命房玄龄、杜如晦两位忠心奉公的臣子作为尚书省尚书左、右仆射。

当时，唐朝初建，百废待兴，朝政繁剧，同时政局并未完全稳定，李世民一改前朝做法，大量将一些品阶低却有才识的官员吸纳到最高决策层，与三省长官一起参与朝政的决策。这种新的宰相制度，不仅有利于集思广益，发挥众人的智慧共同议政，减少决策上的失误，更有利于解决君权和相权之间的矛盾，避免少数宰相专断军国大权。

在三省六部进行改革的同时，李世民对于三省六部的官员也进行了及时调整。萧瑀、陈叔达等一批武德年间的老臣相继被罢免相职，王珪、李靖、魏征、长孙无忌、温彦博等众多才学出众的新人被提拔到宰相位置。通过一系列的制度改革和官员任免，李世民在短时间内将中央集权集中在自己手中。

在对三省六部进行大刀阔斧的改革之后，李世民开始着手精简繁冗的中央和地方的各级行政机构，裁汰冗员。正所谓兵在精而不在多，贞观初年，李世民一再强调量才授职、务省官员，并且认为：具有才能之人，虽然得到少数也知足；如果是无才之人，纵使得到再多也枉然。据《通典·职官典》中记载，隋朝朝廷机构臃肿，官员众多，仅内官就多达二千五百八十一员。李渊太原起兵后，为了获得各阶层的支持，开始大量封官晋爵，据《资治通鉴》记载，仅在向关中进军的途中，每日便封官千余人。贞观元年，李世民任命刘林甫（魏州观城人，唐武德初年为中书舍人、中书侍郎，典掌机密）为吏部侍郎，主持官员铨选。当时，吏部尚书只有选任六七品官员的职权，五品以上官员则由中书、门下两省负责。虽然刘林甫所选授的官员品级较低，但是前来吏部参选的官员竟多达万余人。仅仅吏部侍郎所负责铨选的就超万人，足以证明当时朝廷官员已经极度膨胀。如此烦冗的朝廷机构不仅毫无办事效率，更增加了百姓的负担，因此，精简冗员已经势在必行。

之后，李世民下令房玄龄重新审核、确定中央各部分官员定额，最后将中央文武官员总额仅定为六百四十人。事后，李世民十分满意地说："朕得此天下贤才足以。"

唐朝初年，人们皆重视京官而轻视地方官员，就连士大夫也以任京官为荣。御史马周针对当时的不良现象，向李世民进谏说："治理天下以民为本，想要使得百姓安居乐业，关键在刺史、县令。全国县令众多，不能皆是贤能之人，然而如果每州有一贤良的刺史，那百姓则可安宁。陛下不能仅仅重视京官的选拔，而忽视刺史、县令等地方官员。"

李世民十分重视马周的意见，于是便决定亲自任选州县刺史，县令则由五品以上的京官举荐。同时，李世民还注意当时的郡县设置不利于中央集权，便对地方行政机构也进行了精简。早在隋文帝时期，杨坚就将东汉末年以来的州、郡、县三级制改为州、县二级制，改变了南北朝以来"十羊九牧"这种民少官多的不良现象。然而，隋朝末年开始，天下大乱，豪杰并起，各割据势力纷纷拥众据地。李渊建唐之后，为了安抚各地归附的豪杰，设立州郡来安置。因此，唐初州郡数量甚至已经超过隋朝。

于是，李世民决定革除这一弊政，大力合并州县，地方只设州、县二级，取消郡制。同时，李世民命令减少州县官员人数，增加每个州县的辖区，这样不仅促进地方机构提高办事效率，更减轻了百姓负担。

同时，李世民为了加强中央对地方的控制，根据山川形势将全国划为十道，即关内道、河南道、河东道、河北道、山南道、陇右道、淮南道、江南道、剑南道、岭南道。十道设置后，李世民选派官员代表中央负责诸州的军事、财赋，或负责监察地方吏治。而监察巡省并没有常设的官员，由李世民临时指派，并且只负责监察，不能干预地方行政，但是，却可以直接废黜地方官员。唐贞观八年（634），李世民派遣李靖和萧瑀等十三人巡省天下，巡察各地风俗得失，政刑苛弊。之后，李世民还不断派诸道黜陟大使、巡察使、按察使、巡抚使等考察地方官的优劣，进而对地方的政绩进行考核。因此，这项措施不仅改进了地方吏治，更促进了唐初地方社会的安定与经济的繁荣，为"贞观之治"打下了良好的基础。

偃武修文，尊礼修史

唐朝初年，李世民与众大臣共同商议治理国家的方针大计，众大臣皆主张征讨四夷，以威震天下，然而，魏征却认为"偃武修文，国家稳定则四夷自服"。

由于隋末天下动乱，社会经济凋敝，百姓生活十分贫苦，百姓盼望安定的局面，然而，唐初却经历了长达七年的统一战争，才陆续平定各路豪强。经历了长期的战乱之后，国家需要休养生息才能恢复社会稳定和经济繁荣。李世民深知只有重视文治才能使国家逐渐走出战乱的困境，重新崛起。同时，在人人思定的情况下，以文治国比征伐更顺应人心，更能维护统治集团的利益。

因此，李世民随即接受魏征的意见，大力推行"偃武修文"的政策，促进了唐初社会的稳定。

为了推行以文治国，李世民首先提出了"尊儒尚经"的政策。自从汉武帝时期实行"罢黜百家，独尊儒术"的政策以来，儒家思想就被历代帝王奉为治国安民的主要思想，深受历代帝王推崇，李世民也不例外。有一次，李世民和众臣讨论周公、孔子之道，并且说道："周、孔儒教非战乱时期应当推行的思想，而商鞅、韩非等人主张的刑法则是太平盛世时期的弊政。既然道不同，则不应一概而论。"这时，魏征则说道："陛下言之有理。商鞅、韩非之道只适合当时，而治理天下所推崇的莫过于儒家之道。"

李世民对于孔子十分推崇，唐贞观二年（628），李世民诏令停止周公为先圣，立孔子之道为国家。废除旧典，立孔子为先圣、颜回为先师。随后，朝廷更大力招揽天下儒士予以奖励。此外，李世民还诏令尊孔子为宣父，在兖州特设庙堂，令二十户民家供役。李世民大力褒扬前代儒学大师，对其子孙封官晋爵。可见，李世民不仅对孔子推崇备至，甚至连一半儒生也深受礼遇。自此，贞观年间，各地学子纷纷争相学习孔孟之道，形成了尊儒尚经的风气。

同时，李世民还设置弘文馆，实际上继承了"秦王府文学馆"的招贤纳士之风，广招天下文学之士。弘文馆收藏书籍近二十万卷，并且集聚了褚亮（褚遂良之父，唐初著名文学家，为秦王文学馆十八学士之一）、姚思廉（唐朝初期史学家，兼通文史、医术高妙）、蔡允恭（唐初文学家，文采非凡，为秦王文学馆十八学士之一）等英才。

社会的长治久安不仅需要律法管制，更离不开礼仪的约束，隋朝时期尤其重视礼学对百姓的约束。自东汉魏晋南北朝以来，长期的分裂割据局面促使南北方的礼学存在巨大的差异，隋朝时期，杨坚、杨广都曾积极修订礼学，并且制定《五礼》、《江都集礼》。隋末动乱，致使礼学殆尽，礼典湮没。李渊为了尽快恢复社会秩序，沿用了隋朝的礼法。

李世民在隋礼的基础上大力革新，命房玄龄召集众多礼仪官员，根据当时的社会情况，制定出了适用于唐朝的礼仪制度，即《贞观新礼》。唐贞观七年（633），《贞观新礼》制定不久，李世民即发现众多不足之处，于是命房玄龄、魏征等人共同修订，同时，李世民还命当时著名的学者孔颖达、颜师古、李百药等人参与修订。直到唐贞观十一年（637），历经四年的时间，才再次修订完成，是为《贞观礼》。

唐贞观六年（632），李世民对房玄龄说："近来，山东崔、卢、李、郑四姓，虽然家世已经衰落，然而依然依仗往日名望，自称士大夫。每当嫁女之时，都索要大量财礼，这简直不符合礼法，应实行改革。"

隋唐初期，博陵崔氏、清河崔氏、范阳卢氏、陇西李氏、赵郡李氏、荥阳郑氏、太原王氏等世家大族在社会上享有崇高的威望和地位。崔姓在历史上源于姜姓，相传是炎帝的后代，后来，西周时期，姜尚的长子季子的子孙便在崔邑居住下来，并以崔为姓氏，从而成为崔姓人。季子八世孙崔杼是齐国权臣，独揽朝政大权，后来崔杼的后代在汉魏南北朝及隋唐时发展成为强大的宗族，名贤辈出，形成博陵崔氏和清河崔氏。同样，卢、李、郑等世家宗族也是具有历史渊源的名门望族。

随后，李世民命高士廉、韦挺、岑文本等人修订氏族志，众人仍将崔氏列为第一等。李世民得知后，说道："有人才能低下，自以为门第高贵而怡然自得，殊不知是在贩卖祖宗名望。士大夫理应立功立德，善事君父，或者道德高尚、知识渊博，这才是真正的士大夫。现在崔、卢等家族，只是夸耀祖宗功德，岂能和本朝功臣相提并论，你们将崔氏列为第一等，难道有轻视我朝功臣之意？"

于是，高士廉等人只将崔氏列为第三等，其实，按照当时的礼法，崔氏只是侍郎，不应列为第三等。但是，皇族为第一等、外族列为第二等，李世民只能念其门阀将其列为第三等。

之后，李世民下令：不准因名门高第而索要财礼，并且规定名门望族之女须孝顺公婆，促使嫁娶的仪式符合礼法。同年，礼部尚书王珪的儿子王敬直迎娶李世民之女南平公主。王珪说道："礼法规定媳妇应当礼拜公婆。然而，现在风俗败坏，公主出嫁拜见公婆的礼仪早已荒废。如今陛下英明，一切按照礼法办事，我接受公主拜见，并非抬高自己，而是树立崇尚礼仪的风气。"随后，王珪和夫人端坐上座，接受公主行洗手进食之礼。李世民得知此事之后，对王珪大加赞赏，自此以后，公主下嫁都行此礼。

李世民在实行"偃武修文"政策之时，还重视以史为鉴，积极主持修正历代历史。李世民主张以古为镜，吸取历史中的经验教训，为治国经邦提供更有利的借鉴。因此，唐贞观三年（629），李世民令房玄龄为总监，令狐德棻（今陕西耀县人，才华出众，博涉文史）、岑文本修《周史》、李百药修《北齐书》、魏征修《隋书》、姚思廉修《梁书》、《陈书》和《晋书》。同时，李世民还亲自为晋宣帝、晋武帝、陆机、王羲之等人纪传谱、写史论，成为古时唯一一位作史记、写史论的帝王。

李世民不仅重视修撰前史，更重视当代历史，当时，当代的历史有国史、实录、起居录三种。同年，李世民设置史馆，任命房玄龄为监修官，而史官邓世隆、顾胤、李延寿（安阳人，贞观年间曾任太子典膳丞、崇贤馆学士、御台史主簿、直国史，兼修国史）都是当时著名的史学家。

李世民对历代君王不读国史的做法十分不解，唐贞观十四年（640），李世民对房玄龄说道："为何国史不让当代的帝王查看？"房玄龄回答说："国史专修当代善恶，国君未免有缺点和失误，史官怕犯忤逆之罪，因此不能让国君看到。"李世民则不以为然，说道："朕与古人不同，如果朕所做之事正确则继续发扬，如果有缺点和错误，则将它视为一面镜子，便于改正，纵不会怪罪史官。"于是，李世民时常令史官将国史呈给自己阅读。

同年，李世民命房玄龄编写起居录，以往历朝历代没有当朝修实录的先例，房玄龄将国史删减，编成编年史、高祖、太宗实录各二十卷。因为李世民要查看实录，因此史官为避免忤逆难免曲笔。尤其是许敬宗在记载玄武门之变时，特意将事实隐去，李世民翻阅之后认为不妥。于是，李世民便诏令史官："史官执笔不要曲隐，削其浮词、直书其事。"然而，尽管如此，《旧唐书》、《新唐书》等后世史书对玄武门之变也有众多隐晦之处，尤其是《资治通鉴》更将此说成是李世民被迫之举，为了衬托李世民英明神武以及继承政权的合法性，将李建成刻意丑化成一个"荒色嗜酒、畋猎无度"的庸劣无能之辈。由此可见，李世民查阅国史和实录却是有很多不足之处。

对于起居注的编写李世民也十分重视，并命杜正伦为主编史官。杜正伦精于文学，特别精通解释经典，更秉笔直书，记录李世民一言一行。他曾对李世民说过："陛下的一言一行，臣都要记录，这是职责所在。如果陛下有任何违背道理的话，不只是对当今百姓有损，更关系陛下千秋万代的圣德。"

随后，李世民对褚遂良说："你知道起居录的内容吗？可否查看？"

褚遂良严肃地回答："起居录记录君王善恶，使君主不敢忘形，但是，没有给帝王看的先例。"

李世民问道："朕的失误也全部记录？"

褚遂良则说道："不敢不记。"

这时，尚书右丞刘洎说道："即使褚遂良不记录，天下百姓也会记的。"

李世民则欣然回答道："理应如此。"

李世民在天下逐渐太平的形势下，摒弃唐朝初期以武功治国的政策，大力推行"偃武修文"的政策，大兴礼乐之道更注重以史为鉴，逐渐开创贞观盛世的繁荣局面。

依法治国的努力

所谓"以古为鉴，可以知兴衰"，李世民在治理国家中吸取了隋王朝严法酷刑的历史教训，主张废除严酷刑法，采取宽仁的方式治理天下。

早在李渊太原起兵时，为了争取百姓的支持便痛斥隋炀帝杨广的暴行，入主长安之后，随即向关中百姓约法十二条，废除隋王朝的一切苛刻法令。李渊即位以后，废除《大业律令》，并且遵照"宽简"的原则重新修订法律，直到唐武德七年（624），才正式颁行新律令，即《武德律》。唐朝初期，虽然已经天下统一，但是由于国家处于隋炀帝杨广长期的暴政下，社会并不稳定，正是因为李渊采用比较宽简的法令治天下，才逐渐休养生息，恢复了社会的稳定。

李世民即位之后，曾说过："国家大事，唯有赏与罚。赏其功劳，无功者则自会退却；罚其罪过，为恶者才会惧怕。"在这里李世民将赏罚分明作为立法的标准，拥有这种思想的古代帝王可以说是屈指可数。

唐朝初期，李世民在制定法律法规时，朝廷上下发生了激烈的争论，一部分大臣主张实施威刑严法，然而却遭到魏征的严厉反对。魏征表示：仁义仍是治理国家之本，刑罚则是治理国家之末，并且建议李世民以仁义为施政之本，更应慎刑恤典。李世民采纳了魏征的意见，便将宽仁治天下、慎刑宽法作为了唐朝立法的基本。

随后，李世民命令长孙无忌、房玄龄等完善《武德律》，在此过程中，进一步完善了李世民"仁本、刑末"的主张。最后，经过十年的完善，长孙无忌、房玄龄终于修成《贞观律》（即《唐律》），唐贞观十一年（637），李世民正式将《贞观律》诏颁全国。据《旧唐书·刑法志》记载：《贞观律》远比往代刑律宽简，就以死刑而言就比往代减少过半；并且废除了鞭背酷刑与断趾等残酷的肉刑。

唐贞观元年（627），李世民对众臣说道："人死不可复生，用刑法应当宽简。古人说：'卖棺材的商人，希望每天都发生瘟疫灾祸，并不是仇恨百姓，而是希望赚取更多钱财。'现在官吏办案也想借助多办案件获得升迁。有何办法能使得办案公平？"

王珪说道："只要选择公正善良的官吏，断案公正严明的增加其俸禄，奸诈之人自然消失。"

李世民不仅在法律中减少死刑，而且对于死刑的判处也十分谨慎。他命令凡是判处死刑的案件必须由中书省、门下省四品以上的官员讨论，由此希望减少冤狱和量刑过度的发生。随后，李世民还将绞刑五十条改判为流放三千里，徒刑三年。

唐贞观五年（631），相州人李好德向来患有疯病，说了许多忤逆的疯言疯语，李世民得知消息后，下令将其抓进监狱。大理寺丞张蕴古进谏说："李好德确实有疯病，并且有真凭实据，按律应当免于治罪。"

于是，李世民便下令免除李好德罪行，随后，张蕴古将其旨意转告李好德，并和李好德博戏（古代一种赌输赢、角胜负的游戏）。此事被权万纪得知，便向李世民弹劾张蕴古，李世民十分愤怒，立即下令将张蕴古斩首。不久，李世民又心生悔意，便对房玄龄说："众臣食君俸禄，理应分担君王忧虑。事无大小，都应当留意，如今朕不询问众臣意见，你们便无人劝阻争论不合理之事，这岂是真心辅佐？张蕴古身为执法官员，和囚犯赌博并泄露旨意，虽罪行严重，但按律不应处以死刑。朕盛怒之下，立即处以斩首之刑，众臣竟无一劝止，主管部门竟然不回奏就判处死刑，这样治国谈何清明？"

随后，李世民下诏凡是判处死刑的犯人，即使是已经下令处决的也要三日五次回奏。如果执法官员不按照司法程序执行，将受到严厉惩罚。凡是不按程序回奏者皆被流放两千里；并且要求奏报得到批准后三日才能行刑，不满三日就行刑的官员则被判处一年徒刑。李世民对于死刑审批程序的完善，不仅可以纠正一些冤假错案，更体现了其宽仁慎刑的治国思想。

同时，为了避免刑讯逼供、屈打成招的冤案，李世民还健全了刑讯制度，下令"对罪人不得鞭背"。另外，在法律中规定要正常审讯，如果执法官员违法进行严刑拷讯，将要处以"杖六十刑杖"的处罚。执法官员实施拷讯不得超过三次，不得超过两百下，如果拷满仍未认罪者将取保释放，如果执法官员导致犯人拷打致死，将被处于过失杀人罪。

在古时，刑讯逼供、屈打成招的冤狱时有发生，这不仅不利于国家法律的执行，更不利于社会的稳定。当时，青州发生一次谋逆事件，地方州县抓获重大嫌疑者，一时间监狱中关满了犯人，并且施以严刑拷打。在重刑之下，很多人屈打成招，李世民派中侍御史崔仁师（今河北定县人，贞观末年任中书侍郎）前去核查案件。崔仁师到达青州后，将犯人一律去掉刑具，并给予饮食和沐浴。结果，经过一段时间的调查，参与谋逆的犯人仅有十几人，其余全部无罪释放。不久，李世民再次派朝廷官员审查该案件，众犯人皆说："崔公公正，毫无徇私枉法，请求速死。"

李世民在制定法律的过程中，十分注意吏治整治，他深知只有吏治清明才能百姓安居、国家安定。鉴于隋末官吏贪赃枉法、违法过滥的教训，李世民要求官吏必须严格执法，并且整顿吏治、惩办贪官。唐贞观元年（627），李世民发布诏令，要求朝廷内外官员要严格执法，如有违法者，将受到严厉惩罚。随后，李世民对大臣们说："隋炀帝杨广不以官员违法为意，然而却性情多猜疑，唯独忧虑有反叛者。朕却不以为然，但是却独独担忧众公是否奉公执法。"

唐贞观三年（629），河南道濮州刺史庞相寿因贪赃被罢官，但是却仗着自己是秦王府时期的老部下，向李世民求情希望得到宽恕。李世民认为他之所以贪赃枉法是因为贫困，因此下令赐予其绢百匹，不予治罪。但是，魏征强烈反对，并且进谏说："陛下因旧情而徇私枉法是不对的，对贪污者还赐予钱物，无助于其改恶从善。昔日秦王府的旧人现在为官者众多，如果恃恩犯法而徇私，怎能不让那些善良的人心寒？况且，会纵容那些亲朋旧友藐视法律的威严，到时，后果不堪设想。"于是，李世民欣然接受了魏征的建议，并且对庞相寿说："如今我为天子，一国之君，不能因你是先前的故人而徇私情，否则众臣将不再为国家尽心尽力。"最后，庞相寿无奈，只得默默罢官离去。

唐贞观四年（630），李世民下诏告诫各级官员，禁止徇私贪污，同时为了严肃法纪，对重大贪污犯均处以死刑，在行刑时，诏令各地官员前来观刑。因此，在贞观年间，出现了官员执法公正、清正廉明，吏清民安，社会安定的局面。

在秦汉时期，有"诬告反坐"的刑律，然而，历朝历代仍存在大量的诬告案件，而且诬告已经成为了官员内部打击反对派、挟私陷害的手段。然而，凡是诬告他人者，多为奸佞之辈，为了达到个人目的而陷害忠良。李世民为了杜绝奸佞之徒，维护忠臣，而延续了"诬告反坐"这一条刑律，不仅如此，还明确地规划了其罪行的量刑范围。

　　唐贞观三年（629），发生了霍行斌诬告魏征的事件。霍行斌是长安县人，为了达到其不可告人的目的诬告魏征"谋反"。但是魏征已经担任秘书监，参与朝政，李世民深知魏征耿直，自从归附李世民之后，犯颜直谏、忠心为国，因此，他根本不相信霍行斌的诬告。于是，李世民将霍行斌以"诬告谋反反坐"的条例，将其处以死刑。之后，时任岷州总督的高甑生诬告李靖"谋反"，经过核查根本无任何证据。李世民念其是唐朝开国功臣免除死刑，但处以徒边的处罚。由此可见，李世民维护功臣以及法律尊严的鲜明立场。

　　古代历代帝王能够真正做到"天子犯法与民同罪"的帝王甚少，在当时帝王的旨意就是法律，更有部分帝王罔顾法律，凭自己喜好而行刑。而李世民作为一代帝王，却能坚持不将自己的意志凌驾于律法之上。李世民曾说过："法者，非朕一人之法，乃天下之法。"在执行法律之时，李世民严格按照法律办案，以身作则，维护国家的法律尊严。

　　广州都督党仁弘案件就是个典型。党仁弘原是隋朝武勇郎，太原起兵后，他率两千余众在蒲坂（今山西永济）归顺李渊。后来，他跟随李渊攻占长安立下赫赫战功，可谓是唐朝的开国功臣。党仁弘深受李渊、李世民的器重，历任南宁、戎、广州都督，然而，他却是贪图钱财之人。唐贞观十六年（642），党仁弘调离广州都督任时，被人告发勾结豪强，收受贿赂，擅自赋敛，又以没官的少数民族民众为奴婢。按照当时律例，应当处以死刑，李世民念他功高又年迈，便从宽发落，贬为庶人。

　　然而，李世民无疑是触犯了司法尊严，于是他决定到南郊蒿草房谢罪三日，日进一次素食。尽管房玄龄等大臣再三劝阻，李世民依然下了罪己手诏，指出自己三条大罪，即知人不明、以私乱法、未能赏善诛恶。李世民能够以

"罪己"来维护法律，这在古代帝王中极为少见。

还有一次，朝廷发现有部分官吏伪造资历，李世民下令那些人自首，否则将判斩首。不久，果然有伪造资历的官员被抓获，李世民十分愤怒欲将其斩首。

这时，大理寺少卿戴胄上书说："按法律应该流放！"

李世民大怒说道："难道你要因遵守法律而让朕失信！"

戴胄则反驳道："陛下的旨意出于一时愤怒，而法律则是以国家的名义颁发。按律定罪而不是按个人喜怒，这其实是忍小怒而存大信。"

李世民听完戴胄之言后转怒为喜，夸奖戴胄道："有你执法，我还有何忧虑！"

李世民提倡在法律面前公正平等，不仅对臣下违法必究，公正严明，对于那些皇亲国戚也丝毫不徇私情。唐贞观十七年（643），唐太宗的姐姐长广公主之子、洋州刺史赵节，参与太子李承乾的谋反，按律应当处以死刑。长广公主以头触地苦苦为赵节求情，然而李世民回拜道："赏赐不回避仇敌，惩罚不祖护亲属，这才是天下至公至正的道理，不得不有负于姐姐。"

长孙皇后的族叔长孙顺德是唐朝的开国功臣，早年参与太原起兵，屡建功勋，后又极力辅佐李世民。但是后来，他贪污受贿接受他人赠送的丝绢。随后，更牵涉到李孝恭谋反中，被逮捕下狱，罢免官职。宰相高士廉是长孙皇后的亲舅舅，因犯法和扣押大臣写给李世民的信件而被降职为安州都督。李世民的儿子吴王李恪，因喜好打猎，踏损了百姓的庄稼，后被御史弹劾，李世民公正处理，免除其官职，削夺封户三百。

李世民在依法治国的过程中，还十分重视经济立法，如土地法、工商法以及物权法规的制定。为了恢复经济，李世民颁布《均田令》、租庸调法等法律条令。李世民修订唐律，注重法律的执行，对社会安定和经济繁荣具有巨大的推动作用。正如《贞观政要》卷五《公平》所言"贞观之初，志存公道，人有所犯，一一于法"，李世民依法治国，不仅保障了"贞观之治"的实现，更奠定了我国古代刑法的基础。

第十一章 ／ 百姓的福音

均田垦荒，轻徭薄赋

隋朝末年，天下大乱，唐朝建立之初，本应采取休养生息的安民之策，然而当时群雄纷争，国家尚未统一，因此，李渊根本无暇将精力放在治理国家之上，更谈不上抚慰百姓。李世民即位后，国家已经逐渐稳定，四海安平，然而却不得不面临满目疮痍、民不聊生、人口锐减的局面。

为了促使国家逐渐走向稳定繁荣的局面，李世民除了加强法治和巩固中央集权之外，更重视安民扶民。因此，李世民在贞观初年制定了休养生息、扶民以静的方针，正如李世民所说："为国者在于安静"，"国家未安、百姓未抚，应当以静抚之"。正因为如此，李世民提出了去奢省费、轻徭薄赋、选用廉吏、使民衣食有余等四项措施，并制定多项政策鼓励百姓从事农业生产，发展社会经济，从而促进社会的安定和国家的稳定。

首先李世民大力推行均田制,使得农民获得更多的土地。隋末战乱,割据力量相互攻伐,频繁的战争导致百姓死亡者十有八九。百姓为了逃避战乱而流离失所,导致大部分田地荒芜。

唐朝初年,朝廷控制了大量的无主荒地,为均田制的推行提供了有利的客观条件。唐武德年间,李渊为了鼓励农业生产颁布了均田法令,这样,不仅使农民获得土地,有利于农业生产,更打破了士族、豪族对于土地的垄断,有利于国家经济的发展。但是,因为唐武德末年,皇权争斗十分激烈,均田制并未得到充分的执行。

李世民在贞观初期开始大力推行均田制,诏令将田地分给农民。长孙顺德出任泽州刺史,"折节为政,号为明肃"。前任刺史张长贵、赵士达侵占百姓的良田数十顷,长孙顺德向李世民弹劾二人,随即将全部土地追回,分给贫民。唐贞观十一年(637)七月,洛阳地区连续天降暴雨,谷水、洛水两河泛滥成灾,洪水冲入洛阳城,导致民居倒塌无数。李世民随即诏令废除明德宫和飞山宫的玄圃园,将土地分给遭受洪灾的农民。

然而,在当时官僚贵族、地主大量占有土地的情况下,官府缺乏足够的土地分给农民,不可能彻底实现"均天下之田"的政策。所以,李世民推行均田制度,实际上只适用于闲荒无主的土地,因此,在荒地较少的地区,农民往往得不到法令所规定的土地。

唐贞观十二年(638),李世民到达新丰县灵口镇,看见该地的农民一家三口仅仅得到十亩土地时,甚是忧虑。为了解决荒地较少地区授田量不足的情况,李世民将推行均田制的重点放在奖励垦荒之上,鼓励农民由地少人多的"狭乡"向地广人稀的"宽乡"迁徙。这样不仅使更多的农民获得足量的土地,更扩大了唐初的耕地面积,促进了农业的恢复和发展。

另外，面临当时促进经济的发展，实施了一系列增加人口的政策。首先李世民颁布鼓励婚嫁、生育的诏令，规定男二十、女十五为婚嫁年龄。凡是鳏夫、寡妇丧期已过者可以自行嫁娶。唐贞观年间，为了促进人口增加，李世民还将户口增加和婚嫁是否及时作为考核官员的标准之一。随后，李世民鼓励外流人口返乡，并用金帛赎买的办法将逃亡东突厥等少数民族地区的人口召回。到了唐贞观四年（630）左右，唐朝召回的外流人口竟达到两百余万。另外，李世民还大规模地释放宫女，令其婚配。唐武德九年（626）八月、唐贞观二年（628）九月，李世民两次大规模释放宫女，达到六千多人。这项措施不仅减轻了皇宫的负担，节省了费用，更促进了人口增长。

李世民在实行均田制的同时，为了促进农民安定地生产，推出了与之相对应的租庸调法。所谓租庸调法就是以征收谷物、布匹或者为政府服役为主的赋税制度。在租庸调上李世民并没有进行重大改革，尤其是在赋税方面，因为当时经济凋敝、百废待兴，唐朝官府库存尚空虚，需要大量的粮食充实国库，所以，李世民当时所减免租赋的程度有限。

但是，唐初对于徭役的方面却做了极大的调整，李世民目睹了隋朝灭亡的过程，深知隋炀帝杨广穷奢极欲，无穷尽的徭役致使百姓贫苦不堪。因此李世民十分注重限制徭役，防止滥用民力的事件发生。唐贞观四年（630），李世民对众臣说："崇尚豪华宫殿，享受游赏奢侈池台，皆是帝王之所欲，然而却是百姓之所不欲。劳民伤财之事，切不可施予百姓。"

李世民为了彻底执行减轻徭役，还在《唐律》中规定，如果不执行或是执行不彻底的官员，将受到刑法惩处。由此可见，李世民对减轻农民赋税劳役，节制自己的享受欲望的重视。李世民在经济上实行均田制和租庸调制，促使农民安定生产，耕作有时，不仅有利于减轻人民的负担，更促进了经济的发展，国力也随之日益增强。

农民土地增加、徭役减轻之后，李世民随即为了鼓励农民积极从事生产，便推出了劝课农桑的政策方针。李世民不但经常派遣使者到各地巡视，还恢复了籍田之礼，颁布《籍田诏》。所谓籍田之礼就是天子亲自耕作，以显示帝王对农耕的重视，鼓励农民从事生产，此礼起源于西周，春秋战国时期，诸侯征战，籍田之礼逐渐废除。随后，汉文帝为了恢复农业生产也曾恢复籍田之礼，直到东汉末年再度被废弃。李世民再次恢复籍田，则显示了其提倡农耕，促进生产的决心。

据《旧唐书·礼仪志》记载：唐贞观三年（629）正月，李世民在太庙举行祭祀仪式，几日后，李世民带领众多官员按照天子籍田之礼的形式，亲自耕种，籍田千余亩。由于此礼仪已经废弃数百年，百姓都感到十分新奇，竞相观看。

李世民派使者到各地巡行视察，劝课农桑，并且要求各官员到达地方时，必须到田垅之间劝耕，不可讲究排场、讲形式，若迎来送往耽误农时则适得其反。同时，李世民对那些游手好闲、懈怠农耕的农民给予严厉的处罚。贞观二年（628），窦轨出任洛州（治所在今洛阳）都督，因为隋末战乱，百姓难免心浮气躁。窦轨积极鼓励农民从事生产，而对于那些懈怠的官员百姓予以抓捕，从此，当地百姓官员无不忌惮，社会风气也得到整治。

李世民认为"农时甚是重要，失不再来"，所以他十分强调"不违农时"的重要性，在农忙时期，一切以农时为重，其他事情则可以调整时间。李世民曾对大臣们说："国以人为本，人以衣食为本。凡是经营衣食，都应以不失时为本，而要做到不失时，则需要国君去奢从简。如果国君率兴兵戈，大兴土木，则想要不夺农时也不可能。"

这时，王珪对李世民说："秦皇汉武，对外穷兵黩武，对内则广修宫殿，耗尽人力财力，随即招致祸端。他们不是不想天下安定，而是失掉了安定天下的政策。隋朝灭亡的教训，应当引以为鉴，陛下曾亲眼看见隋朝灭亡，自然懂得如何改变它。但是，能够做到始终如一却很艰难，愿陛下能慎终如始。"

李世民十分赞同王珪的观点，并且对他说道："国家安定与否取决于国君。国君无为则百姓安乐，国君多欲则百姓困苦，朕应当抑制欲望，克己自勉。"

李世民甚至为了不耽误农时，而将太子加冠典礼改期。唐贞观五年（631），李世民立长子李承乾为太子，阴阳学家上书："太子加冠之礼，应定为二月最吉利。"李世民认为二月正值农耕即将开始之时，恐怕此时太子举行加冠之礼，而耽误农事，因此将仪式改为十月农闲之时。太子少保萧瑀进谏说："太子加冠是国家大事，二月为吉时，改期恐怕不妥。"而李世民则坚持认为："阴阳师的忌讳，朕并不为所动，如果一举一动都以阴阳而行，不顾礼法道义，怎能求得福佑。只要所作所为皆遵循正道，自然时常遇到吉利之事。所以，农时是最重要的，不可因此而错失。"

太子加冠典礼在古时可谓是国家大事，自古受到帝王和国家的重视，也必定会选择良辰吉日。然而，李世民却为了农时将其改为农闲之时，足见其对农事的重视。李世民还在法律条文中规定，如果地方官员在农忙之时，大兴土木或是征发徭役，将会按照贪污罪处理。

所谓"国以民为本，民以食为本"，正因为李世民对农业生产如此重视，唐朝初期的经济才得以迅速恢复。

水能载舟，亦能覆舟

孟子有云："得民心者得天下。"民心向背关系到国家的兴亡，历朝历代贤明的皇帝都将民心视为治理天下的根本，而那些失去天下的君主无不是丧失民心之人。正所谓"商汤以七十里亡夏，周文王以百里亡周"，正是因为夏桀、商纣无道，失去民心。李世民深谙"以民为本"的思想，因此，为了稳定社会局面，在大乱之后以仁义教化百姓，以抚民促进安定。

唐贞观元年（627），李世民刚刚即位就与众臣共同商议如何治理天下。李世民说道："天下大乱，短时间不可能天下大治。"

魏征却说道："不然，人在困难危机之时，惧怕的是死亡，希望安定的生活。因此，在大乱之后，如饥饿的人渴望食物一样，百姓更容易教化。"

李世民说："贤明的君主治理国家尚须上百年，才能使凶暴者弃恶从善。现在天下大乱刚刚结束，朕不敢有此奢望。"

随后，魏征说道："那是平常之人，不包括英明君主。英明君主施行教化，上下同心，百姓积极响应，一年便可做到，三年成功便已经晚矣。"

李世民认为魏征的说法很有道理，然而，封德彝却并不这样认为，他说道："夏商周三朝之后，百姓越来越难以教化，秦朝注重刑法、汉代施行霸道，都难以使民风醇正。现在陛下如果听从魏征建议，恐怕不久便会天下大乱。"

此时，魏征则针锋相对地反驳道："三皇五帝，并没有更换百姓。实现无为而治而成就了王业，施行仁义道德则成就了帝业，关键在于当时国君的治理和教化，黄帝和蚩尤长期打仗，国家也陷入动乱，然而，取得胜利后立即就创建了太平盛世。九黎（远古时代的一个部落联盟，今湖北、湖南及江西一带）乱德，颛顼（黄帝之孙，五帝之一）征讨，攻克之后，不失其理。夏桀为政乱虐，商汤伐之，之后天下太平。商纣王无道，周武王伐纣，到成王之时，也是太平之世。如果说百姓越来越难以教化，那么到现在岂不是都成为鬼魅了，谈何施以教化？"

魏征此番话借古喻今，令封德彝无言以对。李世民则接受魏征的意见，注重实施安抚百姓和重视农业的政策。李世民曾说过："水能载舟，亦能覆舟。百姓为水，帝王则为舟。"李世民把君民之间的关系比作船与水的关系，以说明百姓对于国家的重要性，同时认识到如果想要实现天下大治的局面，必定要爱护百姓，以民为本。

唐朝初年，由于连年的战乱，全国的百姓竟不到三百万，不足隋朝时期的一半。隋末动乱导致全国萧条，出现了"黄河以北，千里无烟；江淮之间，鞠为茂草"的局面。虽然经过了武德时期的初步治理，但是社会经济依然十分凋敝，百姓生活极为贫困。从洛阳到山东之间的几千里土地上，人烟稀少，满目荒凉。李世民虽然出身于士族贵胄之家，但是却深谙百姓疾苦。

身为一朝天子，李世民善于为百姓着想，注重顺应民心。有一次，李世民对王珪说道："隋文帝开皇十四年，关中遭遇严重旱灾，城中百姓饥饿困乏。当时，朝廷仓库充实，而隋文帝却拒绝开仓放粮，赈济百姓，还将百姓驱赶到外地逃荒。隋文帝这种爱粮不爱民的做法，其实是害民之举，也是害国之举。"

随后，李世民又说道："隋炀帝杨广依仗国家富裕，豪华奢侈、荒淫无道，怎能不灭亡？他们父子二人对丧失国家都有不可推卸的责任。治理好国家，仅仅想要充实朝廷粮仓，而不积蓄于民又有何用。其实，国家仓储的粮食只要能预防灾年就足够了，何必劳烦储蓄呢？"

李世民认为"为君之道，应先存百姓"，不仅时刻为百姓着想，对于百姓的疾苦更是体恤至深。唐贞观二年（628），长安一带发生了罕见的旱灾，继而引发了严重的蝗灾，长安一带的庄稼被蝗虫糟蹋殆尽。李世民到长安城郊外视察灾情，见爬满蝗虫的庄稼不免感慨万千，随后拿起几只蝗虫说道："庄稼是百姓的命，如今被你们吃得干干净净，百姓如何生存？辛辛苦苦的百姓根本无任何过错，即便有错也是朕的错，如果你们有灵性就吃我吧，不要再坑害百姓了。"说完竟要将蝗虫吃掉，身边的大臣急忙阻拦，纷纷说道："陛下，这不能吃，否则会生病的。"李世民十分痛心地说道："如果朕的病痛能换取百姓的粮食，即使生病我也无憾了。"随即，李世民竟真的将蝗虫吃了下去，可见李世民的忧民之心。

唐贞观年间，李世民切实做到了以民为本治理天下，无论是行军打仗，还是婚丧嫁娶都努力做到不扰民、不害民。

唐贞观二年（628），原隋朝通事舍人郑仁基有一女，此女容貌美丽，堪称当时的绝代佳人。长孙皇后将其留在宫中作为嫔妃，李世民也十分看重此女，封其为充媛（嫔妃中九嫔之末），并且发出诏书。此时，诏书虽然已经发出，但是册封使者却并未出发。

这时，魏征听闻此事后，认为极其不妥，因为此女曾经许配给陆爽（今河北临漳人，隋朝藏书家，曾任太子洗马），怎可被李世民纳为嫔妃，于是便急忙进宫进谏李世民。李世民见魏征如此匆忙，便问是何缘故，魏征答道：

"陛下身为百姓的衣食父母，常常说爱民如子，应以百姓之忧为忧，以百姓之乐为乐，况且自古以来，有德之君都将百姓的心愿作为自己的心愿。君主居楼台亭榭，要想到百姓应有安身之所；君主享受美味佳肴，就要想到百姓衣食无忧；君主眷顾嫔妃之时，也要想到百姓有无成家娶妻的欢乐。这些都是作为一国之君应当想到的道义。"

李世民不知魏征所言为何，便问道："魏大夫所言甚是，不过又为何说这些？"

魏征接着说道："微臣听闻郑仁基之女很早就已经许配给别人，陛下聘娶此女没有经过详细询问便匆匆行事，若强娶民女之事传到天下，所谓的国君之道岂不是成为一句空话。虽然，微臣并不知晓其中细节，但是身为陛下的辅佐之臣，对陛下的行为有匡正之责。万一因此事有损陛下的美德，微臣岂不是玩忽职守，没有尽到臣下的责任？所以，微臣不敢隐瞒，请陛下三思而后行。"

李世民听完魏征的话之后，十分吃惊，也后悔未仔细核查便匆忙下旨。于是，李世民便下令停止册封，将郑氏之女送还夫家。

这时，房玄龄、温彦博、王珪、韦挺等人认为："郑氏之女是否许配陆爽并无确切的证据，怎么能说是强娶呢？隆重的册封之礼已经举行，岂能中止！"

李世民认为此事虽小，但是事关君王在百姓中的威望，为了确保无误，便将陆爽召来觐见。陆爽说道："微臣父亲在世时，与郑家来往甚密，并且时常互赠礼物。当时，并没有为我们指派婚姻，外人并不知情，妄自猜测，便以讹传讹。"这时，事情的真相已经调查清楚，众臣便劝说李世民迎娶郑女，但是，李世民依然十分犹豫，便又招来魏征询问意见。

魏征笑着说道："陛下这次果真考虑周全，没有贸然行事。"

李世民十分不解地问道："如果众位大臣极力劝说朕迎娶郑女是为了迎合旨意，那陆爽又为何这样说？"

魏征答道："微臣认为，陆爽将陛下等同于高祖（李渊）了。当初，高祖刚刚进入长安时，看中辛处俭之妻，当时辛处俭时任太子舍人，高祖听闻此事后，一怒之下将其调出东宫任万年县令。现在，陆爽认为，陛下虽然今天宽容了他，日后必定会暗加谴责贬官，为了避免冒犯陛下，所以才再三表白与郑女并无瓜葛。"

李世民听完魏征的分析后，笑着说道："天下人不了解朕的人甚多，大丈夫一言既出，驷马难追。何况是一国之君，今日，朕便让天下人见识朕的为人。"

于是，李世民立即发布诏书，称道："现在听闻郑女已经接受陆爽聘礼，先前发布诏书时，对此事缺乏核实，这是朕的疏忽，也是官署的过失。因此，授予郑女充媛之礼立即停止。"果然，如魏征所料，此事很快就传遍天下，百姓无不称赞李世民仁爱、贤明。

李世民经常教育众皇子：作为帝王，如果按正道办事，百姓自然拥护；如果不行正道，则会招致百姓的反对。正因为李世民以民为本，爱民如子，才使得唐朝贞观年间国泰民安、繁荣昌盛。

设置义仓，兴修水利

李世民对臣下说过："大禹开凿九山，疏通九江，耗费人力物力巨大，却赢得万民敬仰的美名；秦始皇营造宫殿，百姓却怨声载道，这是为什么？正是因为前者符合百姓的心声，顺应天意，而后者则是为了满足帝王的私欲，违背民意。自古以来，帝王要兴建工程必须顺应民心。"

唐初，李世民成立专门机构对水患加以整治，工部设置水部司，主要官员有水部郎中和员外郎，他们负责天下江河的治理与疏通，凡是疏导河道、加筑河坝、船运灌溉等事宜，都由水部司掌管。同时，李世民还在京城设置都水监，掌管京城地区河渠疏浚和农业灌溉等事宜。

李世民还制定水利和水运的专门法律，即《水部式》，以刑律保护河水和地方的合理利用。凡是违反《水部式》规定的官员将受到律法严厉的惩罚。唐贞观十八年（644），李世民率军征讨高句丽时，命令太常卿韦挺负责运送粮食到辽东，由于当时北方天寒无法前进，韦挺又事先没有视察河道，致使六百艘粮船因河道阻塞不能前进。为此，李世民大怒，以延误军事、不能及时视察漕渠的罪名将其押送到洛阳，革职查办。

唐贞观年间，水旱连年不绝，治水便成为了一项紧迫的任务，因此李世民十分重视水利工程的建设，每年水旱灾年，李世民都派官员积极赈灾，并且常常自责没有尽力兴修水利。唐贞观十一年（637），洛水暴涨，洪水淹没沿途村落六百余家以及众多良田耕地。李世民曾经自责道："暴雨成灾，洪水泛滥，朕静思过错，感到非常惶恐害怕。"同年九月，黄河再次泛滥，两岸受灾的百姓流离失所，大片的良田瞬间成为沙滩，李世民亲自视察灾情，安抚受灾的百姓。

在李世民的亲自督导下，各地官员纷纷兴建水利工程，获得显著成效的地方官员不乏其人。扬州大都督府长史李袭誉，为了扭转江都地区百姓喜好商贾，而不积极从事农事的风俗，大力兴建水利工程，为发展当地的农业创造了有利条件。他率领当地百姓建筑河塘，使得附近八百余顷田地得到灌溉。

沧州刺史薛大鼎在兴修水利方面也做出了突出的贡献。沧州地区地势低下，河道埋虚后，水肆横流，再加上人为祸害比较严重，当时的沧州出现了一片荒凉的景象。薛大鼎经过详细的调查之后，从当地的实际情况出发，积极组织当地的百姓疏通河流，使得沧州地区免受水灾的威胁，东海的鱼盐之利得以运输到沧州境内及其他地区。当时，该地区水上交通得到了充分开发，庄稼得到及时的灌溉，使得各地的粮食在短时间内可以相互转运。李世民对于薛大鼎的贡献给予了极大的奖赏，他本人也受到了当地人民的热爱和拥护。当地的百姓还为此编写一部歌谣歌颂薛大鼎的功绩：

新河通，舟楫利。属沧海，鱼盐至。昔徒行，今驰驷，美哉薛公德滂被！

李世民大力兴修水利工程，不仅有力地预防了水患的发生，保证了百姓的生命、财产安全，更为农业的发展打下了良好的基础，对社会经济的发展起到了至关重要的作用。

李世民在大力兴建水利工程、治理水患的同时，还大力兴建义仓，确保百姓在遭遇灾荒之年时，得到充足的粮食供给。其实，设置义仓这种仓储制度自古有之，一般义仓的粮食由朝廷强制性征收，凡是遇到灾年的时候，官府便拿出义仓的粮食赈济灾民，或是贷给农民作为耕作的种子，秋季收回。这种设置义仓的制度本意是取之于民，用之于民，但是，少数帝王却为了一己私利，使其成为了剥削农民的借口。隋文帝杨坚也曾广设义仓，储备粮食以备荒年，但是，灾荒之年却又不肯赈济灾民，导致百姓流离失所。而隋炀帝杨广大肆挥霍导致国库空虚，他竟挪用义仓的粮食以充费用，导致灾年根本无粮赈灾。

唐贞观二年（628），戴胄向李世民进谏："动乱之后，户口锐减，每年征租不足以让仓廪充实。若遭到灾年，朝廷根本拿不出粮食赈灾。陛下可以效仿隋文帝的做法，每年秋收时，计算田地的数量，抽取一定数量的粮食，建立义仓，以备灾荒之年。"

李世民接受了戴胄的意见，之后，便下令在全国范围内设置义仓，储存粮食避免灾荒之年，规定每州每县必须设置义仓，每亩征收粮食两升，黍、麦、稻等随当年的产量而定。而商人或是没有田地的人，则按照他们的资产进行评估，并且将他们分为九级，最少缴纳五斗，最多五石。同时，李世民为了保证百姓的生活，还规定如果遇到收成不好的年份，根据减产的程度减免粮食的交纳。义仓粮食不得随便挪用，更不能充作其他方面的费用。

同时，为了平衡粮价，避免粮价出现巨大波动，李世民还设置常平仓，当出现物价上涨之时，官府将平仓粮食出售，保证百姓的生活无忧。当丰年物价下跌时，李世民又命人大量收购粮食，致使价格不至于波动太大。当然，平仓中储存的物品不仅仅粮食一种，还包括百姓生活之中的必需品。其实，李世民设置常平仓的行为相当于如今政府对于市场价格的调控，不仅有效地抑制了商人肆意哄抬物价，更保证了百姓生活的安定。

正是因为李世民推行了一系列的重农措施，唐朝很快就出现了政治安定、经济繁荣的景象。到了贞观四年的时候，关中地区的经济首先得到了恢复与发展，流散到外乡的百姓纷纷返回。随后，国家经济得到了全面的复苏，百姓生活越来越富足，社会治安已经达到了路不拾遗、夜不闭户的局面。

第十二章 ／ 太子的诅咒

荒唐的太子

李世民作为一代明君励精图治、爱民如子，开创了古时经济政治最繁荣的贞观之治。李世民对于当年兄弟夺嫡导致兵戎相见的惨剧深有忌惮，因此，在册立太子的问题上十分谨慎小心，可谓是慎之又慎。尽管李世民对太子李承乾悉心培养、严加教导，但是，初立的太子李承乾却并非理想的储君，不仅荒淫无度，更心生谋反之意。唐贞观晚年，废立太子则成为了李世民最烦心的问题。

李世民共有十四子，其中长子李承乾、四子李泰、九子李治皆是长孙皇后所生。李承乾生于唐武德二年（619），因生于承乾殿所以以此殿为名。也有史学家认为李渊对当年秦王所生的长子十分重视，赐名承乾，有承继皇业，总领乾坤之意。李承乾在幼时深受李渊宠爱，武德三年，封承乾为恒山王、武德七年封中山王。

李世民即位之后，作为嫡长子的李承乾即刻被立为太子，时年八岁。幼年的承乾十分聪明敏慧，深受李世民宠爱。李世民也对他充满了期望，更重视对太子的培养，选派德高望重、才识渊博的李纲作为太子少师。李纲是今河北景县人，隋时是当朝名臣，杨素弄权，李纲不肯逢迎，屡遭陷害，后来隐居山林。唐初任原太子李建成太子詹事，屡次劝谏李建成无果后辞去官职。后李世民任命李纲为太子少师，教授承乾儒家君臣父子之道，足见其对太子的期望之深。

当时，承乾虽然年幼却虚心接受老师教诲，每次听课时都恭敬守礼。当时李纲因为患有脚疾只能乘着轿子进宫，承乾则每次都亲自将老师引上殿，并恭恭敬敬地行礼。唐贞观五年（631），李纲病逝后，李承乾还亲自为老师立碑。

后来，李世民任命于志宁（京兆高陵人，隋末山东他辞官回乡，后李渊任其为银青光禄大夫，后任中书侍郎、太子左庶子等）、孔颖达、杜正伦、令狐德棻、李百药等人共同辅佐太子。李承乾自幼体弱多病，因此李世民特别准许他不用多读书，只要和孔颖达评说古事即可。此时，李承乾并未趁机放纵自己反而积极进取，展示出了治国经邦的才能。李世民担心李承乾久居深宫，不能体恤百姓疾苦，便命于志宁、杜正伦等人经常讲述百姓间的疾苦，并且命令众人多多进谏，指正太子的失误。李承乾也十分好学，不仅令孔颖达撰《孝经章句》，还让颜师古注班固《汉书》解释详明，李世民得知后对此大加赞赏。

李承乾的聪慧、积极上进深受李世民和朝廷大臣的赏识，为了进一步培养李承乾的能力，李世民经常让其在旁观察自己与臣子讨论政事。唐贞观九年（634 年）五月，太上皇李渊病逝，李世民居丧期间诏令太子暂理军国大事，李承乾将朝政处理得有声有色。当李承乾稍年长些时，每当李世民离京时，便让他居守监国，处理日常政事。李承乾也不负众望，处断国家大事时颇识大体。

然而，当李承乾逐渐年长趋于成年之时，便慢慢染上了诸多恶习，喜好声色，肆意享乐，导致生活日益荒唐颓废，更谈不上精心处理政务。后来，李承乾患上了脚疾，不能上朝觐见李世民，使其失去了管教、监督，导致小人乘虚而入，其行为越来越荒唐。开始李承乾因为畏惧李世民，不敢过分放纵自己的行为，每当处理政事、召见众臣时，言语中尽是忠孝之道、仁义爱民之词；而回到东宫之后，便肆意享受玩乐。每当有大臣向其进谏时，李承乾都正襟危坐，深刻检讨自己，使劝谏大臣以为他只是被宫人教坏而已。但是，大臣们的进谏让李承乾十分厌恶，背后暗中调查进谏大臣，伺机报复。他甚至派刺客刺杀自己的老师于志宁，当时于志宁正在为父亲居丧守节，刺客动了恻隐之心，才使其逃过一劫。

但是，当时，李世民和朝廷大臣都被李承乾的花言巧语所蒙骗，根本没有察觉其本性的虚伪和狡诈。

随着时间的推移，李承乾越来越荒唐，其恶劣言行逐渐被李世民察觉。李承乾平日宴游无度，甚至喜爱一个名叫称心的太常乐童，两人同吃同住，朝夕相伴。李世民得到消息后，怒不可遏，将这名乐童诛杀，并狠狠地责骂了李承乾。但是，李承乾并不悔改，反而对李世民心生怨恨，为了与李世民对抗，竟然在太子宫辟出一个房间，供其塑像，早晚焚香祭奠，甚至还假借生病不问政事，数月不出东宫。

李承乾还曾让人铸造了大铜炉和大鼎，派人偷取百姓的牲畜，在铜炉大鼎中煮熟，与宫人一起分食。李承乾十分喜欢说东突厥语，穿东突厥衣服，他经常命令数百名仆役练习音乐，装扮成东突厥人的样子，挥杆舞剑，歌声昼夜不绝。他还经常挑选面貌像东突厥的侍从，每五人组成一个部落，装扮成东突厥部落，建造毡房，树立狼头旗，排兵布阵，演戏练兵。最令人不可思议的是，李承乾竟曾扮成东突厥可汗的样子，假装死去，令众人大哭并涂黑面孔骑着马匹、环绕着"尸体"奔走为其送葬。李承乾对这种荒唐的游戏乐此不疲，甚至还说过："有朝一日我拥有天下，将会率数万骑兵，到金城（甘肃省兰州市）以西打猎，去除汉人装束，投靠阿史那思摩（东突厥阿史那部的酋长），宁愿当其座下的一位将军。"身为大唐王朝的储君，李承乾竟然想成为东突厥部落的属下，其荒唐可见一斑。

李承乾跟叔父李元昌关系十分密切，经常一起享受玩乐。他们甚至将左右侍从官员及卫士分作两队，二人各率一队，众人身披毛毡缝制的铠甲，扎营列阵，互相冲锋厮杀。他们将侍从的生命当成儿戏，如果有违抗命令者就将其绑在树上毒打。李承乾甚至叫嚣："我成为皇帝后，要在皇苑中设置万人营，与汉王（李元昌）分别指挥，观赏士兵肉搏战斗，岂不快乐！如果有人劝谏，立即诛杀，杀足数百人后，自然无人敢忤逆我的话了。"李承乾不仅将侍卫的生命视为草芥，以看其厮杀流血为娱乐，更肆意妄为视劝谏为毒言。试想如果这样之人成为李世民的继承人，其唐朝贞观之治将顷刻毁灭。

李承乾的言行，不仅荒谬，而且与李世民励精图治、爱民扶民的思想背道而驰。唐贞观年间，李世民深知以武力获得天下之后必须休养生息，因此，更注重偃武修文、尊礼尊贤、修养百姓，而李承乾却喜好胡人作风、肆意厮杀。李世民对李承乾寄予厚望，陆续令朝廷中德高望重的大臣作为太子的老师，不仅希望能够传授学识、匡正其行为，更希望能够借助股肱大臣的名望地位，提高太子的威望。然而，却事与愿违，尽管有众位大臣的辅佐和劝谏，李承乾却将其置之脑后，一意孤行，最后，他走上了逼宫谋反的不归路。

李世民对于李承乾的荒唐行为，开始也是严厉指责、悉心教导，更令大臣进行劝谏、督导，但是李承乾却并无任何悔改之心。于志宁撰写《谏苑》二十卷讽劝，孔颖达与张玄素等人也多次上书劝谏，李承乾却依然我行我素、不思悔改，最后导致众多尽心辅佐太子的大臣皆拂袖而去。

因此，李世民逐渐对其失去好感，逐渐疏远李承乾。据《贞观政要》记载：李世民在唐贞观初年时常到东宫了解李承乾的学业，到唐贞观七年（633），父子有时还时常相见。而后来，便没有了李世民到东宫或是召见李承乾的记载了。

直到唐贞观十年（636），李世民对魏王李泰越来越器重，更有了废除太子之心。然而，此举却遭到了朝廷众臣的反对。魏征说道："自周朝以来，皆子孙相继，立长不立幼，是为了杜绝庶子窥伺皇权，这是自古君王所深深忌惮的事情。"

后来，李世民命魏征任太子太师，并且向众臣表示："朝廷上下，忠心耿直之人唯有魏征，现在朕命其为太子太师，来杜绝天下的猜疑。"在众臣的极力劝谏之下，李世民表面上接受了他们的建议，心中却依然有废立之心。

李泰恃宠而骄

正当太子李承乾逐渐受到李世民的怠慢和冷落之时，魏王李泰却受到了李世民的异常宠爱。李泰为李世民与长孙皇后的第二个儿子，唐武德三年（620），被封为宜都王，后又被改封为卫王、越王，任扬州大都督，后任左武侯大将军、改封魏王。

李泰少时以才学盛名，为人聪明绝伦，更是相貌俊美，深受李世民的喜爱。李世民对太子李承乾已经失去信心，随即又将全部的希望寄托在李泰身上，并且逐渐产生了废黜太子改立魏王之心。按照历代惯例，亲王封地之后必须离开京城前往封地，君主不召见不得回京。

唐贞观八年（634），李世民不仅没有命令李泰按照惯例前往封地，而且授予其雍州牧之职。雍州就是京兆府，即唐朝都城长安所辖之地，雍州牧其实就是掌管长安军政的长官，李世民将如此重任交予李泰，可见其对李泰的偏爱。

唐贞观十年（636），李世民将皇族十七名子弟重新封王，除五人因年幼暂且不赴任外，其余亲王都下诏任诸州都督。李泰徙封魏王，遥领相州都督。李世民还是不忍心李泰离开京城去封地，由张亮代行都督相州职权。李世民将李泰留在身边，不仅是因为宠爱不忍其离开，更主要是有废立太子的用意，将李泰留在京城着力培养，提高魏王的声威。

李世民甚至一度想下诏令其搬进武德殿居住。此举遭到魏征的强烈反对，魏征进谏道："陛下爱子心切，希望将其留在身边保其平安，但是，不应让其居住在招人猜忌的地方。武德殿在东宫西侧，前齐王李元吉曾经居住在此，这是十分不妥的行为。尽管今时不如往日，但是人言可畏不能不防。希望陛下收回成命，以便成就魏王虽受宠幸却仍谨慎的美德。"李世民在魏征的劝阻下，才放弃了将李泰迁往武德殿的想法。

但是，李世民对李泰的偏爱却并无任何改变，反而极力培养李泰。李世民以李泰喜好文学、礼贤下士之名，特命在魏王府设立文学馆，让其自行招揽贤士。这无疑和唐武德年间李世民在秦王府设置文学馆广招"十八学士"如出一辙，李世民这样做的目的无非是为了帮助李泰培养自己的势力，为其成功地代替太子李承乾增加砝码，也纵容了李泰之后的骄奢。

魏王府的文学馆设立之后，李泰招揽了众多当时著名的文人学士，其中一位名叫司马苏珉的学士劝谏李泰效仿历代贤明君主，请宾客著书。于是，李泰便向李世民请求撰写《括地志》。李世民派著作郎萧德言（长安人，博涉经史，尤精《春秋左氏传》）、秘书郎顾胤（苏州人，弘文馆学士）、记室参军蒋亚卿、功曹参军谢偃等人共同编撰《括地志》。唐贞观十六年（642），《括地志》编撰完成，李世民对李泰等人大加赞赏，将此书收藏于宫廷秘阁，并赏黄金千两，魏王府官吏都有赏赐。

李世民甚至将长安城东南部，曲江南岸一带的原隋朝离宫芙蓉园赐给李泰，不仅如此，李世民还在东都洛阳合并土地为李泰建造宏伟大宅。李泰在大宅中修建水池，水池与洛河之间还修建了堤岸。这正是日后被称为"都城之盛"的魏王池与魏王堤，此二景吸引了历朝历代的文人骚客游览，并留下不朽诗篇。唐朝著名诗人韩愈曾在此留下《东都遇春》一诗，"有船魏王池，往往纵孤泳。水容与天色，此处皆绿净"。由此可见，魏王池与魏王堤的景色秀美与广阔。

因为李泰身材肥胖，行动不便，李世民担心其上朝参拜辛苦，竟特别准许他乘着小轿子到朝所。魏王李泰平时每月的待遇和份例银甚至超过了东宫，对此，谏议大夫褚遂良向李世民进谏："帝王之家嫡庶尊卑有别，将嫡长子立为储君，因此，储君在各方面都与帝王相同，庶出子弟不能攀比。历朝历代一直沿用此法杜绝兄弟之间的嫌隙，避免尊卑不分，成为祸乱之源。因此，帝王对于庶子即使再喜欢也不能超过长子。如果应该亲近的反而疏远，应当尊崇的待遇反而卑下，这就是以私情罔顾国法，将祸乱臣民思想，造成国家混乱。现在魏王的各种待遇都超过了太子，恐怕招致祸端！"

李世民虽然对褚遂良的观点十分赞同，但是因为对魏王的宠爱至深，竟丝毫不肯改变。果然，李世民对李泰的过分宠爱使其越来越恃宠而骄，招致很多大臣不满。岑文本、马周曾极力苦谏，李泰的老师王珪也屡次向李世民进谏，但是唯独不见李世民对李泰的行为加以制止和劝诫。

唐贞观十三年（639），李泰向李世民抱怨朝廷中三品大臣对自己怠慢，看到自己根本不下马拜见。李世民竟然听信李泰之言，大发雷霆地将众臣召来质问。

王珪上奏；"按照礼法，三品以上官员遇见秦王不必下马，现在众官员皆下马拜见，已经违背了礼法。"

李世民说道："你们这是想抬高自己而贬低皇子吗？"

魏征进谏道："魏晋以来，亲王在三公之下，现在三品和六部九卿都给亲王下马，旧时礼法没有先例，现在礼法也无此规定。"

李世民仍然不服气，说道："太子是未来天子的继承人，倘若没有太子，就按同母兄弟依次立为太子，你们怎可轻视皇子。"

魏征依然不为所动，继续直言道："商朝有兄死传弟之事，然而，自周朝以来，太子必定立长，以断绝庶子非分之想。陛下治理国家，理应对此谨慎处理。不可废除礼法。"

最后，李世民只得同意魏征等人的进谏，三品以上官员见亲王不必下马。

李世民的宠爱不仅使李泰变得越来越骄奢淫逸，甚至更刺激他产生了争夺太子之位的野心。李泰为了争夺权力，召集驸马府都尉柴令武（柴绍与平阳公主之子，担任过太仆少卿、卫州刺史、封襄阳郡公）、房遗爱等人，又派韦挺、杜楚客（杜如晦之弟）等人以贿赂馈赠的方式结交朝中大臣。这时，朝中大臣见李世民越来越宠爱魏王，便也开始逢迎巴结，因此李泰的势力越来越大。

太子逼宫

李世民对太子李承乾的冷落和对魏王李泰的偏爱，使得李承乾意识到自己失去宠爱，太子之位已经岌岌可危。同时，李泰借助李世民的宠爱不断发展自己的势力，并且开始散布谣言，称太子李承乾有足疾，魏王将取而代之。

当然，面对如此不利的形势，李承乾并不甘心坐以待毙，为了铲除魏王势力，他曾经派人伪称李泰府中官员，向李世民呈递密奏，指控李泰种种罪恶。然而，李世民却并不相信密奏之事，立即下令追查此事，捉拿告密之人，最后，李承乾陷害李泰的计划落空。随后，李承乾并不甘心，于是派刺客谋杀李泰，但是并没有得逞。这时，李承乾已经恶名远播、疾病缠身，上无李世民的信任，下无朝臣的支持，无计可施之下，便准备发动宫廷兵变，迫使李世民放弃废立太子的计划，并且逼迫李世民退位。

为了发动兵变，李承乾积极广结私党，暗中联络对李世民有意见的大臣，培植自己的势力。汉王李元昌本来就与李承乾臭味相投，关系密切，后来逐渐结成联盟。李元昌平日有很多违法之事，李世民不徇私情，经常责骂处罚他，而心胸狭窄的李元昌对李世民心生怨恨，便想借助李承乾伺机报复。另外，吏部尚书侯君集因为在征伐高句丽时私自侵占战利品，遭到李世民的责罚，将其治罪下狱。侯君集对李世民也十分不满，因此在出狱之后，命令女婿、宫廷宿卫贺兰石秘密与李承乾来往，密谋谋反之事。除此之外，左屯卫中郎将李安俨、扬州刺史赵节以及驸马都尉杜荷（杜如晦之子，娶唐太宗第十六女城阳公主）都纷纷投靠到东宫帐下。

侯君集对李承乾说："魏王深受陛下宠爱，恐怕殿下将招致祸端。如果陛下有任何诏敕，太子应暗中准备，以防万一。"李承乾认为侯君集的话十分有道理，于是便贿赂侯君集和李安俨秘密察知李世民的意图，如有任何风吹草动及时相告。

这时，李世民对李承乾已经彻底失望，并且曾对太子左庶子杜正伦说道："太子平日不善于接触贤能之士，反而私自接触众多小人。你一定要多加观察，如果太子不受教，你可转告于朕。"杜正伦对李承乾的不良行为多次劝谏，均无任何效果，于是便将李世民对他的嘱托告知李承乾，想让其有所收敛。然而，李承乾却抗表上奏，李世民得知杜正伦将自己的意图告知太子，十分气愤，于是将其贬出京城，出任谷州刺史。

杜正伦将李世民的意图告知李承乾之后，加深了李承乾对李世民的怨恨和恐惧，从而也导致其加快了发动兵变的步伐。唐贞观十七年（643）三月，李承乾与侯君集、李元昌等人制订了密谋兵变的计划：凡是参与谋反者都用刀割臂，以帛拭血，歃血盟誓，准备进攻李世民居住的西宫。为了坚定李承乾的决心，杜荷对李承乾说："天象发生变化，应立即采取行动。殿下假意突发疾病，生命垂危，皇上必定亲自前来探视，到时，我们将趁机行动。"

然而，正当李承乾紧锣密鼓地策划政变时，传来了李世民第五子齐王李祐在齐州发动政变的消息。李承乾得知消息后，竟得意忘形地对纥干承基说："东宫的西墙距离皇帝西宫仅仅二十步之遥。你与我同谋大业，岂是齐王比得上的。"

李世民重新将十七亲王封赐之时，李祐被封为齐王，同时担任齐州都督。随后，李佑进京养病，他的舅舅阴弘智建议他招募壮士用以自卫，随后推荐妻兄燕弘信辅助李祐，而李祐则命其秘密召集死士。李祐平时喜欢游玩狩猎，纵情玩乐，并且结交昝君谟、梁猛彪等奸佞之辈。齐王长史薛大鼎历次进谏，李祐都没有任何收敛。李世民责怪薛大鼎辅佐无方，改以权万纪为长史。然而，李祐不思悔改，权万纪多次犯颜劝谏，斥退昝君谟、梁猛彪等小人。权万纪生性耿直，经常以严厉的方式管教李祐，因此引起了他极大不满，将其众人召回，因此，两人之间的关系越来越僵，李祐甚至密谋杀死权万纪。权万纪得知消息后，将此事禀告李世民。

唐贞观十七年（640），李世民派校尉韦文振为齐王府典军、刑部尚书刘德威前往齐州处理，并且让二人共同前往京城接受李世民询问。李祐竟然在上京途中射杀权万纪，并残忍地将之肢解。之后，昝君谟等劝李祐起兵谋反，而李祐则犹豫不决。

三月，唐太宗急召兵部尚书李勣（即李世勣，为避李世民名讳，故改名为李勣）与刘德威伐齐王，不久，李祐被兵曹参军杜行敏擒住，押送至长安，被李世民赐死，贬为庶人。同时，李祐谋反同党也一并被处死。

齐王李祐的叛乱很快就被平定，在追查谋逆案件时，纥干承基被牵涉其中。纥干承基在审讯中，供出了李承乾密谋发动政变的计划。李世民大为震撼，于是立即命司徒长孙无忌、司空房玄龄、特进萧瑀、兵部尚书李勣，会同大理、中书、门下等机构进行调查。经过一番仔细的核查之后，太子李承乾密谋谋反之事证据确凿。

面临太子谋反一事，虽然李世民已经对其失去宠爱和信心，但是毕竟是自己自幼培养的儿子，因此，李世民也不忍心将其处死。于是，李世民征求众朝臣的意见，通事舍人来济（隋朝名将来护儿之子，贞观年间，任通事舍人、中书舍人，与令狐德棻等撰《晋书》）进谏说："陛下虽为天下，但是仍然是慈父，将太子贬为庶人，得以终其天年，当属最好的结局。"

于是，李世民下诏罢黜太子李承乾，贬作平民，囚禁于右领军。同时，东宫参与谋反的李安俨、杜荷、赵节等人全都被处死。李世民本打算免除李元昌、侯君集的死罪，但是遭到朝廷大臣的极力反对，最后不得不将二人处死。

随后，又将李承乾流放到黔州，没多久，便猝然死去。

立储之争，晋王得利

太子李承乾谋反被贬为庶人，随后李世民面临着一个重大的问题，即册立储君。然而，在册立哪位皇子为储君的问题上，李世民却陷入了困惑，始终犹豫不决。李泰为人精明能干、才学突出，但是为人处世却骄横无礼、张扬霸道；李治为人仁厚忠孝，但是年纪尚小，况且性情也比较懦弱。

李世民一向宠爱魏王李泰，因此他更倾向于册立李泰为太子。一向得宠的李泰以为太子被废，正是自己得势的大好机会，储君之位非他莫属。于是，他便每天都到皇宫中侍奉，企图打动李世民，而李世民也曾当面承诺将改立李泰为太子。

然而，朝中大臣却对立储君之事产生了激烈的争执，实际上主要是分为两派：岑文本、刘洎等人都支持立李泰为太子，而长孙无忌、褚遂良等人则认为皇九子晋王李治为太子的最佳人选。

李治相对于李承乾和李泰而言，尚且年幼，唐贞观二年（628）生于丽正殿，当时年仅十五岁。唐贞观五年，被封为晋王。年幼的李治虽然性格比较懦弱，但是却为人宽厚，深谙忠孝礼义。当初，著作郎肖德言向他讲授《孝经》，李世民询问他书中要义，李治答道："所谓孝，始于事亲，中于事君，终于立身。君子辅佐帝王，应进时思考如何尽忠，退时思考如何补过，发扬君主的美德，匡正君主的失误。"李世民听了李治的见解之后，对他大加赞赏，并且说道："如果你能做到这些，就足以侍奉父兄，辅佐君王了。"

随后，李治被封为右武卫大将军，唐贞观十年（636），长孙皇后薨，年仅九岁的李治与同母妹妹晋阳公主一起被太宗亲自抚养。李世民对年幼懂事的李治也十分疼爱。唐贞观十七年（643）四月，长孙无忌、褚遂良二人认为李治虽年幼，但是仁爱忠厚，因此向李世民进谏册立李治为太子。

李泰为了打消李世民的顾虑，向李世民表示，如果自己继承皇位，会在自己死之前将儿子杀死，将皇位传给李治。李世民很赏识李泰的大度，于是再次征求大臣们的意见，褚遂良对李泰的言行产生了质疑："如果魏王日后真的登基，还肯杀掉自己的儿子传位给晋王吗？"李世民竟无言以对。随后褚遂良接着说："当初李承乾被立为太子，陛下却偏宠魏王，待遇过于太子，才导致兄弟之间发生夺位之争、太子谋反的惨剧。如果您想立魏王为太子，定要给晋王一个稳妥的安置，才能避免悲剧重演。"

李世民被褚遂良的一番话所触动，他深知如果立李泰为储君，他登基之后必定会残害自己的兄弟，铲除后患。李世民再次陷入困惑之中，既不愿意立李泰为太子之后，使原太子、晋王以及反对的众臣遭到迫害，又不愿意李泰失去这几位股肱之臣的支持。

李泰得知长孙无忌、褚遂良有意进谏李世民立李治为太子后，担心李治威胁自己的地位。于是，利用李治胆小懦弱的特点，私下威胁："你平时与汉王李元昌关系密切，现在李元昌已经被处斩，你还能高枕无忧吗？"李治当时年仅十五岁，又不懂得宫廷政治，经过李泰的恐吓之后，果然忧心忡忡。李世民见其近来神情不安，便多次询问其缘故。开始李治并不敢道出真相，经过李世民的多次询问之后，便把李泰恐吓他的一番话转告给李世民。

李世民知道真相之后，对李泰暗中恐吓幼弟的行为十分失望，同时也引起了他对李泰的警觉。随后，李世民召见李承乾，质问他为何图谋造反，李承乾说道："臣贵为太子，夫复何求。但是，太子之位却也是李泰梦寐以求的，他私下与朝臣密谋，排挤、陷害儿臣。儿臣只不过是为了自保才不得不结交朝中大臣。这时，有人趁机煽风点火，鼓动臣做下了不轨之事。如果现在陛下立李泰为太子，则正好成全了别人的阴谋。"

经过李泰恐吓李治以及听了李承乾一番肺腑之言之后，李世民对立李泰为太子的意愿已经产生了严重的动摇，逐渐倾向于册立晋王李治。但是，李世民认为李治年幼懦弱，必须有朝中重臣的支持才能稳固地位。

为了进一步使李治获得朝中重臣的认可和支持，李世民将长孙无忌、房玄龄、褚遂良、李勣等重要大臣召来，随后又将晋王李治召来。李世民对他们说道："朕对三个儿子（即李承乾、李泰、李祐）、一个弟弟（李元昌）的所作所为十分痛心，实在百无聊赖。"说完便准备拔剑自尽，长孙无忌等人立即将其制止，表示李世民打算立哪位皇子为储君，众臣都将没有任何异议，日后必将全力辅佐，尽心尽责。

这时，李世民表示想要立李治为太子，此话正合长孙无忌之意，于是，他立即表示："臣瑾奉诏令，如有异议者，臣请求斩杀。"

李世民于是对李治说："你还不拜谢舅父！"李治则赶紧拜谢长孙无忌。随后，李世民对众臣说道："众位已经同意朕的意见，不知朝外有无异议？"

长孙无忌则说道："晋王仁孝，天下归心。陛下应该诏令百官，如果有不同意者，臣愿为陛下赴死。"

最后，经过李世民和众位朝廷重臣的商议，改立李治为太子的事情终于定了下来。其实，李世民深知长孙无忌、褚遂良二人极力支持李治，而房玄龄、李勣则态度不明，李世民此举只不过是演戏给房玄龄和李勣看，为李治赢取更多重臣的支持和政治筹码。

李世民为了防止李泰滋生事端，下诏解除李泰雍州牧、相州都尉、左武侯大将军职务，降爵为东莱王。同时，李世民为了杜绝诸位亲王窥伺储君的野心，规定如果日后储君无道，有亲王窥伺者全部罢黜。但是，李世民内心还是对李泰放不下，随后，李世民又改封李泰为顺阳王，让其居住郧乡（今湖北郧县）。李世民曾经拿着李泰的奏折对侍从说："李泰文学可嘉，是难得的治世良才。只不过为了国家大局，让其居住外地，使其他兄弟可以保全。"随后，李泰又被封为濮王。李治登基后，诏令李泰可以开府办差，招请官僚，待遇也给予提高，两年后，李泰抑郁而死，享年三十五岁。

唐贞观十七年（643）四月，李世民诏令天下，立晋王李治为太子。事后，李世民道出了册立李治的理由："如若立魏王为太子，则似乎预示太子之位可以通过图谋钻营得到，这将导致后人滋生不轨之心。现在，太子图谋政变，魏王则伺机图谋太子之位，朕将二人全部废掉，可以为后世提供借鉴，避免出现争夺皇位的悲剧。另外，如果魏王得立，李承乾必将遭到处死，晋王也将难以保全。如果晋王得立，承乾与魏王则可生命无忧。"

李世民虽然确定了李治的太子地位，但是对个性温和、天赋不高的儿子并不满意，曾经产生过动摇之心。李世民在李泰被贬外地之后，曾对长孙无忌说："李治生性过于懦弱，恐怕难以治理天下，朕不知这是否是明智之举。"随后，李世民认为三子李恪在诸多方面与自己很像，并有意改立李恪为太子。但是，李恪并非嫡子，不具备继承大统的资格，另外，他乃是李世民和隋炀帝之女杨氏所生，因此，遭到众臣的严厉反对。

从李世民的话中不难看出，李治并非是李世民心目中理想的太子人选，册立其为太子，只是为了顾全大局，避免兄弟相残的悲剧发生。李治生来仁弱，既无原太子李承乾的聪慧，也无李泰的精明，因此缺乏执掌国家的魄力。所以，李世民为了巩固李治东宫的地位，花费了无数的心血，他在废除李承乾和李泰的同时，及时铲除其党羽，为李治消除日后的隐患。同时，李世民令长孙无忌、褚遂良、李勣、房玄龄等重臣兼任东宫官职，一方面令其教育培养太子的治国才能，另一方面树立李治的威信。同时，李世民还将全国军队的统领权交付李治，并且让其陪同自己朝见群臣，培养他日常政务的处理能力。

李世民为巩固李治的太子地位可谓是煞费苦心，在其病重期间，将当时的大司空李勣贬到外地，并且对李治说："李勣才智超人，功勋赫赫，但是，你对他毫无恩惠，恐怕日后难以真正尽心尽力辅佐。等你登基后，立即将其召回做宰相，这样，他才能对你忠心。"

唐贞观二十三年（649），李世民病逝，李治登基为帝，是为唐高宗，李世民遗诏以长孙无忌、褚遂良为辅政大臣，共同辅佐李治治理国家。而李治宽厚仁爱，勤于政事，在众臣的辅佐下继续推行贞观政策，延续了贞观之治的繁荣昌盛，因此也被人们称为"永徽之治"。

第四篇／天可汗

第十二章 ／ 颉利可汗

大唐与突厥的恩怨

唐朝初年，唐朝与东突厥之间的关系极其复杂，在较长的一段时间内，双方打打合合摩擦不断。但是，尽管如此，双方出于各自利益的考虑与自身力量的变化，不时调整对外政策，企图寻求利益的最大化。

当时，北齐与北周政权并立，双方为了消灭对方，扩大自己的势力，均采取向突厥纳贡、和亲的政策，以换取突厥帝国的支持，而突厥则觊觎中原肥沃的土地和财富，经常借助战争和武力威胁获得更多的利益。北周武帝宇文邕为了依靠突厥的强大军事力量，不惜向突厥求婚迎娶阿史那可汗之女。北齐皇帝也使用相同的计策拉拢突厥，阿史那可汗慢慢倾向于北齐皇帝。但是，在宇文邕的软硬兼施下，阿史那可汗将其女嫁与他。阿史那可汗死后，他的弟弟佗钵可汗继承汗位，当时是突厥历史上最强盛的时期。北齐和北周每年都要向突厥进贡大量金银财宝与瓷器、绸缎等珍贵物品。但是，北周灭掉北齐，统一北方之后，便开始停止向突厥进攻，并且率领大军进攻突厥。然而，宇文邕却在征战途中病逝，导致征讨突厥之事不了了之。

但是，宇文邕此举却彻底激怒了突厥佗钵可汗，从此，突厥与北周成为水火不容的仇敌，突厥大军屡次入侵北方边境，进行烧杀掠夺。这也是隋末唐初以后，突厥屡次入侵中原扶植北方地方势力的原因和渊源。

到了隋文帝杨坚建立隋朝之后，突厥趁隋朝根基未稳之际，从甘肃一带向隋朝发起大举进攻，杨坚不得不发兵抵御，并修筑长城防御突厥的进攻。由于隋朝已经统一天下，军事力量逐渐强大，与突厥实力相当，因此，开始反击突厥势力，并且挑拨激化突厥内矛盾。隋朝与突厥之间的战争不断，杨坚还命令杨素、李渊、王仁恭等人多次抵御突厥的大举进攻。

随后，突厥汗国发生内讧，分为东西突厥两部。东突厥沙略可汗在隋北境，西突厥达头可汗则在隋之西北，双方之间矛盾重重、争斗不断。随后，东突厥归附于隋朝，之后隋朝曾几次联合东突厥对西突厥汗国进行军事行动。因此，在之后的一段时间内，东、西突厥和隋朝之间保持了相对和平的关系。

然而，隋朝末年，中原地区因为杨广暴政和起义军风起云涌，出现了连年战乱、割据势力林立的局面。东突厥启民可汗之子始毕可汗趁中原战乱无暇顾及北方少数民族之际，脱离了隋朝的管制。在始毕可汗的治理下，东突厥的军事实力迅速发展壮大。他多次发兵南下，掠夺边境各州，甚至将隋炀帝杨广围困在代州（今忻州市代县），后来幸亏李世民和王世充分别率部解围才使隋炀帝幸免于难。刘武周、梁师都、窦建德、刘黑闼、高开道等割据势力都以突厥为背后力量。

李渊想趁机起兵在中原谋得一席之地，不可避免地要效仿刘武周等人，向东突厥始毕可汗称臣。每年向东突厥进贡大批金银财宝以及大量的珍贵物品。当然，李渊此举仍是权宜之计，仅仅是忌惮东突厥与刘武周的强大军事实力，以免除自己的后顾之忧。李渊的屈辱称臣为自己赢得了更多的时间入主中原，创建新的王朝。

唐朝初期，由于政局未稳、统一尚未完成，李渊在与突厥之间的关系中，处于十分被动的地位。始毕可汗经常找借口向李渊索要财物，而东突厥使者每当到达长安时，都极其傲慢、肆意横行。唐武德二年（619），始毕可汗去世，李渊作为一朝之君竟废朝三日，令文武百官吊唁。随即又派内史舍人郑德挺前往始毕可汗之弟处罗可汗处，予以慰问并进贡大量财物。

虽然李渊对突厥多加礼遇，不断进贡，但是贪婪的东突厥依然肆意入侵唐朝北方边境，到处进行掠夺，而唐朝军队和官员则不敢加以约束。唐武德三年（620），处罗可汗协助李渊进攻刘武周之后，在并州城内大肆抢夺财物和美女，并州总管李仲文竟毫无办法。同年，处罗可汗去世，李渊同样以臣礼致吊，文武百官到突厥使者处吊唁。由此可见，唐朝一直与东突厥保持着臣属的关系，势力处于东突厥之下。所谓"小不忍则乱大谋"，就当时的形势而言，李渊在国内战争不断的情况下，采取臣服、隐忍的策略对待东突厥其实是明智的选择。

同年，颉利可汗继承东突厥汗位，与处罗可汗相比，颉利可汗的野心更大。东突厥深知如果唐朝统一天下，他们便不可能如往常一样从各割据势力中获得财富，而唐朝也将成为自己的威胁，因此，便趁唐朝国力还不十分强大之时，连年进扰内地，掠夺人口和财富。颉利可汗一即位就开始破坏唐朝与突厥的盟约，屡次协同铁勒、薛延陀等诸部南下袭击北方边城。突利可汗是始毕可汗的儿子，颉利可汗的侄子，当年始毕可汗去世后，在争夺东突厥最高位置时败给了颉利可汗，因此被任命为北部地区的可汗，实力和地位都低于颉利可汗。面对东突厥的大举进攻，李渊和李建成竟然产生了迁都的想法，最后在李世民的激烈反对下才放弃。

随后，李渊诏令李世民、李元吉带领唐军到豳州抵御东突厥。然而，正当关键时刻，李世民军队遭遇连绵大雨，致使军队严重缺粮，军中将士士气低落。唐军刚刚到达豳州就与东突厥主力部队遭遇，战斗一触即发。这一天，颉利可汗与突利可汗率领万余骑兵杀到豳州城西。面对如此强大的军队，唐军将士产生了畏惧之情。

李世民对随军的李元吉说道："东突厥骑兵不可一世，而我军更不能因此示弱，此时必须迎战，你可敢与我同去？"

李元吉因畏惧敌军强大，推诿道："敌军势力强大，如轻易出战，必定会使我军受到重创，现在应该避免与之发生冲突。"

李世民笑道："你不敢前往，那就在这里观战，助我一臂之力。我一人前往即可。"

李世民为了鼓舞全军将士的士气，率领一队骑兵来到东突厥军队阵前："我大唐已经与东突厥可汗和亲，现在为何毁约入侵大唐领地。我是秦王李世民，只率领数百骑兵，现在前来与颉利可汗决斗。"颉利可汗不知李世民的虚实，只是笑而不答。

随后，李世民纵马来到突利可汗阵前，假意和其套交情道："东突厥与我大唐曾经约定，两国和平共处，遇到危急情况会相互救助，现在居然带兵攻打我军，难道忘记了香火前的盟誓了吗？"突利可汗也沉默不语。

之后，李世民继续率领数百骑兵前行，并且准备渡过横沟。颉利可汗见李世民竟敢率领如此少的兵马前往，而且听过李世民对突利可汗所说之话，便心生顾虑，担心李世民与突利可汗之间有所往来。于是，颉利可汗立即派使者向李世民求和："秦王不必再前行了，我军并无他意，只是为了巩固东突厥与大唐之间的盟约，稍后便引兵撤退。"

这时，暴雨越来越猛烈，李世民却看到了取胜的战机，他认为东突厥打仗主要依靠弓箭，现在大雨滂沱，东突厥的弓箭根本派不上用场，此时正是唐军趁机发起进攻的最好时机。于是，李世民率领唐军冒雨出战。同时，李世民派使者前往突利可汗大营，对其晓以利害关系，并且用重金贿赂。突利可汗在争夺东突厥可汗中失利，本就对颉利可汗有怨言，因此决定与唐朝结盟，不参与颉利可汗的出征，并且助李世民一臂之力。

随后，李世民冒着大雨潜衣夜行，唐军突然而至令颉利可汗大惊失色，随即命令军队准备迎击。这时，突利可汗说道："可汗万万不可轻易出击，李世民胆敢率军前来，必定设下了陷阱。可汗如果现在出击必定落入李世民的圈套。"

颉利可汗见失去了突利可汗的支持，便也无心再战，于是派突利可汗等人前往李世民大营求和。李世民和突利可汗一见如故，于是两人结成异姓兄弟，两人对天发誓永不背叛。之后，突利可汗代表东突厥与唐朝再次签订了盟约，各自退军。

李世民先声夺人，利用离间计巧妙地退却了东突厥的大举进攻，自此，李唐边境暂时恢复了稳定。然而此次只不过是短暂的和平而已，东突厥始终对唐朝虎视眈眈，威胁着北方的边境安全。唐朝与突厥之间仅仅维持了不到一年时间的稳定，颉利可汗便率领十万大军掠夺朔州、太原等地，唐军将领张瑾率领唐军英勇抗击，然而，因为双方兵力相差悬殊，导致全军覆没。

渭水之盟

唐武德九年（626）八月，玄武门之变后，李世民着手铲除薛万彻、李艺等李建成余部。颉利可汗见唐朝内部发生政变，于是想趁权力变更之际，命拔野古部和同罗部的骑兵围攻乌城，牵制住程知节、徐世勣和屈突通等唐军主力，自己则率领大军南下进攻高陵、泾州等地。之后，颉利可汗协同其弟突利可汗以及铁勒首领契苾何力亲率东突厥大军长驱直入，占领了离长安不远的武功城，唐朝都城长安受到严重威胁。随后，颉利可汗派心腹大将军执失思力进长安城威胁李世民，同时率大军进逼到长安城外的渭河北岸。

执失思力见到李世民后，自以为胜券在握，便宣称："颉利、突利二可汗率领精兵百万，现在已经驻扎长安城外，陛下还是出城投降为好，否则，东突厥大军将大唐踏为平地。"面对东突厥的背信弃义，李世民气愤地说："朕与颉利可汗当面议和和亲，赠送金帛财宝无数，然而，你们却出尔反尔，屡次违背盟约，入侵我大唐边境，可谓得寸进尺。你们这些戎狄忘恩负义，自恃强盛。正所谓'是可忍，孰不可忍'。"说完，李世民便下令将执失思力拖出去斩首。执失思力见李世民盛怒之下要杀自己，大惊失色，便连忙请求饶命。

这时，萧瑀、封德彝等人也劝阻李世民："自古两国交战，不斩来使。

他只不过是奉命行事，请陛下饶恕他吧。"李世民余怒未消，对大臣说道："你们看他，哪里像使节？他明明就是为了蛊惑、动摇我大唐军心。如果将他释放回去，颉利可汗势必以为朕惧怕于他，以后将会更加无所忌惮地欺凌我朝。现在先将此人囚禁起来，等到灭掉颉利可汗后，再与他算账。"于是，李世民便命人将执失思力扣押在门下省。

在严峻形势下，李世民认为若闭门固守，稍有示弱的表现，必然助长颉利可汗的气焰，促使其纵兵大掠。随后，李世民仅仅带领高士廉、长孙无忌、房玄龄、侯君集、段志玄、独孤彦云等六骑来到渭水桥南边，隔河痛斥颉利可汗背信弃义。李世民作为一朝之君，面对浩浩东突厥大军，不仅毫无畏惧之情，反而仅带六名随从大胆犯险，足见其过人的胆识。东突厥军队中将士皆被李世民的英勇胆识所折服，纷纷下马拜服。

这时，泾州行军总管尉迟恭在泾阳与东突厥的左翼大军遭遇，尉迟恭率领唐朝守军奋勇杀敌，大破突厥，斩首千余级。尽管突厥主力并未受到任何损失，但是却打击了东突厥大军的气势。随后，唐朝多支主力部队均已经赶到，前来支援，唐军旌旗遍布，士气十分高涨。

李世民随即命各路唐军迅速布阵，自己仍单独与颉利可汗对话。萧瑀认为李世民孤身犯险是轻敌之举，于是上前劝阻。李世民道："朕已经深思熟虑，颉利可汗之所以举全国之兵直抵我大唐都城，是因为他们认为朕刚刚即位，国内空虚，无法抵御敌军的进攻。所以，朕才轻骑独出以显示对他们的蔑视，他们必定认为这其中有诈，更不敢轻举妄动。同时，敌军孤军深入我朝腹地，必然有惧怕心理。朕出其不意，不仅可以使他们的企图落空，更将鼓舞我军气势。今日能否制服突厥，在此一举。"李世民一番话不仅言中颉利可汗进军的原因和意图，更精确地把握了目前的战局形势。

果然，颉利可汗见左翼大军受挫、执失思力去而未返，而唐军却阵容齐整、气吞山河，便心生畏惧。在敌我双方实力不明的情况下，不敢贸然开战。经过了深思熟虑之后，颉利可汗决定向李世民求和。李世民再一次利用心理战术兵不血刃地击退了东突厥的大军。

两日后，李世民在渭水便桥上斩白马，和颉利可汗歃血设盟，并且许诺赠与颉利可汗大量的金帛财宝。随后，东突厥大军退兵，李世民将执失思力放回。这便是历史上著名的"渭水之盟"。

过后，萧瑀对李世民能够迅速地退却东突厥大军既感到钦佩又不解，于是便向李世民请教："突厥大兵压境，众将领请求出战，陛下坚决不许；而颉利可汗却在关键时刻主动求和退兵，这究竟是为何？"

李世民释疑说："东突厥大军虽众，然而却军容不整，各部落大军无非是为了夺取财物才南下。请和之时，颉利可汗独自在渭河河西，众部落将领却在对岸，朕只需将其灌醉，出兵突袭，突厥大军必定大破。同时，长孙无忌、李靖镇守幽州，两军双面夹击，击破突厥易如反掌。这就是颉利可汗不战而退的原因。而朕刚刚即位，国家尚未安定，国库空虚，百姓生活艰苦。朕对突厥示好并非畏惧其强盛，两军一旦开战，势必使百姓不得安定。况且，一旦和突厥开战，损失必然很大，突厥虽败而未必灭亡，若其汲取教训而发愤图强，再来报仇，我们就不一定能取胜。今天我们同意休战，送其金银，他们得其所好，自然就会退兵。这样下去，突厥必然骄傲自满，不再防备；而我们却可以养精蓄锐，将来找到机会，再一举歼灭。这就是'欲将取之，必先予之'。"

其实，对于李世民来讲，渭水之盟只不过是委曲求全的权宜之计，并且将其视为"侮辱之战"。然而，就当时的形势而言，唐朝在经济、军事上都处于劣势，不足以与突厥进行决战。李世民采取求和的方法避免一场两败俱伤的血战，无疑是正确的选择。当然，李世民并不会贪于短暂的和平，东突厥人贪婪、反复的本性决定其不可能因为获取少量的金钱就放弃对中原的觊觎，李世民深知解决问题的最好办法就是彻底消灭东突厥。于是，李世民励精图治，强化军事力量，积极准备彻底制服东突厥。

反击

"渭水之盟"后，东突厥内部矛盾重重，颉利可汗重用汉人赵德言，此人作威作福，变更旧俗，随意增加苛捐杂税，引起东突厥各部的严重不满。随后，颉利可汗又偏信中亚来的胡人，而疏远本族人，胡人贪得无厌、反复无常，而颉利可汗却对其言听计从。正当此时，东突厥境内又屡遭大雪，百姓、牲畜出现大量冻死的情况。颉利可汗为了增加收入，不顾灾情严重反而加重了对其他部落的盘剥，再加上颉利可汗连年用兵入寇唐朝边境，境内百姓可谓是不堪其苦。正因为如此，东突厥出现了众多部落叛逃、独立的情况，薛延陀、回纥、拔野古等部陆续叛离东突厥。而突利可汗则由于长期受到颉利可汗的压制、排挤也暗中与唐联络，表示愿意归附。

正当东突厥内部分裂，逐渐江河日下之时，李世民却为彻底解除突厥威胁，采取了一系列政治、经济措施，以增强国力，更在军事上积极备战。

唐贞观元年（627），李世民号召全国大练兵，一反前朝不许臣下带武器上殿的规定，亲自在显德殿教习将士习武练箭，并且时常考察他们武艺的进步，如果有成绩优良者，则当场奖励金帛、弓、刀之类的物品。李世民对众将士们说："朕亲自教授你们练习弓箭，就是等突厥来犯之时，亲自率领你们出征杀敌。"李世民在显德殿上让将士练习弓箭的做法，引起了很多大臣的反对，纷纷进谏表示此举不利于君王的安全，而李世民却不为所动。正是因为李世民亲力亲为，细心督导，很快就组建了一支能征善战的精锐部队。

除了强化军队的军事训练外，李世民还积极扶植军功地主，即根据杀敌多少给予封赏。这使得那些想功成名就、获得功勋的中小地主找到了升迁、立功的门路，极大地刺激了他们参加战斗的积极性，从而也充实了唐军的实力。

除此之外，李世民还加强对边境的防守，派李勣、薛万彻、柴绍、张公瑾等众位久经沙场、骁勇善战的著名将领驻守与东突厥相邻的边州。李世民将这些将领驻防在北部边州，不仅可以有效地抵御突厥的侵袭，更有利于日后对东突厥发起大规模进攻。

为了分化东突厥内部实力，李世民利用他们内部之间的矛盾，采用远交近攻的策略，极力扶持颉利可汗的反对势力。由于颉利可汗横征暴敛，各部落纷纷叛逃，李世民则极力拉拢众部落，不久，契丹等转而归降唐朝，致使东突厥失去了在东方的支持力量。而随着回纥、薛延陀等部落的逐渐强大，对东突厥也形成了有利的威胁。

唐贞观元年（627），回纥击溃突利可汗十万大军，使东突厥在北方的统治趋于瓦解。次年，薛延陀联合附近九姓铁勒中回纥等部共起反抗，受到突厥北边铁勒诸部落的拥护，共推夷男为首领。为了对付突厥，夷男想寻求唐王朝的支持，这正是李世民求之不得的，于是立即派使者册封夷男为真珠毗伽可汗，赐以鼓纛。次年，薛延陀派两名使者到长安，与唐正式结成同盟。李世民和薛延陀联盟之后，使突厥处于南北两方夹击的不利地位，为唐朝战胜突厥提供了有利的条件。

同时，李世民争取割据恒安镇（今山西大同东北古城）的苑君璋归附。李世民通过拉拢、结交东突厥周边各部的策略，不仅成功地使颉利可汗处于孤立的境地，更为其联合攻击东突厥创造了有利条件。

突利可汗是仅次于颉利可汗的势力，李世民当初与突利可汗结成兄弟之交，目的就是为了分化他与颉利可汗之间的关系。现在，为了彻底消灭颉利可汗，更是对他多次拉拢，使东突厥两大可汗貌合神离，矛盾重重。薛延陀、回纥、拔野古等部叛离东突厥之后，颉利可汗派突利可汗进行讨伐，然而却遭遇惨败。

颉利可汗不仅未对他给予抚慰，反而责怪其战败，将他囚禁起来，并且不断进行鞭打。突利可汗本就与颉利可汗不和，从此之后，更加怨恨颉利可汗。之后，颉利可汗数次向他征兵，他拒不理睬，暗中却与唐朝联络，表示愿意归附。颉利可汗得知突利可汗背弃自己后，即刻出兵攻打，两军大战，并且都以与唐王朝有盟的名义遣使入朝乞兵。李世民于是派遣柴绍、薛万钧率领大军攻打依附于东突厥的梁师都。在发动军事进攻的同时，李世民命将领采用反间计，派遣间谍潜入朔方，行贿梁师都的手下，离间内部官员之间的关系。

在唐军巨大攻势打击下，梁师都连连溃败，不得已向颉利可汗求助。颉利可汗则为了自身利益，不得不出兵援助。颉利可汗既然已经请和，却援助梁师都抵抗唐军，这无疑成为了李世民大举进攻东突厥的最佳理由。

这时，代州都督的张公谨审视当时形势，向李世民进言对东突厥进行反击，他说道："纵观目前形势，东突厥颉利可汗统治残暴，肆意斩杀忠臣良将，而听信奸臣小人的谗言，导致民心背离；薛延陀等突厥部落反叛颉利可汗，使其势力锐减；而颉利可汗得罪了突利可汗等突厥领袖，内部矛盾重重，这些领袖不可能甘心居颉利之下；塞北突厥驻地今年天气恶劣，霜冻时间比往年早，使粮食减产，部队粮食供应必然短缺；颉利可汗疏远自己同族各部落，而亲近外族诸侯将领，但这些将领心存犹豫，并不真心归顺，如果唐朝大军到来，他们必定倒戈，致使东突厥内乱；况且目前中原百姓已经逐渐在北方定居，而且数量众多，如果唐朝派遣军队进攻，一定会得到这些人的积极响应。"

李世民也认为此时正是最佳战机，于是，便准备命令李靖为行军总管、张公瑾为副总管征讨东突厥。但是，唐军还未出发，唐贞观三年（629）十一月，东突厥进扰河西。肃州（今甘肃酒泉）守将张士贵、甘州（今甘肃张掖）守将张宝相互相配合，坚壁清野，利用城池阻挡突厥骑兵的进攻，最后使得东突厥军队无功而返。

此时，李世民认为对东突厥全面开战的条件已经成熟，决定对东突厥进行大规模的反击。

雪耻

正所谓"万事俱备，只欠东风"。李世民经过了三年的精心准备，唐朝已经政治清明、经济繁荣，军队将士训练有素，而东突厥则逐渐走向衰落。正当此时，东突厥军队支援梁师都与唐军交战，并且举兵骚扰河西地区，李世民名正言顺地抓住了这一千载难逢的机会，准备给予东突厥以致命的打击。

李世民派出唐朝最骁勇的战将率兵十余万，皆受李靖调度，兵分六路出兵剿灭东突厥。

唐军出师不久，便传来了攻破灵州的捷报，以及东突厥突利可汗等众部落酋长纷纷投降的消息，李世民十分激动地对大臣们说："我大唐王朝刚建立时，突厥兵力强盛，先父为了休养生息，忍辱负重，连年向突厥称臣纳贡。朕常常也因此痛心疾首。现在，我大唐军队各路出兵所向披靡，捷报连连，终于可以扬眉吐气、洗雪国耻了。"

第二年正月，李靖率三千骁骑从马邑出发，进屯恶阳岭，乘夜袭占定襄城。颉利可汗未料到唐军突至，顿时大惊失色："李靖敢亲率少量轻骑孤军深入，必定是举唐朝全国兵力而来！"颉利可汗在张皇失措的情况下，立即将牙帐撤至碛口。这时，李靖见东突厥大军已经军心涣散，便又采用反间计，派间谍离间其部众，颉利可汗的心腹大将康苏密挟隋炀帝皇后萧氏及其孙杨政道前往定襄投靠唐军，随后，又有众多东突厥将领陆续受降。至此，李靖不费吹灰之力，一举拿下了定襄城。

此时，颉利可汗见情势危急，便继续率领部众向阴山一带撤退，之后又相继遭到柴绍、李勣的阻击。为了得到喘息的机会，颉利可汗一面派执失思力为特使，向李世民谢罪请降，表示愿意举国归顺；一面收集数万余众，企图等到草青马肥之时，伺机东山再起。

而李世民深知颉利可汗反复无常，求和不过是缓兵之计，于是便打算将计就计，表面派使者去突厥抚慰，暗中派李靖继续前进，并见机行事。随后，李靖率领大军与李勣会合，共同商议征讨颉利可汗的策略，他们认为东突厥大军虽然连连战败，但是尚有众多兵众，如果任其逃往漠北，依附于薛延陀等部，则很难将其彻底消灭。现在唐朝的使者正在突厥与之谈判，颉利可汗必定放松警惕，现在趁其不备突袭，一定会不战而擒之。而副将张公瑾则担心此举会使得唐使等人陷入险境，李靖则表示，只要东突厥被剿灭，则不必考虑唐朝的使者等人。

于是，李靖便亲率精骑万名迅速向敌人进发，并且命李勣统领大军迅速跟上。李靖日夜行军，不久即赶到阴山附近，沿途俘获东突厥部队，使其跟随唐军前进，以避免走漏消息。这时，颉利可汗见李世民派人前来慰问，以为李世民中了自己的缓兵之计，于是便完全放松了警惕。李靖派苏定方在浓雾的掩护下迅速向颉利可汗牙帐突进，被哨兵发现时仅仅距离七里而已。当时颉利可汗正在牙帐中款待唐使，听到哨兵的报告后，颉利可汗大惊失色，便质问唐朝使者："唐朝天子既然已经讲和，为何还派兵偷袭？"使者不慌不忙地答道："可汗不必慌张，李将军想必还不知道陛下已经和可汗握手言和，待我前去通知，李将军必定马上退兵！"

唐朝使者等一离开颉利可汗牙帐便向唐军飞奔而去，而颉利可汗竟然相信了这个说辞，依旧做着李靖退兵言和的美梦。颉利可汗走出牙帐，看到漫山遍野的唐兵之后，才知中了唐朝使者等的计谋。很快，颉利可汗的牙帐被苏定方攻破，颉利可汗只得趁乱西逃。李靖率领大军直闯东突厥营地，失去抵抗能力的东突厥将士纷纷缴械投降，俘获东突厥士兵万余人，男女十万余众、牲畜数十万。

颉利可汗率领残兵败将一万余人打算逃入戈壁沙漠，遭到屯兵于道口的李勣堵截，东突厥各部落大酋长见颉利可汗大势已去，便纷纷率众归降，颉利可汗其子叠罗施也被唐军俘获。在唐军的威逼之下，企图逃往吐谷浑的颉利被小可汗苏尼失擒获，押往长安。

李靖大破东突厥并且押解颉利可汗凯旋，李世民在顺天楼亲自接见李靖、李勣等将领。颉利可汗则向李世民俯首认罪，李世民痛斥颉利可汗五大罪状：虐待百姓；言而无信、屡次撕毁与唐盟约；恃强好战、生灵涂炭；多次入侵中原、肆意烧杀掠夺；唐朝好言招降、拒不悔改。这时，颉利可汗早已汗如雨下，而李世民却并未将颉利可汗处斩，他说道："不过，渭水之盟以来，你并未大举入侵，朕便赦你不死，从今以后，要改邪归正。"

随后，李世民不禁感叹道："当年汉高祖被匈奴围困白登，未能报仇雪耻。朕听说君王的忧虑是臣子的耻辱，君王受辱，臣子罪该万死。过去国家刚刚创立之际，太上皇怜念百姓，称臣于东突厥，朕未尝不痛心疾首，立志消灭东突厥。如今我大唐灭掉东突厥，俘获颉利可汗，也算是为大唐乃至古人雪耻了。"

随后，李世民将颉利可汗以及家属安置在太仆寺，厚加款待。随后，还任以官职并赏赐了大量田宅。然而，颉利可汗毕竟是雄踞大漠的一代枭雄，如今不仅失去了往日的威风霸气，甚至是屈居人下、处处受限。不久，颉利可汗抑郁而死。李世民按照东突厥风俗给予厚葬，在灞水东面为其修筑高大坟墓，并让后人承袭父职。

随后，突利可汗归降唐朝，被封为北平郡王，突厥大将执失思力、阿史那杜尔、阿史那思摩以及契苾何力等悉数归降，都受到唐朝的重用，均成为唐初著名的少数民族将领。李世民对少数民族将领一视同仁，极其信任，而众多少数民族将领在其征服边境的战争中起到了至关重要的作用。

自此，唐朝大军仅仅用半年的时间使彻底消灭了曾经不可一世的东突厥，唐朝北方则再无强大的敌人。东突厥灭亡之后，李世民采用了温彦博的建议，将突厥部众按原部落分别安置在东自幽州，西至灵州的广大区域，全部置于唐王朝的直接管辖之下，任用东突厥贵族做都督，并且职务可以世袭。这些州府名义上是接受唐朝的册封，定期向中央朝贡，但是，却不用向唐朝交纳赋税，并且保持着本民族的风俗。同时，唐太宗还让一部分突厥酋长入居长安，在朝廷中担任官职，朝廷五品官员中突厥武将竟达到百余人。这样，李世民不仅解除了来自突厥贵族的威胁，更使得唐朝北部边疆基本实现了安定、稳定的局面。

唐朝消灭东突厥之后，对周边的少数民族政权起到了极大的震慑作用，他们纷纷上书表示臣服，从而保证了唐朝边境的稳定，为经济、文化的发展提供了稳定的环境。唐灭东突厥后，威名远播，西北各少数民族纷纷归附，尊称李世民为"天可汗"。

第十三章 ╱ 薛延陀之战

薛延陀崛起

薛延陀原本是北方铁勒诸部之一,由薛、延陀两部合并而成。

李世民为了削弱东突厥的实力,积极拉拢北部各少数民族部落,派将军乔师望暗里联络薛延陀首领夷男,册拜夷男为真珠毗伽可汗,赐以鼓纛。夷男见得到大唐王朝的支持,便有恃无恐地成立了薛延陀汗国,立牙账于大漠郁督军山。薛延陀汗国成立之后,夷男积极派使者与唐朝结成友好关系,入长安进贡,成为了唐朝在漠北的一个附属藩国。

唐贞观三年(629)八月,夷男派遣弟弟到长安朝见李世民,李世民对其以礼相待,并且赠予宝刀及宝鞭。李世民对他说道:"如果你部落有大罪者可以用剑斩杀,小罪者则可以鞭笞。"夷男得到了李世民的支持和鼓励后,更加不把颉利可汗放在眼里,多次出兵挑衅。同年,李世民大举进攻东突厥腹地，夷男联合回纥等部落协助唐朝军队对东突厥部队进行前后夹击，致使颉利可汗腹背受敌，最终灭亡。

东突厥灭亡之后，李世民对原东突厥境内实施比较宽容的政策，把大多数东突厥部众迁到黄河以南安置，设置了很多羁縻（李世民针对少数民族地区制定的民族政策，善待少数民族首领，在少数民族地区设置州府）州府，委任原东突厥贵族担任州府长官。这样，就导致了漠北地区势力空虚，夷男则乘机扩张势力范围，很快就占领了大部分原东突厥的地盘。

随着薛延陀势力逐渐强大，李世民开始意识到夷男必定会步颉利可汗的后尘。于是，为了避免后患无穷，李世民便逐渐采取措施削弱、限制薛延陀势力的发展。

唐贞观十二年（638），李世民遣使册封夷男的两个儿子为小可汗，表面上给予夷男无比崇高的厚待，实际上是想剥离、分解夷男作为最高统治者的势力。同时，在东突厥灭亡以后，虽然北部边境已经没有足够威胁唐朝安全的强大部落，但是李世民并没有掉以轻心，反而加强了对军事重镇的防守。李勣征讨东突厥凯旋之后，一直担任并州大都督府职务，目的就是对北方众多少数民族政权形成巨大的威慑作用。

唐贞观十三年（639），李世民册立颉利可汗的族人李思摩（即阿史那思摩）为可汗，建牙账于河套南，以监视和牵制薛延陀。

夷男的挑衅

唐贞观十五年（641）十一月，李世民巡幸东都洛阳，为封禅泰山作准备。夷男获知消息后，认为正是自己出兵南下的最佳时机，于是，他对部众说道："天子封禅泰山，精兵强将必定全部跟随，必然会造成唐朝北部边境空虚，我们这时趁机攻击阿史那思摩，一定犹如摧枯拉朽般，大获全胜。"于是，夷男命其子大度设联合各部落二十万精兵，攻击阿史那思摩。

当时，阿史那思摩仅仅拥有四万骑兵，根本无法抵挡大度设的进攻，于是便节节败退，一面向南到朔州，一面遣使到洛阳报告军情。李世民得知消息后，立即任命李勣为朔州道行军总管，自率并州大都督府精兵七万，出并州；右屯卫大将军张士贵为庆州道行军总管，出云中；右卫大将军李大亮为灵州道行军总管，屯灵武；凉州都督李袭誉为凉州道行军总管，发凉州；营州都督张俭出营州。李勣率领众将士统领十五万大军，分五路同时向薛延陀部进军。

李勣所率领的唐军主力迅速赶到长城以外，当时，大度设正率三万先锋部队追击阿史那思摩。李勣及时赶到，立即命唐军大举反扑，顿时在李勣和阿史那思摩的双重攻击下，大度设失利。李勣挑选麾下及突厥精骑六千，乘胜追击并且在诺真水与大度设展开了决战。薛延陀部将士以步兵列阵，长达十多里，并且作战勇猛、阵法奇特，李勣先后派出唐军骑兵和东突厥骑兵进攻都遭遇惨败，唐军战马多被射死。最后，李勣命令唐军下马，以步战对步战。唐军利用长兵器的优势大破薛延陀阵法，导致大度设大败。与此同时，薛万彻趁机率领数千骑，冲进薛延陀阵营中，将其战马掠夺殆尽。李勣则率领唐军、东突厥军队联合奋勇作战，斩敌首级三千多个，俘虏军民五万多口，大度设脱身逃走。

随后，夷男不得不率领薛延陀部退回漠北地区，此时正逢天降大雪，薛延陀部人畜冻死者达到十有八九。遭遇战败和雪灾的薛延陀部势力遭到重创，而李世民则赢得了对抗薛延陀部战争的第一次胜利。之后，夷男派使者向李世民求和，李世民警告其说："朕约定你薛延陀部与东突厥以大漠为界，有相侵者，我则率领讨伐。你自恃兵力强盛，越过大漠攻击东突厥。我大唐将军李勣仅仅率领几千兵马，你部就已经如此狼狈不堪。你回去转告夷男'以后行事，要择善而行'。"

唐贞观十六年（642）九月，夷男派遣其叔父为使者向唐朝请亲，献马三千匹、貂皮三万八千张。当时，房玄龄建议李世民答应和亲，采取羁縻之策，这样可以利用和平的方式保证边境三十年的和平。

正当此时，唐将契苾何力返回凉州原部落探望母亲，并且视察其部落。当时，部落中不少首领都倾向于归顺薛延陀部，并且极力劝说契苾何力共同归顺，却遭到了他严厉的拒绝。随后，部落首领竟然挟持契苾何力母、弟欲归附薛延陀，契苾何力极力劝阻，众人不但不听，反而将契苾何力绑至薛延陀。

契苾何力到薛延陀的消息传到了唐朝，朝廷上下议论纷纷，有人怀疑他会背叛朝廷，而李世民则对其深信不疑，并且说道："契苾何力一定不会背叛于朕。"果然，契苾何力到薛延陀夷男牙帐后，誓死不屈，并且痛骂夷男："我乃是大唐朝将士，岂能受辱于番邦。"说完便拔刀将自己的左耳割掉，以表示对唐朝的忠心。夷男见契苾何力如此强硬，一怒之下便想将其杀掉，后来在部下的劝阻下才作罢。

李世民得知消息后，派兵部侍郎崔敦礼持节至薛延陀，同意以下嫁公主为条件，换回契苾何力，并准备亲自到灵州（今宁夏灵武西南）与夷男会面。其实，夷男在貌似谦卑的亲和之下，有着自己的打算，如果与唐朝和亲成功，不仅可以为自己赢得喘息的时间，更可以借助大唐王朝的威名，继续在大漠为所欲为。

于是，夷男便立即在各部落中搜集羊、马作为聘礼之用。但是，由于薛延陀刚刚遭遇严重雪灾，羊马死伤殆尽，没能按时备足聘财。直到次年六月，夷男才派侄儿向朝廷进贡五万匹马，牛、骆驼万头、羊十万只。这时，契苾何力向李世民进谏："绝对不可答应夷男的和亲。"并且建议精选十万大军，灭掉薛延陀，俘虏夷男，则可保北方边境百年安定。于是，李世民便以聘礼延迟的借口解除了与薛延陀的婚约。

尽管褚遂良等大臣强烈反对，指出作为一国之君不能言而无信、出尔反尔。李世民却辩解说："如果大唐将公主嫁于夷男，夷男的可汗之位将在有更大的权威性，以后将更加难以控制薛延陀。"

其实，李世民当初答应夷男的和亲只是认为消灭薛延陀的时机并不成熟，然而，以和亲求得边境和平并非长久之计。西汉时期，匈奴兵力强盛，汉朝不得不采取和亲的方式换取边境的稳定；隋唐初期，东突厥更是依仗自己兵强马壮肆意掠夺中原边境，中原也不得不依靠和亲来维持双方之间的关系。但是，尽管如此，无论是匈奴还是东突厥都没有放弃入侵中原的企图，所以，只有彻底地消灭对方，才能消除潜在的威胁。

因此，李世民则放弃了与薛延陀和亲的计划，等待机会趁机消灭它。

安定北方

薛延陀与唐朝和亲失败以后，仍然不断骚扰阿史那思摩所在的漠南地区，在薛延陀的威胁下，东突厥大部分贵族开始纷纷叛乱。阿史那思摩也只得带领部众返回中原定居，唐朝企图重新建立起来的东突厥汗国再次遭遇灭亡。

这时，李世民正在积极准备东征高句丽，当夷男派特使朝见他时，李世民十分气愤地说道："现在朕正在准备出兵征讨高句丽，如果夷男认为这是出兵的机会，那么欢迎他前来。"李世民的愤怒和气势使夷男不敢轻举妄动，于是立即再派使者前来请罪，并且表示可以协助唐朝征讨高句丽，却遭到了李世民的拒绝。当然，李世民并非言语恐吓夷男，他让执失思力统领东突厥兵驻扎在夏州以北，以防备薛延陀部落的进攻。

东突厥汗国灭亡后，执失思力归顺唐朝，并且被封为左领军将军，由于他在东突厥甚有威望，因此曾被李世民派去招降其他部族。从此，执失思力开始为大唐效命，同时也深受李世民的重用。唐贞观五年（631）十月，太宗在皇宫后苑进行狩猎兔子，执失思力劝谏说："陛下为一国之君，如此自轻，作为臣子也将私下懈怠。"李世民不以为然，又急忙追赶鹿。这时，执失思力郑重地脱掉官衣官帽，苦谏道："陛下要以国事为重，请不要贪恋狩猎等娱乐！这样只会玩物丧志。"李世民终于被执失思力所感动，不但接受了他的意见，更将自己的八妹九江公主嫁给执失思力，封其为驸马都尉。其后，执失思力出征吐谷浑、吐蕃等地，为唐朝立下了不少功劳。

唐贞观十九年（645），李世民打败了高句丽的主力，高句丽向夷男请求支援，并且用极大的利益对其进行诱惑。夷男此时不敢向李世民挑战，于是便拒绝了高句丽的请求。后来，夷男曾向李世民请求准许以他的庶长子曳莽为突利失可汗，居东方统治铁勒其他部落；以嫡子拔灼为肆叶护可汗，居西方统治薛延陀本部。李世民基于分化其内部势力的考虑，同意了这一请求。

随后，夷男突然病故，他的两个儿子因为争夺权力展开了激烈的争斗。不久，拔灼杀掉曳莽，自立为颉利俱利失薛沙多弥可汗。果然，拔灼一即位便趁李世民亲征高句丽的时机，率兵十万渡河攻打唐朝的夏州。执失思力和另一位将军田仁会，诱敌深入、设置陷阱，诱导拔灼攻打夏州，并且一举击败了薛延陀的军队。执失思力乘胜追击六百余里，在沙漠以北耀武后凯旋。不久，拔灼再次举兵进攻夏州。

此时，薛延陀国内已经陷入混乱之中，由于拔灼易怒多疑，即位之后，便用自己的亲信取代夷男时期的大臣，导致很多贵族都不服从于他。拔灼为了排除异己，竟斩杀了大批贵族。同时，附庸薛延陀的回纥也乘机反叛，其首领药罗葛吐迷度带领部众脱离了薛延陀的管理。

唐贞观二十年（646）年初，李世民为了彻底消灭薛延陀，趁拔灼刚刚继承汗位国内不稳之际，下令大举进攻薛延陀。拔灼到达长城后，见唐朝大军来势汹汹，连忙向漠北撤退。

当时，唐朝校尉宇文法正在出使乌罗护、靺鞨，在返回的途中遇到了薛延陀的阿波设，并且率领靺鞨部队击败阿波设。这样，薛延陀国内民众以为唐军主力已经抵达，陷入了一片恐慌之中。而拔灼则乘机逃到了阿史德部落，回纥首领药罗葛吐迷度在途中斩杀了拔灼，并且将薛延陀的王族成员斩杀殆尽。随后，回纥接管了薛延陀的大部分领土，薛延陀人纷纷向唐军投降。随后，李道宗所率领的唐军在沙漠中遭遇薛延陀数万人的抵抗，李道宗奋勇作战，斩杀千余人，乘胜追击两百里。

而少部分负隅顽抗的薛延陀人拥立夷男的侄子咄摩支为伊特勿失可汗，企图重新建立薛延陀汗国。然而，伊特勿失可汗却遭到了唐朝和敕勒等部落的反对。李世民立即命令李勣进攻咄摩支的驻地，并且表示："降则抚之，叛则讨之。"随后，李勣到达郁督军山，并派使者对其部众进行招降，咄摩支立即表示归顺唐朝，后被封为右武卫大将军。而部落酋长梯真达官表面上率众来降，暗中却图谋再起。李勣当机立断，纵兵进攻攻击，斩杀五千余人，俘获男女三万余人。自此，薛延陀灭亡，唐朝再一次平定了北方地区。

平定薛延陀之后，唐太宗为了招抚铁勒各部，亲自前往灵州，刚到泾阳时，铁勒诸部十一部落首领各遣使入贡，请求唐朝在他们各部落设置官署来行使管辖之权。李世民到达灵州时，铁勒各部又派遣了数千名使者前去拜谒，并且表示："愿得大唐陛下为我等天可汗。"

唐贞观二十一年（647）初，李世民在漠北共置六府七州，各以其部首领为都督、刺史。又设燕然都护府于单于台（今内蒙古呼和浩特西）以统六府七州。自此，大漠南北均属唐。

第十四章 ／ 唐蕃和亲

出色的吐蕃王子

李世民在对待少数民族政权的问题上，并不是一味地打压和征服，最主要的还是运用安抚和怀柔的政策。为了协调唐王朝和边疆少数民族政权之间的关系，李世民采用了册封和和亲的政策。历代王朝帝王都将和亲政策作为与周边少数民族政权维护友好关系的最主要策略，当然，李世民也不例外。其实，就和亲政策而言，不仅可以促进双方之间的和平共处，更有利于各民族之间文化、经济的交流，有利于民族的融合。唐朝文成公主与吐蕃松赞干布之间和亲可以说是促进民族融合的典范。

吐蕃原本是生活在西藏高原地区的一个古老的民族。经过了几百年的发展，从一个小小的部落逐渐发展为一个初具规模的国家。到了隋唐时期，松赞干布的父亲朗日松赞在位期间颇有作为，统一了西藏高原。

朗日松赞十分重视对松赞干布的培养和教育，使其受到了良好的家庭教育和严格的训练，而松赞干布在父亲的影响下，在少年时代就显现出非凡的才能，他精通骑射、角力、击剑等武艺，更爱好诗、词、歌、赋，可以说是一位文武兼备的王子。

然而，当松赞干布年仅十三岁的时候，朗日松赞被叛乱臣子毒杀，顿时吐蕃王朝遭到沉重的打击，各部落纷纷反叛。诸臣和皇后外戚诸族一起举兵叛变，吐蕃原本的领土大部分被叛臣占领。一时间，吐蕃陷入了空前的危机。

在此危急的时刻，松赞干布继承了父亲赞普之位，年纪轻轻的他丝毫未被当前的形势吓倒，依靠新兴势力征集万余人，组成了一支精锐的部队。松赞干布一面训练军队，平息各地的叛乱，一面追杀毒杀他父亲的叛臣。经过三年时间的努力，松赞干布终于平息了叛乱，再次恢复了西藏地区的统一和稳定。而此时，松赞干布年仅十六岁，吐蕃的再次统一凸显了其出色的领导才能。

后来，松赞干布率部众渡过雅鲁藏布江，把都城迁到逻些 (今拉萨)，正式建立了吐蕃政权。这次迁都的完成不仅使得吐蕃远离那些居心叵测的吐蕃贵族的羁绊，更有利于中央对于各地区的控制。同时，从地理环境上来讲，逻些中心地势平坦开阔，四周群山环抱，远处山岭峡谷险要，正是进可攻、退可守的有利地形。

吐蕃迁都以后，采取了一系列对内巩固君权、对外扩张的措施，企图将整个西藏高原都纳入自己的版图。首先，松赞干布将吐蕃王族称为论，宦族称为尚，两者形成了吐蕃内部的统治阶层。为了促进国家的团结统一和缓解各个阶层之间的矛盾，松赞干布规定定期与群臣举行盟会，每年一次小盟，三年一次大盟。松赞干布还效仿中原，在中央设立宰相制，设置宰相一人、副相两人，当然，在吐蕃中将其称为大论和小论。同时，他还在中央机构设立主管政务、法律、外交等官员。在地方和军事上，松赞干布也加强管理和限制。松赞干布能知人善任，选任了一批得力官员，他们为吐蕃王朝的繁荣强盛建立了不朽功勋。

为了促进经济的发展，松赞干布效仿唐朝的均田制，结合吐蕃的实际情况，实行具有自己特色的均田制。即首先把王田和一部分国家财物（如牲畜）分给了贫苦的自由民，并且开拓荒地作为良田牧场，并且制定了"绿册"，登记平民的户口和耕地面积。

当时，吐蕃并没有属于本国的文字，松赞干布派遣以大臣吞米桑布扎为首的十六名贵族到西亚国家学习，制定了属于自己的新文字——藏文，为藏族文化的传承、发展奠定了良好的基础。同时，松赞干布还制定法律、税制，任用贤明的大臣，采取许多措施鼓励百姓学习和运用先进生产技术，使吐蕃的社会经济和政治文化得到了充足的发展，成为了一个相对强盛的国家。

而在对外扩张中，他首先将自己的进攻目标放在苏毗这个宿敌上。苏毗，原本是西羌族的后裔，主要居住在吐蕃的北部地区，那里的居民主要以农牧为生，那里盛产的马匹可谓是难得的良马。苏毗趁吐蕃旧臣叛乱之际，想要重新建立自己的国家。松赞干布启用吐蕃名将尚囊，仅仅用种羊领群之法，利用良好的口才即征服了苏毗。随后，松赞干布又亲自领兵多次进攻羊同，终于使其臣服。松赞干布征服苏毗和羊同之后，不仅消除了来自西、北方向的威胁，更使得其得到了大量的兵员、粮草、军马等资源，使吐蕃进入了强盛时期。

松赞干布与文成公主

松赞干布可谓是一位富有远见的人，他并未局限于自身的发展和强大，而是将眼光放在强大的邻国上。他积极主动地派遣使者赴邻国泥婆罗（今尼泊尔），促进双方贸易的发展，推销吐蕃的手工艺品，聘请了当地的工匠、艺人教授吐蕃人民建筑、绘画、雕刻等技艺。松赞干布还迎娶了泥婆罗国王的女儿尺尊公主为妻，加强了吐蕃与泥婆罗之间的联系。

当时，松赞干布见到唐朝经济、文化高度发展，国力强盛，因此对唐朝产生了仰慕之情。

松赞干布特意派遣使者前往长安，与唐朝交好。而李世民也对吐蕃的首次朝见十分重视，立即派使臣冯德遐持书信前往致意还礼。松赞干布热情隆重地款待了唐朝使者冯德遐，随即更是派遣使者随冯德遐再次到长安拜见，并且正式向李世民提出了和亲的请求。当时，除了吐蕃之外，向李世民求亲的还有东突厥王子阿史那社尔、吐谷浑王诺曷钵，李世民同意将衡阳公主嫁给阿史那社尔、弘化公主嫁给诺曷钵，但是唯独婉言拒绝了松赞干布的请求。

吐蕃使者没有完成自己的使命，担心回到吐蕃后遭到松赞干布的责罚，于是便捏造事实，将求亲失败的责任推卸到诺曷钵身上。吐蕃使者对松赞干布说："臣刚到大唐的时候，陛下待我十分热情，已经许诺下嫁公主。但是，吐谷浑王入朝觐见唐朝陛下之后，挑拨离间，臣这才遭到了拒绝。"松赞干布听到了使者的报告后，十分愤怒，于是便打算调拨大军进攻吐谷浑。

松赞干布率领吐蕃大军进攻吐谷浑，诺曷钵不敌松赞干布，逃到青海湖以北的地区。之后，松赞干布率领二十万大军驻扎在松州（今四川松潘）西，一方面派遣使者向唐朝进攻金帛，声称前来迎娶公主，一方面则加紧对松州的进攻，企图威胁李世民答应其求亲的请求。唐朝松州都督韩威率众抵抗，但是仍然被吐蕃军队击败。李世民得到消息后，立即派五万步骑援救松州。吐蕃大军围困松州城十余日，久攻不下，随后，唐朝援军赶到，击败了吐蕃军，斩首千余人。

松赞干布惧怕唐朝的强大力量，率部退出青海地区，并且派遣使者向李世民请罪。唐贞观十四年（640），松赞干布派遣使者宰相禄东赞，携带黄金五千和珠宝贡品来到长安，向唐朝正式请求出嫁公主到吐蕃。禄东赞是被人们熟知的一位吐蕃大论，当政期间在建立吐蕃政治、经济制度方面多有建树。

李世民为了维护和吐蕃之间的关系，册封唐朝宗室之女为文成公主，准备让她嫁给松赞干布。文成公主原是李道宗之女，知书达理、为人端庄，自幼饱读诗书，可以说是贤良淑德的女子。

经过两个多月的准备，李世民派江夏郡王李道宗于唐贞观十五年（641），率领浩浩荡荡的送亲队伍护送文成公主前往吐蕃和亲。李世民之所以选择隆冬季节派送亲队伍出发，是因为由长安经陇南、青海到西藏有一个多月的路程，沿途要经过几条湍急的大河，由于当时条件有限，只有等到隆冬季节河水平缓，才能安全渡过大河。

这支浩浩荡荡的唐朝送亲队伍，不仅包括文成公主的陪嫁侍婢，还有唐朝的一批文士、乐师和农业技术人员，除此之外，李世民还将大量的书籍、乐器、绢帛和粮食种子随着送亲队伍送到了西藏地区。就这样，唐朝中原地区的先进文明、技术随着文成公主的和亲而传播到西藏地区。李世民专门派李道宗作为和亲使者，远涉万里到吐蕃亲自主持松赞干布与文成公主的婚礼，而且还准备各种珍贵物品作为陪嫁，由此可见，唐朝对松赞干布的礼遇之厚，以及对于这次和亲的重视。

经过了一个多月的艰苦跋涉之后，文成公主到达了黄河的发源地——河源（今青海兴海东南）。而此时，松赞干布亲自率领的迎亲队伍早已在此等候多时。在这里，松赞干布举行了隆重的迎亲仪式，李道宗主持了盛大的结婚仪式，而松赞干布则以女婿的身份恭恭敬敬地向大唐使臣李道宗纳头便拜。仪式结束后，李道宗等送亲队伍返回唐朝，而文成公主则随松赞干布进入吐蕃，向逻些城进发。沿途中，吐蕃人热烈地欢迎文成公主的到来，凡是文成公主途径的地方都留下了美丽的故事。

婚后，文成公主经常命令自己带来的乐师为松赞干布演奏最流行的唐宫音乐。松赞干布对乐师和音乐大加赞叹，并且选拔一些聪慧的男女向汉族乐师学习唐朝音乐，从此汉族的音乐逐渐传播到吐蕃境内。

当时，唐朝佛教盛行，而吐蕃并无佛。文成公主是一位虔诚的佛教徒，她将大量的佛塔、经书和佛像带入吐蕃，广建佛寺。西藏著名的"大昭寺"、"小昭寺"就是当时由松赞干布和文成公主建成。

文成公主一方面弘传佛教，同时，还将唐朝带来的五谷种子及菜籽拿出，教授吐蕃人民种植。有些品种很快就适应了高原气候，在吐蕃地区生长良好。而小麦却经过了不断变种改良，最后成为了西藏地区最具有特色的青稞。

自从松赞干布迎娶文成公主后，此后两百多年间，唐朝与吐蕃之间一直维持着友好的关系，使臣和商旅的往来十分频繁，促进了双方的经济和文化的交流。而松赞干布也十分仰慕唐朝的文化，他开始脱掉毡裘服饰，改穿唐人官吏的绸缎衣服，同时，他派吐蕃贵族子弟到长安读书学习。而唐朝也陆续派各种工匠到吐蕃传播中原的先进技术。

唐贞观二十三年（649），李世民去世，李治继位后遣使入蕃告哀，封松赞干布为驸马都尉，为西海郡王。松赞干布派专使往长安吊祭太宗。

唐朝与吐蕃之间的和亲不仅促进了双方友好关系的发展，更推动了汉族与藏族民族文化的交流与发展。为中国这个统一的多民族国家的历史发展做出了杰出贡献。

第十五章 ／ 天下归心

西平吐谷浑

唐朝建立以后，为了消除四周强敌，李世民首先将平定的对象着眼于最具有威胁性的东突厥和薛延陀上，之后，便将眼光放在西北边境上。隋唐时期，中原一向与西亚甚至是欧洲国家有着频繁的贸易往来，当时海运并不发达，因此丝绸之路便成为了对外贸易的重要通道。

西突厥控制西域诸国期间，经常掠夺来自西亚各国与唐朝进行贸易的商货，致使丝绸之路严重受损。在西突厥的威逼利诱之下，以及吐谷浑、高昌等西域各国的逐渐强大，他们阻断了唐朝与西亚等国家的联系，并且成为阻碍唐朝与西亚国家通商贸易的最大障碍。为了重新打通丝绸之路，必须消除西域各个国家的阻碍，但是由于当时西突厥势力还十分强大，况且沙漠地带环境恶劣，作战困难，所以李世民对西突厥和西域各国采用了远交近攻、逐步推进的战略。

吐谷浑是中国古代鲜卑族慕容部的一支，同时也是鲜卑单于慕容涉归之庶长子的名字。东汉末年时期，慕容涉归去世后，其嫡子慕容廆继承单于之位。之后，慕容廆与慕容吐谷浑兄弟不和，吐谷浑便率领部众迁徙到枹罕（今甘肃临夏）、西平（今青海西宁）一带居住。随后，吐谷浑之孙叶延继承了部落首领之位，在沙州（今青海省贵南县穆克滩一带）建立慕克川总部，设置司马、长史等官，并且以祖父的名字吐谷浑为其族名，从此，在中国西北部地区便开始活动着一支名叫吐谷浑的古老部落。

到了隋朝初年，吐谷浑逐渐发展强大，隋朝帝王为了加强对西北地区的管理，曾经两次征战吐谷浑，在吐谷浑地区设河源、西海、鄯善、且末四郡。隋朝为了稳定便想利用和亲政策，将光化公主下嫁当时吐谷浑首领世伏。不久，世伏去世后将首领位置传给其弟伏允，依照风俗，仍以光化公主为妻。

伏允在位期间，积极扩张势力，并且不顾与隋朝的和亲盟约，多次侵袭隋朝西北边境。后来，隋炀帝杨广派兵攻打吐谷浑，伏允不敌隋朝大军败走之后，大量土地被隋朝收复。伏允无奈之下，只得带着自己的亲信投靠周边的党项（古代北方少数民族之一，属西羌族的一支）部落。后来，隋末天下大乱之际，杨广根本无暇顾及边境少数民族，因此吐谷浑逐渐恢复故地。

唐朝初年，伏允自愿出兵帮助李渊进攻河西割据势力李轨，以换回在长安充当人质的儿子慕容顺。唐朝初年，李渊在内乱尚未平定的情况下，派李安远出使吐谷浑，与之建立了友好关系，而吐谷浑则想借助唐朝的威望发展自己的势力，并且希望与唐朝通商发展经济。

随着吐谷浑的逐渐强大，伏允越来越不满于眼前的利益，便趁唐朝全心应付东突厥之时，多次入侵河西走廊，不仅威胁到唐朝西北边境的安全，更阻碍了唐朝通往西域的咽喉要道。

李世民十分重视与吐谷浑的关系，吐谷浑乃是唐朝通往西域的必经之路，想要丝绸之路畅行无阻，必须与其保持良好的关系，或者是彻底将之消灭。而当时东突厥的威胁还未消除，李世民不可能再将战火引向西北边境，况且，当时西北的吐蕃也正在不断扩张势力，所以，李世民便想在吐谷浑建立一个亲唐政权，这样不仅可以缓解唐朝与吐谷浑之间的紧张关系，更可以扼制吐蕃的扩张。由于慕容顺在唐朝做过人质，在态度上更亲唐，再加上他回国之后，伏允已经立自己的弟弟为太子，慕容顺也想借助唐朝的力量发展自己的势力，于是，李世民便千方百计地想扶植慕容顺为吐谷浑的首领。

然而，唐贞观八年（634）五月，伏允假意遣使者到长安与唐朝通好，在使者返回途中，突然纵兵大肆掠夺。得知此事的李世民十分生气，本想与吐谷浑和平共处，修善双方关系，便派使者召伏允入朝，但是，伏允毫不领情。伏允不仅以身体有病为由拒绝入朝，只派使者前往，还为他的儿子尊王向唐朝求婚。李世民十分爽快地答应了伏允和亲的请求，但是为了压制伏允的嚣张气焰，要求尊王亲自来长安迎亲。不料伏允再次出尔反尔，坚决拒绝尊王亲自迎亲，他害怕李世民将其扣押为人质，最后，李世民中止了婚约。

之后，伏允依然我行我素，暗中派兵进攻兰州等地，李世民派使者赵德楷前去交涉，伏允竟将其扣押。李世民派遣使节反复劝导，并亲自对吐谷浑使者晓以利害，但是，伏允此时年事已高，政务完全由相天柱王处理，伏允对其则深信不疑，在相天柱王的肆意横行下，吐谷浑与唐朝之间的关系越来越恶化。

同年六月，李世民在打败东突厥之后，认为不可再纵容吐谷浑肆意妄为，于是便接受都州（今青海乐都）刺史李玄运的建议，出兵进攻吐谷浑。

虽然，唐军对吐谷浑的战争大获全胜，但是并没有损伤吐谷浑的主力部队，不甘失败的吐谷浑再次卷土重来，时常侵扰河西走廊地区。李世民为了彻底消灭西北地区的威胁，下定决心大举向吐谷浑用兵。但是，李世民却为选择统帅伤透了脑筋，兵部尚书侯君集用兵险中求胜，但是欠缺沉稳；任城王李道宗虽善用兵，却年纪尚轻，难以服众；李勣经验丰富、用兵如神，但是却肩负镇守北部边防的重任。最后，李世民还是认为李靖最适合挂帅，但是，此时，李靖身患足疾已辞官，李世民不忍心年迈的李靖再次出征。

李靖得知消息后，主动向李世民请缨，表示愿意为国家效力。于是，李世民听后大喜，立即任命李靖为西海道行军大总管，侯君集为积石道行军总管、李道宗为鄯善道行军总管、李大亮为且末道行军总管、李道彦为赤水道行军总管，再联合东突厥、契丹等部落，再度征讨吐谷浑。

唐贞观九年（635）三月，洮州（今甘肃临潭）地区的羌族人发生叛变，杀死了刺史孔长秀等人之后，逃入了吐谷浑地区。李世民立即命令盐泽道行军总管高甑生镇压叛变的羌人，迅速将其击败。四月，李道宗挥师疾进，伏允派兵据守库山抵挡唐军的进攻，李道宗暗中率领部分精锐骑兵从山后发起突然袭击，猝不及防的吐谷浑军队顿时仓皇迎战，四处溃散。伏允自知难敌李道宗，弃都城向西逃入大非川，伏允怕唐军继续追击，便一路上纵火焚烧野草，几百里的草场被燃烧殆尽。

随后，李靖率领大军进驻吐谷浑的国都伏俟，召集众将商讨破敌之策。李道宗认为："伏允西逃，烧毁几百里草场，我军战马缺乏粮草，必定会战斗力减弱，不可追击。应当退回鄯州，等战马养肥之后，再大举进攻。"然而，侯君集却主张乘胜追击，他表示："去年段志玄大胜而还，然而并未伤及吐谷浑主力，我军刚到鄯州，吐谷浑就又杀到城下。现在敌军正无心战斗，如鸟兽散，伏允已经陷入困境。这正是我军彻底消灭吐谷浑的最佳时机，如不乘机穷追猛打、一举消灭，等到再聚集起来时，后患无穷。"

李靖认为侯君集的建议更有道理，于是便决定兵分两路，穷追伏允。李靖留在伏俟居中指挥，派先锋大将薛万彻与李大亮走北道，侯君集与李道宗走南道，两路大军直扑伏允。

先锋大将薛万彻、薛万钧兄弟在赤海咬住吐谷浑相天柱王的主力，由于伏允已经穷途末路，所以在决战之时以死相拼。薛万彻、薛万钧兄弟率领轻骑冲入敌阵，中了伏允的计策被吐谷浑大军合围。兄弟二人奋力冲杀，但无奈吐谷浑军队人多势众，二人战马负伤倒毙，只得拼死步战。正在生死存亡之际，左领军契苾何力率军及时赶到，率领数百轻骑杀入敌军阵营，才救下薛氏兄弟。

李大亮则在蜀浑山与吐谷浑军队相遇，力克敌军，并且俘获敌首二十余人。同时，执失思力在居茹川大败吐谷浑军。南路的侯君集、李道宗领兵西进，深入无人之境两千多里，途经破逻真谷此地盛夏时节天降大雪，唐军缺乏粮草水源，只得靠吃冰雪维持，经历了生死考验之后，唐军终于突破险境。五月，在乌海追上伏允，经历了一场血战后，伏允落荒而逃。

随后，李靖所率领的各路军斜穿柴达木盆地，一路并未遇到大规模的抵抗，穷追伏允到且末。后来，据当地人说伏允已经逃到突伦川一带，已经无力再战的伏允准备逃往于阗。

这时，唐军北路大军关于是否继续追击吐谷浑发生了争论，契苾何力主张主动出击，彻底将之消灭，他说："现在敌人没有城郭可守，随着水草迁徙，现在敌军积聚时不彻底消灭，一旦散去，很难聚而歼之。"但是，薛万钧却认为，沿途天气恶劣，缺少水源和粮草，如果孤军深入追击敌人，会陷入不可设想的困境。

最后，薛万彻采纳了契苾何力的意见，令其率领千余精锐骑兵直取突伦川，并且命令薛万钧随后接应。契苾何力追击伏允的途中可谓是艰苦无比，唐军在缺水的情况下，浑身无力，不得已只能以马血止渴。最后，在经历过千辛万苦之后，唐军终于成功穿过突伦川，契苾何力夜袭伏允牙帐，斩杀了几千名敌军，获杂畜二十余万。伏允见大势已去，率领千余骑兵逃走，最后众叛亲离被部下斩杀。

随后，侯君集率领的南路大军也穿过了星宿川，返回相海与李靖大军会合。自此，唐军征讨吐谷浑获得了彻底的胜利。

李靖大破吐谷浑之后，吐谷浑分成东西二部。西部吐谷浑由伏允子达延芒结波率领，居鄯善，后来降伏吐蕃。东部吐谷浑由伏允长子慕容顺率领，居伏俟城，慕容顺开始动员族人，认为吐谷浑之所以到如此地步，都是相天柱王把持朝政、祸国殃民造成的。因此，慕容顺趁机将相天柱王斩杀，率领部众投降唐朝。对吐谷浑降众，李世民决定仍然让他们留在原地区居住，并授予慕容顺为西平郡王，让其继续统领吐谷浑，成为抵御吐蕃的屏障。后来，李世民认为慕容顺久居唐朝缺少威信，便命令李大亮率领数千骑兵支持慕容顺，协助慕容顺处理重大政事。

果然如李世民所料，吐谷浑族人对身为大唐人质的慕容顺并不信服，纷纷反叛，不久，便起兵杀死慕容顺，拥立慕容顺之子诺曷钵为吐谷浑王。由于诺曷钵尚且年幼，吐谷浑一度出现了众权臣争夺权力的混乱局面。李世民为了稳定西北局势，命侯君集与李大亮共同平定了吐谷浑的混乱局势。

诺曷钵派使者到长安朝见李世民，请求颁赐历法，用唐朝年号。为了表示吐谷浑对唐朝的忠心，诺曷钵还要求派王室子弟入朝长安。李世民同意了诺曷钵的请求，并且封其为河源郡王，号乌地也拔勒豆可汗。随后，李世民将宗室女封为弘化公主，下嫁于诺曷钵，加封青海国王。后来，唐朝的金城公主和金明公主又下嫁于诺曷钵的两个儿子。自此，吐谷浑归顺唐朝，年年派使者朝贡。

吐谷浑平定之后，不仅解除了吐谷浑对河西走廊的侵扰，也对吐蕃势力的扩张暂时起到了遏制的作用，更加强了唐朝对于西北地区的统治和管理。

打通丝绸之路

　　唐朝消除吐谷浑的威胁之后，为打通丝绸之路奠定了基础，接下来最大的威胁就是高昌国。其实，早在东突厥灭亡之后，李世民采纳李大亮的建议，在伊吾采取羁縻政策，设置西伊州，伊吾城主亲自到长安朝见李世民。此后，西伊州成为了唐朝在西域的门户，对唐朝而言至关重要。伊吾归顺以后，李世民下一步进攻的目标就是高昌国。

　　高昌国是西域诸国中最为强盛的国家，地处通向天山南、北路的出口，也是古代中西交通的通道"丝绸之路"的必经之地。在历史上，西域地区曾先后出现四个独立王国，分别是阚氏高昌、张氏高昌、马氏高昌及麴氏高昌，到了隋末唐初时期，统治高昌国的是麴氏王朝。麴氏高昌的国王是汉人，由于种种原因他们经过多次的迁徙和流浪，在天山南北定居下来。所以，他们沿用了汉族的礼制、官职，正因为如此，高昌国比同时期的其他西域诸国的经济、文化发展要发达很多。

　　唐朝初年，高昌国与唐朝保持着比较融洽的关系。高昌王麴伯雅去世，他的儿子麴文泰继任高昌王，李渊为表示对邻国的友好，曾经安排使者前往吊唁，随后，高昌王麴文泰也曾向唐朝进贡。李世民登基时，麴文泰还进贡玄狐裘作为贺礼。唐贞观四年（630），李世民战胜东突厥之后，高昌国表示臣服唐朝，麴文泰还不远千里亲自前来长安朝拜。李世民则以最高的礼仪予以接待，麴文泰的妻子宇文氏请求加入唐朝宗籍，李世民十分欣喜地答应，并且封其为常乐公主，赐予李姓。

但是，随着西突厥和吐谷浑的迅速崛起，高昌国臣服于西突厥，阻断了唐朝通往西域之路，最终导致两国之间的关系恶化。当初，隋末天下大乱之时，大碛路闭塞不通，西域各国的朝贡使团和商队必须经过高昌国到达唐朝，而高昌国则通过垄断商路获得了巨大的经济利益。高昌国西边的小国焉耆请求唐朝主持重开大碛路，以方便商旅往来，唐太宗同意了焉耆的请求。然而，李世民此举却引起了麴文泰的不满，他认为李世民是故意和自己作对，损害了自己的利益。所以，恼羞成怒的麴文泰不仅阻断了西域商人前往唐朝之路，还投降西突厥，与西突厥联合攻破焉耆五座城池，抓获千余名焉耆男子和妇女。

当时，西域诸国中，只要是臣属于唐朝的国家便成为了麴文泰打击的对象，伊吾、焉耆是与唐朝关系较好的属国，而高昌王和西突厥则专门抢夺这些国家的财物。李世民得知消息后，下书召麴文泰入朝觐见，麴文泰竟称病不来，仅仅派出一个使者觐见。

李世民对麴文泰的嚣张行为十分愤怒，于是便对其使者说："高昌国数年来拒不朝贡，所置官员称号与天朝相同，这是大逆不道的行为。大唐使者在高昌国竟然听到麴文泰说：'雄鹰高飞于天，雉（俗称野鸡）低伏于蒿草，猫在厅堂中游戏，老鼠深藏于洞穴，各得其所，岂有不能生存的道理。'他随后又对薛延陀（此时，薛延陀并未灭亡）使者说：'既然你们也称可汗，那就与天子一样，何必到唐朝行拜见之礼！'高昌国忤逆大唐天威，今日如不扫平你国，其他国家也会群起效仿。"

随后，李世民任命侯君集为交河道行军总管，率领突厥契苾何力、薛万彻等几万部众进攻高昌国。麴文泰听到唐朝大军向高昌国大举进攻时，竟然悠闲地对部下说："大唐到高昌国之间距离七千余里，荒无人烟处就长达两千里。在地无水草、寒风如刀、热风如烧的恶劣环境下，唐朝大军还未达到高昌国，就已经损失过半了。"

麴文泰之所以如此悠闲地对待唐朝大军的进攻，是因为他错误地估计了当时的形势。当初，在唐贞观四年（630）麴文泰由高昌国至长安时，沿途看到秦陇以北广大地区经济萧条，还不如隋朝时期繁荣。而常年征战的唐朝军队已疲惫不堪，麴文泰认定唐军在粮食供应不足的情况下，想要穿越七千里的瀚海沙漠进攻高昌是根本不可能的。麴文泰甚至表示："如果唐朝派三万以下军队前来，我军足以应付，乘唐军疲惫困顿，以逸待劳，一举战胜唐军。如果唐军屯兵于城下，那么则粮食和军需物品必将补给困难，不出二十日，必定因粮尽而逃跑，到时我军乘胜追击，则可大获全胜。"

然而，麴文泰的如意算盘却完全落空了，契苾何力生长于新疆，对当地的地形十分熟悉，在他的引领下，唐军很快抵达碛口。当高昌国的探子向麴文泰报告情况时，他根本没有料到唐军会如此迅速到达，随即因为惊慌失措而旧病复发，不等唐军到达便去世了。随后，麴文泰的儿子麴智盛继承王位。

势如破竹的唐军直逼田城，当时麴智盛正在为父亲举行葬礼，高昌军队和朝廷官员全部聚集于此。诸将认为这是一举歼灭敌军的最好时机，然而侯君集却认为："因为高昌国王无礼，陛下才派我军前来讨伐其罪。现在趁人丧礼之际偷袭，这不是问罪之师的所作所为。"于是，侯君集命令唐军擂鼓，以便告知高昌国前来讨伐，随后，侯君集向麴智盛宣谕李世民圣旨，令其举城投降。

然而，麹智盛却不识时务，拒绝向唐军投降，希望等到西突厥的援军。当初，麹文泰与唐反目时，与西突厥相约有难互救。西突厥随后出兵支援，声援麹文泰。

侯君集见麹智盛闭门不降，下令攻城，在唐军猛烈攻势之下，高昌城不出半日就被攻破。唐军俘获城中七千余人，侯君集下令唐军不准虐待俘虏，不准抢夺百姓。随后，侯君集又令中郎将辛獠儿为先锋，继续向高昌城进军，将其围得水泄不通。麹智盛见根本无法抵挡唐军的攻势，便向侯君集求和："先王得罪唐朝天子，现在已经得到了上天的惩罚。我刚刚即位不久，并未做出对不起天子之事，请尚书怜悯。"

侯君集则回道："如果你能真心悔过，我军便不会难为你。只有你率领百官出城投降，才可以从轻发落。"

然而，麹智盛是一个毫无主见的人，在众臣的劝说下又改变主意，坚守城池，等待西突厥的增援。殊不知，原先信誓旦旦援助高昌的西突厥可汗听说唐朝大军已至高昌城下，便慌忙向西逃窜而去。侯君集见麹智盛出尔反尔，于是便下令唐军立即攻城。在飞石、弓箭的猛烈攻击下，城中军队毫无还击之力。

同时，侯君集攻击可汗浮图城，阿史那步真不战而降。当阿史那步真被带到高昌城外时，穷途末路的麹智盛见大势已去，只好放弃抵抗，开门投降。之后，侯君集继续分兵攻取高昌属地，俘获众多人口、财物。

平定高昌国之后，李世民不顾魏征、褚遂良等人的反对，于唐贞观十四年（640）在高昌设立西昌州（后改名西州），并将高昌所属各县并为安西都护府，置于交河城，留大军镇守。同时，唐朝还在西突厥可汗浮图城设立庭州，西州、庭州加上此前设立的伊州，三州各据要津，牢牢地控制了西域东部。

从此之后，高昌国被永久地纳入了大唐帝国的版图，不仅有效地确保了丝绸之路的畅通无阻，为唐朝与西亚、欧洲等国家的经济、文化交流提供了良好的环境，更有效地防止了西突厥联合西域各国卷土重来，维护了西域地区的稳定。

征服了吐谷浑和高昌国之后，李世民更加坚定了打通丝绸之路的决心。在以后的时间内，李世民企图征服焉耆、龟兹等较为强大的国家，主导整个西域的控制权。然而，西突厥作为西域地区的控制者，为了维护自己的利益，极力拉拢焉耆，利用联姻的方式，与唐朝对抗。在西突厥的威逼利诱之下，焉耆归附西突厥，开始拒绝向唐朝进攻，并且有意阻塞唐朝和西域各国的商贸往来。从此，唐朝在西域的势力受到了西突厥和焉耆的威胁，安西都护郭孝恪见形势不利，便向李世民请求出兵攻击焉耆。

李世民拜郭孝恪为西州道行军总管，率三千步骑出银山道。恰在此时，焉耆国内发生政变，焉耆王的弟弟栗婆准等人乘机归降唐朝。郭孝恪以栗婆准为向导，率兵直逼焉耆城。因为焉耆城四面环水，焉耆王龙突骑支倚仗地势的优势疏于防范。而郭孝恪则趁夜色的掩护，率军悄悄潜到焉耆城下，命将士泅水渡河。拂晓时，郭孝恪命令唐军发起进攻，顿时，城下战鼓齐鸣，唐军将士英勇作战，很快就攻破了城池。

城中守卫的将士大为惊恐，乱作一团，根本无力抵抗。郭孝恪纵兵奋击，斩杀七千多人，生擒焉耆王龙突骑支。随后，郭孝恪留栗婆准代理国政，自己则率领唐军凯旋。然而，三日后，西突厥重臣屈利啜率兵前来支援，并且俘获了栗婆准，令轻骑五千追赶郭孝恪至银山。郭孝恪在途中领兵还击，战

294

胜了西突厥大军之后，又追击数十里而还。李世民听闻此消息后，十分高兴，便亲自下诏书赞扬郭孝恪。然而，唐朝并没有趁机对焉耆建立起真正有效的控制，焉耆政权被一个名叫处般啜的西突厥人把持，李世民只得再等待更好的机会。

在焉耆的西面还有一个国家叫作龟兹，也是唐朝通往西亚的重要关卡。唐贞观年间，龟兹王苏伐叠表示臣服唐朝，并且每年都派遣使者向唐朝进攻。后来，龟兹也臣服于西突厥，当郭孝恪奉命征伐焉耆时，龟兹国王派兵援助焉耆，从此，龟兹与唐朝之间的友好关系破裂，不再朝贡唐朝。不久，龟兹王苏伐叠去世，他的弟弟诃黎布失毕即位。

随后，李世民以诃黎布失毕没有及时朝贡为借口，任命左骁卫大将军阿史那社尔为昆丘道行军大总管，以契苾何力为副总管，与安西都护郭孝恪等率领数十万大军攻龟兹。但是，李世民在为此次战争所发的诏书中，只是连篇累牍地痛斥西突厥的种种罪恶行径，对龟兹却只字未提。由此可见，李世民这次出兵不仅仅是为了消灭龟兹，最重要的就是征讨西突厥，从而实现彻底控制西域的目的。

唐军一到达西域地区，西突厥叶护贺鲁就自愿率众投降唐朝，并表示愿做讨伐龟兹的向导。随后，唐军势如破竹般率先降服西突厥的属部部落，继而又俘虏了逃到龟兹的焉耆王薛婆阿那支，在焉耆重建了一个亲唐政权。而龟兹军在唐军的进攻下，连连溃败，不久龟兹王诃黎布失毕被俘获，其残部逃往西突厥。

然而，焉耆残部并不甘心失败，在西突厥军的支持下卷土重来，留守在龟兹王城的郭孝恪因连连取胜出现了骄傲自满的情绪，便在城外扎营，疏于戒备。敌军突然逼近，并且迅速进入城池，之后与城内降者相配合，共同向郭孝恪部发起猛烈攻击。郭孝恪殊死战斗，结果中流矢而死，其子郭待诏也同时阵亡。后来唐将曹继叔、韩威各率所部迅速支援，经一夜激战，将其击退，收复龟兹城。李世民得知郭孝恪死讯，责备其不加警备，以致丧命，便夺其官职，后来感动于他为国尽忠而死，便为其哀悼。李治即位后，追封郭孝恪为安西都护、阳翟郡公。

唐朝在与龟兹的战争中获得了巨大的胜利，并且在焉耆建立了亲唐政权，从而开通了唐朝通往西域的交通要道。李世民为了加强对西域的管理，设置龟兹（今新疆库车）、疏勒（今新疆喀什）、于阗（今和田）、焉耆四镇，合称"安西四镇"，保证了丝绸之路的畅通无阻。同时为了加强对西域的有效控制，保护丝绸之路上往来的商旅，李世民还把安西都护由西州迁到龟兹。

失败的东征

　　唐贞观中期，唐朝政治、经济达到了空前的繁荣，李世民东征西剿，尤其是平定了东突厥、薛延陀等边境隐患之后，更刺激了他扩张势力、扬威四海的雄心。然而，此时高句丽似乎成为了横亘在李世民面前的最大问题。当初，隋朝杨坚、杨广两任帝王多次东征高句丽都遭遇惨败，现在唐朝可谓是达到了前所未有的强盛，高句丽问题对于李世民来说更是如鲠在喉。

　　唐朝初年，高句丽国王荣留王高建武为了腾出手来对付新罗和百济，特意派使者与唐朝修好，表示愿意恢复称臣纳贡，并且表示愿意释放因隋末战争流亡过去的百姓。而新罗和百济则为了自保也纷纷向唐朝表示臣服，就这样朝鲜半岛的三个主要国家都成为了唐朝的属国。李渊册封荣留王为辽东郡王、高句丽王，同时封百济武王为带方郡王、百济王，新罗真平王为乐浪郡王、新罗王。

　　唐贞观初年，李世民依然与高句丽保持着友好的关系，并且曾经派朱子奢（今苏州人，贞观时，累官谏议大夫，弘文馆学士）协调高句丽与新罗、百济之间的战争。但是，也许是受到杨广东征的影响，他同样认为高句丽据有的辽东地区为中国所有，所以李世民企图在朝鲜半岛的三个政权中保持主导权力，将征服高句丽作为统治天下的最后一部分。但是，此时李世民正在集中精力与北方的东突厥作战，所以对朝鲜半岛的众国采取了安抚的政策，使其在短时间相安无事。

李世民征服东突厥之后，高句丽王高建武立即向唐朝献上了封域图，表示愿意始终臣服。随后，李世民派使者广州都督府司马长孙师前往高句丽，毁掉了"京观"，即高句丽为了夸耀胜利用战死的隋朝士兵的尸骨建立起来的封土而成的高冢。而高句丽王高建武表面上臣服唐朝，暗中却沿着东北扶余到西南的大海，修建千里长城，趁太子桓权到长安朝拜之时，探听李世民的真正用意。李世民将计就计，派广州司马陈大德作为使者到高句丽去还礼，也趁机打探情报。当时，陈大德和手下极力收买高句丽官员，搜集到很多详细的情报。李世民认为，以唐朝目前的强盛足以剿灭高句丽。但是，考虑到连年征战、动用兵力，李世民便暂时打消了征讨高句丽的念头。

然而正在这时，高句丽王高建武和众大臣在计划除掉内部反对势力的将领，尤其是权力最盛且残暴无比的渊盖苏文。渊盖苏文，也被称为泉盖苏文，中国的史书上通常避唐高祖李渊讳而称为泉盖苏文，渊盖苏文的父亲渊太祚为高句丽东部大人、大对卢（相当于宰相）。他的父亲去世后，渊盖苏文继承父职，仍掌高句丽军政大权。渊盖苏文主张对唐朝实行强硬的政策，于是便想杀掉高句丽王高建武，自己独揽大权。

高建武与众大臣商议如何诛杀渊盖苏文，然而，他们的密谋却被渊盖苏文得知。渊盖苏文将计就计邀请高建武和大臣们视察他的军队，并设盛宴款待。在宴席上渊盖苏文将百名大臣全部斩杀，随后又闯入王宫杀死高建武并分尸。之后，渊盖苏文自封为"大莫离支"（即最高摄政)，立高建武的侄子高宝藏为新的高句丽王，自己摄政。

随后，渊盖苏文又联合百济攻打新罗，一连占据了新罗几个城镇。无法抵挡高句丽大军的新罗国王向李世民求救。李世民本着先礼后兵的原则，要求渊盖苏文退兵，保持朝鲜半岛和平稳定的局面。然而，渊盖苏文根本不把李世民放在眼里，一意孤行。

渊盖苏文傲慢无礼的态度激怒了李世民，于是李世民便以此为借口，决定亲征高句丽。李世民的决定遭到了众大臣的极力反对。褚遂良说道："陛下御驾亲征，如果战事有利则尚好，如果万一战事不利，将置陛下和国家于危险之地。"尽管如此，李世民却执意亲征辽东，并且说道："渊盖苏文施行暴政，弑君虐民，逆天而行。隋朝多次东征都不能征服，现在，朕御驾亲征定为国人雪耻。"

唐贞观十八年（644）七月，李世民令打造战船，以运输粮草。随后，又派小股军队对高句丽进行探试性的攻击。渊盖苏文察觉到唐朝的意图，于是便派使者带着黄金财宝和五十名贵族作为人质，向李世民赔罪。然而，李世民征讨高句丽的决心已定，便将高句丽使者以及贵族扣押起来，拒绝了渊盖苏文的示好。随后，李世民带领太子李治和众多官员从长安向高句丽边境进发，让房玄龄、李大亮留守都城长安。为了确保征讨战争的顺利，李世民先是到达洛阳，对战事进行了精心的准备和策划。

唐贞观十九年（645）春，李世民亲自率领大军向洛阳出发，一路北上，向高句丽逼近。

初战阶段，前锋连续获得了战斗的胜利，唐军全军将士士气高涨，紧接着，李勣、李道宗迅速拿下了盖牟城（今辽宁盖平县境内），李世民随即将其改为盖州。同时，张亮也已经渡过了渤海登陆，麾下行军总管程名振乘夜从西门攻下沙卑城（又称卑沙城，今辽宁大连），俘虏其男女八千人。为了震慑高句丽，张亮没有按照李世民的指示向平壤进发，而是派先遣船队到鸭绿江入海口。七月，张亮率领水军到达建安城下，并遭到了高句丽军队的袭击，张金树擂鼓发动进攻，唐军将士奋勇杀敌，大破敌军。

随后，李勣、李道宗的部队已经进入了辽东城，而高句丽的四万援军也随即赶到。面对这种局势，众将领建议李勣先做好防守，等李世民大军赶到之时再作打算。李道宗却坚持发动进攻，他说道："敌军不顾长途跋涉的劳累，以为凭借人多势众就可打败我军。现在我们作为前锋部队，就要为陛下扫清前方的障碍，我们必须给予敌人沉痛的打击，以扬我大唐军威。"李勣也同意李道宗的观点，于是便与敌军对峙阵前。唐朝果毅都尉马文举率领少数骑兵冲入敌军阵营，李道宗也从侧面发起进攻双面夹击，此时，李勣则从中部发起猛攻，很快就大破高句丽大军，斩首千余人，获得了征讨高句丽的首次大规模胜利。

不久，李世民便来到了辽东城下，为了坚定将士剿灭高句丽的决心，李世民命令将辽河桥拆除，随后，将大军驻扎在辽东城附近的马首山下。李世民赞扬了李道宗、李勣的表现，并且提拔奋勇杀敌的马文举为中郎将。随后，唐军将辽东城团团围住，李世民命李勣、唐俭等人攻其南面，李道宗、张世贵等人从西面发起进攻。高句丽守军为了防御唐军的进攻，在城楼上积木为战楼，但是唐军的抛石车威力无比，在抛石车和撞车的攻击下，所谓的战楼根本不堪一击。唐军将士斗志昂扬，奋起攻城，辽阳城下战鼓声、呐喊声震天动地。经过了十几天的猛烈攻城后，城外刮起了南风，李勣抓准时机，下令发射火箭，纵火焚其西南战楼，在南风助势下，火势四处蔓延，很快就延烧到城中。这时，李勣乘机发起猛烈的进攻，城中守将虽然拼死抵抗，但是依然无法抵抗唐军的攻势。不久，辽东城被攻破，李世民将辽东城改名为辽州。

唐军攻下了辽东城之后，开始向白岩城（今辽宁辽阳东北）进发，白岩城靠山临水，很难被攻克，李勣作为总指挥指挥攻城。高句丽乌骨城（今辽宁凤城）派部队前来支援，唐军大将契苾何力奉命率领八百骑兵进行阻截。混战中，契苾何力被敌军的长枪刺中腰部，并且被敌军重重包围。正在危急时刻，薛万备（薛万彻之弟）冲入敌军的包围圈中，将契苾何力救出。然而，契苾何力只是简单地包扎好伤口后，就立即冲入了阵营，高句丽军根本无法抵挡勇猛的唐军，不久便纷纷溃散。白岩城城主孙代音见抵挡不住唐军的进攻，便向李世民举城投降。李世民释放城中的高句丽士兵，并且将白岩城改为岩州，授孙代音为岩州刺史。

随后，李世民带领大军向安市城（今辽宁海城东南）云集，渊盖苏文得知消息后，立即派高延寿、高惠贞率领高句丽、靺鞨十五万精兵援救安市城，高延寿不顾经验丰富将领的劝阻，执意带兵前往进攻唐军。李世民先是派阿史那社尔带领两千骑兵前往诱敌，刚刚一交战便佯败而逃。高延寿不知其中有诈，立即引兵追击，在安市城东南排兵列阵，打算大败唐军。

李世民和长孙无忌登高观察敌情，看见高句丽军队列阵长达四十里，心中不免顾虑重重，这时李道宗说道："既然高句丽倾全国之兵前来决战，平壤的守备必定不足，陛下可给我五千精兵，拿下平壤之后，敌军自然不战而退。"其实，李道宗的建议对唐军的形势十分有利，但不知是何缘故，李世民并没有接受李道宗的建议。为了削弱敌军的斗志，李世民派使者和高延寿谈判，并对他说道："朕此次前往的目的就是讨伐渊盖苏文弑君夺位的罪行，并不是真心与你们作战，等到你们国内安定之后，朕必定退兵，赔偿损失。"而高延寿竟然认为李世民对高句丽大军产生了畏惧，便开始扬扬得意，放松了戒备。

而李世民则暗中派李勣、张世贵等将领率领一万五千步骑在城西列阵迎敌，长孙无忌、牛进达等将领率领一万多骑兵，埋伏在北侧，自己则亲自率领四千骑兵悄悄前往敌营北面的山头。第二天，李世民一声令下，唐军三方面大军共同向敌军阵营发起了猛烈的攻势，将士们的厮杀声震动山谷，高句丽军队四面逃散，并斩杀两万多人。高延寿大败之后，收拾三万残兵败将据山而守，唐军从四面八方将其团团围住，长孙无忌将周围的桥梁道路全部封锁，断绝了高延寿的退路。无奈之下，高延寿只得率领军队投降李世民。

李世民将这一场战役视为平生中最得意的战斗，并且写信给留守的李治和群臣，夸耀自己这个常胜将军宝刀未老。随后，李世民将自己埋伏的山头取名为驻跸山，以纪念战争的胜利。然而，李世民似乎早庆祝胜利了，在以后的征辽过程中，唐军遭遇了巨大的挫折，李世民也遭遇了人生中的最大失败。

安市一城军民齐心，拼死抵抗，唐军攻城六十余天，丝毫没有进展。

这时，时间已经到了九月底，随着冬季的临近，天气开始变得越来越冷，河水开始结冰，野草也开始枯黄，唐军的粮草供给出现了困难。李世民只得下令暂时退兵，并且将辽州、盖州等地的百姓迁徙到辽河对岸，送到中原内地安置。当李世民撤退之时，安市城城主到城上拜辞，李世民欣赏其忠心和才干，赏赐其绢一百匹。

李世民的这次东征，占领白岩等众多城池，杀敌四万多人，然而唐军却伤亡不到两千人，可以说是占尽了先机。但是，一向所向披靡的李世民在安市城却遭遇了前所未有的挫折，再加上高句丽天气恶劣，李世民不得不折戟而回。当李世民返回时，不禁感叹道："若是魏征还在，一定会劝阻朕东征的！"唐军到达营州后，李世民以太牢（牛、羊、猪三牲全备）之礼祭奠战死辽东的将士。

李世民兴师动众御驾亲征高句丽，却无功而返，因此他十分不甘心。而渊盖苏文更加不把唐朝放在眼里，并时常偷袭唐朝的边境。李世民多次劝阻他停止对新罗的攻击，但是渊盖苏文对此毫不理睬。李世民任命牛进达为青丘道行军大总管、李世勣为辽东道行军大总管，率领唐军攻打辽东半岛。一年之后，李世民再次派军从莱州渡海入鸭绿江攻击高句丽，并且取得了一些边境上的胜利。然而，针对高句丽的后两次战争并没有全面展开，随着李世民病重，战争不得不停止。

李世民开始对战胜高句丽可谓是信心满满，他认为杨广之所以三征高句丽都以惨败告终，是因为当时杨广施行暴政，不爱惜百姓，导致国内混乱，起义频起。而此时，唐朝国力强盛、民心所向，更是以正义之师讨伐叛逆之贼。然而，李世民却不知道自己竟然犯下了和杨广同样的错误，东征高句丽失败可以说是李世民一生中最大的失败，也是最大的遗憾。后来，这个让隋唐几位帝王都折戟而回的高句丽，终于在永徽年间被李治灭亡。

民族大融合

唐王朝建立之初，东有稽胡的扰边，西有吐谷浑的威胁，北有突厥的侵袭，突厥武装曾直逼唐廷首都长安（今西安）的近郊，成为当时的主要威胁。

随着对东突厥、吐谷浑、高昌国等强大势力的征服，唐朝的国力日渐强盛，因此，李世民对周边的少数民族采取怀柔政策，极力团结边疆的各少数民族政权。

李世民曾对臣子们说："夷狄（东方部族为夷，北方部族为狄，常用以泛称除华夏族以外的各族）也是普通的百姓，只是性情和中原不同而已。如果君主能够广施恩泽，则四夷可如一家。如果双方之间存在众多猜疑，即使是骨肉兄弟也会成为仇敌。"

李世民曾问身边的大臣："自古帝王虽然能够平定中原，却不能征服夷狄。然而，朕却能够取得成功，诸位认为这是为何？"

群臣都表示："陛下功德如天地般广厚，自然能够征服万物。"

而李世民却说道："自古以来，历代帝王都以中原为贵，以夷狄为贱，但是朕却能够做到一视同仁，这就是各部落视朕如同父母的原因。"

其实，李世民的观点正是自古历代帝王不能征服少数民族的最主要的原因，李世民深知只有将少数民族和中原放在平等的位置上，一视同仁，才是获得稳定与和平的基础。

所以，在对待周边各部落的问题上，只要是归顺唐朝的，李世民都尊重他们的生活方式和风俗习惯。

李世民见四夷首领争相入朝的盛况，高兴地对大臣们说："汉武帝穷兵黩武三十多年，致使中原疲弊，但收获却甚微；岂能与今日以德服远、使北方不毛之地都成为我大唐编户之民相提并论！"不错，汉、唐同为古时著名的盛世，但是汉武帝和李世民在对待四夷的问题上却大相径庭。李世民吸取汉武帝使用武力征服失败的教训，侧重于以仁德政策感化，结果深得四夷人心。

李世民在东北、西北的辽阔疆域内设立大量的羁縻府州，它的长官由中央任命，并且取消可原部落职位称号，实际上是将唐朝的郡县制推广到少数民族地区。为了加强中央对这些州府的管理，李世民特意在大漠南北开辟了一条参天可汗道。

李世民对周边少数民族政权主要采取德化政策。唐贞观初年，岭南部落冯盎反叛，有大臣建议发兵镇压，而李世民却决定先派使者劝阻，冯盎受到感动，不战而降。

为了加强唐朝与周边各少数民族政权的联系，李世民还大力推行和亲政策。李世民曾经说过："和亲可以保证唐朝边境三十年的和平稳定，朕为天下苍生的父母，如果此举对天下有利，朕怎么舍不得一女。"东突厥王子，阿史那社尔率部前来归顺，李世民将妹妹衡阳公主嫁与他为妻，并且委以要职。随后，李世民将弘化公主嫁给吐谷浑诺曷钵。当然，最值得一提就是松赞干布和文成公主的和亲，成为了唐朝与吐蕃之间民族融合的佳话。

李世民开明的民族政策不仅加强了中原与周边少数民族政权之间的联系，更促进了唐朝与邻国以及欧洲其他国家的经济、文化往来。当时，唐朝与波斯（今伊朗）、大食（今阿拉伯）、天竺（今印度）、新罗（中世纪时朝鲜半岛上的一个国家）、日本等国家保持着良好的商贸、学者、经济的往来。中国的丝绸、茶叶、纸张、瓷器等商品大量销往波斯等国家。唐贞观四年（630 年），日本派了第一批遣唐使到唐朝学习，在长安的日本留学生，至少留住数年，时间长的达二十多年、三十多年。在长安的外国留学生，除日本人之外，最多的是新罗人。以后各个国家纷纷派遣遣唐使前往长安学习，而李世民对于这些国家的交流也采用了开明的政策，让他们把唐朝的典章制度、文化典籍、科学知识带回本国，发扬光大。

外来文化也随遣唐使传入我国，李世民曾经派唐朝著名的法师玄奘到天竺学习佛法，玄奘回到长安后，广译经典，一时佛学在唐朝广泛流行，更加吸引了外国僧人来到唐朝，其中尤以天竺和日本僧人为多。玄奘不仅带回了大量的佛经，更促进了东西方文化的交流。

同时，李世民还积极任用外国人在朝廷担任职务，大食人李彦升参加唐朝的科举考试及第，李世民则安排其在朝廷中任职。日本人阿倍仲麻吕在唐朝为官五十多年。黑齿常之、高仙芝、王思礼等人都是当时著名的武将。

唐朝作为当时世界上最发达、最强盛的国家，享有很高的声誉，李世民本着将唐朝经济、文化发扬光大的思想，积极促进中原与各民族、各个国家的沟通、交流，最终创建了一个历史上最繁荣、最昌盛的朝代。直到现在，西方人还将中国人称作"唐人"，由此可见，唐朝对于传播中国的先进文化起到了至关重要的作用。